Zu diesem Buch

Der von Stalin befohlene Genozid an den Völkern der Sowjetunion hat, vorsichtigen Schätzungen zufolge, 25 Millionen Menschenleben gefordert: Wer waren die Opfer, wer waren die Henker, wie funktionierte der organisierte Terror in der täglichen Praxis? Arkadi Waksberg, Vizepräsident und Vorsitzender der Rechtskommission des russischen PEN, hat die grauenvolle Blutspur verfolgt, die das kommunistische Regime in den Kellern der Lubjanka hinterließ. Berühmte «Fälle» wie Litwinow und Maiski, Meyerhold und Babel, Gorki und Majakowski und besonders Stalins systematische Verfolgung der Juden geben eine Vorstellung vom vollen Ausmaß der sowjetischen Tragödie.

Der Autor

Arkadi Waksberg ist Jurist, Dramatiker, Schriftsteller und einer der führenden Glasnost-Journalisten aus Moskau. In seiner Eigenschaft als Vorsitzender der Rechtskommission des Schriftstellerverbandes der UdSSR hatte Waksberg schon früh Zugang zu zahlreichen Geheimarchiven. Vom Autor sind auf deutsch erschienen eine Wyschinski-Biographie (unter dem Titel «Gnadenlos» [1991]) und «Die Sowjetische Mafia» (1991).

Arkadi Waksberg

Die Verfolgten Stalins

Aus den Verliesen des KGB

Aus dem Russischen von
Susanne und Fritz Rödel

rororo
Rowohlt

Originalausgabe
Veröffentlicht im Rowohlt Taschenbuch Verlag GmbH,
Reinbek bei Hamburg, Dezember 1993

Umschlaggestaltung Büro Hamburg
Satz Times und Futura (Linotronic 500)
Gesamtherstellung Clausen & Bosse, Leck
Printed in Germany
1990-ISBN 3 499 19633 6

Inhalt

Einleitung

Die Menschheitsgeschichte ist voller Geheimnisse, die bis heute nicht aufgeklärt sind. Manche werden für immer Geheimnisse bleiben und Historikern, Schriftstellern und Hobbyforschern immer wieder die Möglichkeit geben, neue Versionen und Hypothesen vorzulegen. Fragespiele ohne Antworten.

Die Unmenge von Rätseln aber, die uns das kommunistische Imperium in den fast fünfundsiebzig Jahren seiner Existenz hinterlassen hat, ist nicht zu übertreffen. Diese Rätsel beschäftigen uns besonders, weil die Generation, zu deren Lebzeiten sie entstanden sind, noch nicht gänzlich von der Bühne der Geschichte abgetreten ist und weil sie zu einer Geschichte gehören, die eine grauenvolle Blutspur hinterlassen hat. Den Wissenschaftlern in Ost und West obliegt es nun, diese Rätsel zu untersuchen. Und sie werden genug Arbeit finden. Der Genozid am eigenen Volk, angezettelt von einem Häufchen Abenteurer, die auf das natürliche Bedürfnis des Menschen nach Gerechtigkeit und Harmonie setzten, breitete sich weit über die Grenzen des Imperiums aus. Die totale Vernichtungsmaschinerie riß angrenzende und entfernt liegende Länder, eigene Leute und fremde, meist völlig unschuldige Menschen in den Abgrund.

Noch ist keine auch nur halbwegs vollständige Geschichte der sowjetischen Geheimpolizei geschrieben, und sie wird wohl auch in nächster Zeit kaum geschrieben werden, denn die Dokumente, die eine objektive und umfassende Darstellung ermöglichen, werden nach wie vor streng geheimgehalten. Wenn sie eines Tages freigegeben werden (wenn überhaupt), wird die Zahl der Fragen ins Unermeßliche wachsen; festgefügte Anschauungen, besonders im Hinblick auf die Bewertung von Personen, die anscheinend eindeutig in die Geschichte eingegangen sind, werden dann revidiert werden müssen.

Die Leninsche und Stalinsche Geheimpolizei hat ihre Bezeichnung mehrfach geändert: WTscheka – OGPU – NKWD – NKGB – MGB – KGB... Ein Name jedoch ist ihr für ewig geblieben: Lubjanka. So hieß seit jeher die Straße, in der das anfangs unscheinbare und später der ganzen Welt durch Fotos bekannte finstere Gebäude stand, hinter dessen undurchdringlichen Mauern schwerste Verbrechen begangen wurden und in dessen Kellern die Gebeine unzähliger Opfer liegen. Bis zum heutigen Tage werden in den unterirdischen Gewölben der Nachbarhäuser bei Bau- und Rekonstruktionsarbeiten nicht zu identifizierende Skelette mit Schußwunden gefunden, und es ist kein Ende dieser schrecklichen Funde abzusehen. Die Straße und der Platz, auf dem das Gebäude des KGB steht, wurden meines Erachtens zu Recht nach dem ersten Chef der sowjetischen Geheimpolizei, Feliks Dzierzynski, benannt. Seine unheilvolle graue Statue ragte über den auf einem Hügel gelegenen Platz. In der denkwürdigen Nacht vom 21. zum 22. August 1991, unmittelbar nach der Niederlage der Putschisten, wurde diese Statue vom Volk gestürzt. Und bereits am Morgen danach erhielten der Platz und die Straße ihren alten Namen zurück. Doch er bleibt für immer von Blut gezeichnet.

Ich habe mir nicht die Aufgabe gestellt, die Geheimnisse dieses Hauses an der Lubjanka zu entschlüsseln. Ein solches Unterfangen wäre schon deshalb hoffnungslos, weil die Geheimarchive entgegen allen hochtrabenden, wohlklingenden Erklärungen über ihre Öffnung, die sowohl in der Gorbatschow-Zeit als auch danach abgegeben wurden, nach wie vor für Wissenschaftler verschlossen sind. Ich gehe so weit, zu behaupten, daß alle Anstrengungen der neuen Herren an der Lubjanka nicht darauf gerichtet sind, die Archive zugänglich zu machen, sondern darauf, eine neue, «gesetzliche» und «demokratische» Grundlage zu finden, sie weiterhin unter Verschluß halten zu können.

Um in die Geheimarchive vorzudringen, sind nach wie vor nicht nur immense Anstrengungen und Hartnäckigkeit vonnöten, sondern auch Schlauheit, Risikobereitschaft und vor allem weitreichende Verbindungen zu Menschen, die in ihrem Innern von Glasnost überzeugt und trotz der Gefahr drastischer Sanktionen zur Hilfe bereit sind. Es ist mir unmöglich, die Namen dieser Helfer hier zu nennen, aber um so mehr möchte ich ihnen allen danken: Ohne sie, ohne ihre selbstlose und uneigennützige Mitarbeit, wäre kaum ein einziges Dokument, das diesem Buch zugrunde liegt, in meine Hände gelangt. Der Weg zu den geheimen Verschlußsachen gehört selber schon zu den Geheimnissen der Lubjanka.

Aber auch wenn alle Archive plötzlich frei zugänglich wären, könnte ich die Geheimnisse der Lubjanka nicht aufklären. Den Vorhang etwas anheben – ja, aber nicht aufziehen... Nicht weil vieles zweifellos bereits vernichtet wurde, sondern weil vieles dort ganz einfach nie vorhanden war. Denn weder Stalin noch Jeshow oder Berija oder irgend jemand sonst hat die entscheidenden Anordnungen zum großen Terror schriftlich gegeben. Besonders Stalin nicht. Vieles, wahrscheinlich das Wichtigste, hat er nicht einmal mündlich geäußert; es genügte, wenn der Führer der Völker seine Absicht erkennen ließ. Dokumente finden zu wollen, die seine Rolle etwa bei der Ermordung Kirows, bei Gorkis Schicksal oder bei der «Endlösung der Judenfrage» belegen, ist sinnlos. Und deshalb bleibt den Apologeten Stalins und des Stalinismus, den neuen Führern und Anhängern der «Rot-Braunen» im leidgeprüften Rußland immer die Möglichkeit, ihr Idol gegen «ungerechte Angriffe» zu verteidigen.

Gleichzeitig aber haben die Geheimnisse der Lubjanka für all jene eine magische Anziehungskraft, die sich nicht damit abfinden wollen, daß die Wahrheit für immer unter den Bergen menschlicher Leichen begraben liegen soll. Auch der kleinste Fund öffnet uns Abgründe, in die wir verpflichtet sind, unseren Blick zu werfen. Und nicht, weil die Erkenntnis der Wahrheit eine Welt an sich ist, sondern – und das ist sicherlich das wichtigste – weil jede authentische Nachricht über die Verbrechen des kommunistischen Regimes die Gefahr des Wiederauflebens, ganz gleich in welchen Formen, reduziert.

Dieses Buch beschäftigt sich ausschließlich mit Lubjanka-Episoden, in denen die immer noch wunden Seiten unserer jüngsten Geschichte berührt werden. Es mag dabei bisweilen der Eindruck entstehen, ich hätte diese Episoden eher zufällig ausgewählt. Aber so verschieden die Schicksale und so verschieden die Namen, sie alle eint der Schmerz der Opfer, der Opfer einer allumfassenden Vernichtungsmaschinerie, ohne die kein totalitäres Regime existieren kann. Der scheinbar fragmentarische Charakter des Buches sollte nicht darüber hinwegtäuschen, daß die einzelnen Fälle, wie sehr sie sich auch voneinander unterscheiden, doch Teil eines einheitlichen Ganzen sind. Zentimeter um Zentimeter legen wir eine gigantische blutbesudelte Leinwand frei und bekommen so allmählich eine wahre Vorstellung vom vollen Ausmaß der sowjetischen Tragödie.

Die meisten Personen, um die es in diesem Buch geht, sind auch im Westen bekannt: Stalin und Molotow, Jeshow und Berija, Marschall Shukow, die Diplomaten Maxim Litwinow, Alexandra Kollontai und Iwan Maiski, die Schriftsteller Maxim Gorki, Wladimir Majakowski, Marina Zwetajewa, Isaak Babel und Ilja Ehrenburg, der große Theaterreformator Wsewolod Meyerhold, der Regisseur und Schauspieler Solomon Michoels und viele andere Repräsentanten der politischen, militärischen und kulturellen Elite des Landes. Sie stehen neben völlig Unbekannten, die jedoch das gleiche Schicksal teilten. Sie alle gemeinsam bildeten jene unglückselige Generation, über die, mit Solschenizyn gesprochen, das Rote Rad hinwegrollte.

Natürlich ist es kein Zufall, daß die sowjetische Geheimpolizei genau so alt ist wie der sowjetische Staat selbst. Der bolschewistische Umsturz, der fast ein Dreivierteljahrhundert pompös als Revolution bezeichnet wurde, fand am 25. Oktober (nach dem alten Kalender) 1917 statt. Und bereits am 7. Dezember unterzeichnete Lenin das Dekret über die Gründung der Allrussischen Ausserordentlichen Kommission (WTscheka) zur Ergreifung von «dringenden Maßnahmen im Kampf gegen Konterrevolutionäre und Saboteure». Worte wie «außerordentlich», «besonders», «dringend» und «absolut geheim» gehörten zum Standardvokabular von Partei und Staat, waren Lieblingsworte im dürftigen Wortschatz der Repräsentanten der neuen Macht. Und sie hielten sich bis zum August 1991, als die Putschisten ein «staatliches Komitee», natürlich für den «Ausnahmezustand», bildeten.

Auf das Konto der *außerordentlichen* Organe, die auf Lenins Befehl *dringende* Maßnahmen ergriffen, kommen Millionen Menschenleben. Rechnet man nur die Opfer des direkten Terrors, so fielen nach vorsichtigen Schätzungen nicht weniger als 25 Millionen Menschen dem Genozid am eigenen Volk zum Opfer. Dazu gehören weder die deportierten Völker noch die Hungertoten der dreißiger Jahre und auch nicht die auf den Schlachtfeldern Gefallenen und Vermißten, die der Führer und Lehrer oft sinnlos ins Feld schickte. Er pflasterte den Weg zum Sieg mit den Leichen seiner Soldaten. Dazu gehören auch nicht die Abermillionen, die in der nüchternen Sprache der Wissenschaft als «indirekte Opfer» bezeichnet werden.

Den Toten ist es jedoch gleich, in welche Spalte sie eingetragen werden.

Seit Chruschtschows «Tauwetter» und bis zum heutigen Tage wurden unzählige pseudowissenschaftliche und propagandistische Arbeiten geschrieben, die ein einziges Ziel verfolgen, zu beweisen, daß die Grauen der Jeshow- und Berija-Ära 1937 eine Entartung der reinen und edlen Ideale des Kommunismus darstellten. Auch wurde behauptet, daß die Geheimpolizei, die ihren Namen so häufig wechselte, ausnahmslos zum Kampf gegen die tatsächlichen Feinde und zur Verteidigung der Errungenschaften des Volkes geschaffen worden sei. Wenn das «Schild und Schwert der Revolution» – so nannten die Bolschewiki in dem ihnen eigenen hochtrabenden Stil die Dienststelle in der Lubjanka – sich von «Verkrustungen und Entstellungen» befreit habe, werde die Geheimpolizei rein und edel vor uns erstrahlen.

Nein, das wird sie nicht. Denn da war weder Edelmut noch Reinheit. Das konnte auch gar nicht sein. Weil die Geheimpolizei von Anfang an als Organ zur Verteidigung und zum Schutz einer illegitimen Macht und zur Erhaltung der Macht um jeden Preis konzipiert worden war, auch um den Preis von Millionen Menschenleben. Eine andere Aufgabe hatte sie nie. Und wenn man die Texte der ersten Leninschen Dekrete aufmerksam liest, so wurde das eigentlich auch nicht verschwiegen.

Nehmen wir nur den achten Punkt des Leninschen Dekrets vom 21. Februar 1918 unter der schwülstig-flammenden Überschrift «Das sozialistische Vaterland ist in Gefahr!»: «Feindliche Agenten, Spekulanten, Plünderer, Rowdys, konterrevolutionäre Agitatoren und deutsche Spione sind am Tatort zu erschießen.»[1] Dieser Text wurde in die Werkausgabe aufgenommen, folglich kommt Lenin persönlich die Autorenschaft zu, obwohl der offiziell zitierte Text als Teil des Dekrets des Rats der Volkskommissare gilt. Wenn wir die zwei Zeilen genau lesen, so erkennen wir unschwer, daß kein einziges Wort dieses im wahrsten Sinne schicksalsschweren «legislativen Aktes» eine auch nur annähernd präzise Definition zuläßt. Der absoluten Willkür der Ausführenden waren Tür und Tor geöffnet. Jeder, der im Besitz eines WTscheka-Mandats war, verfügte über das Ausnahmerecht, willkürlich, nach eigenem Gutdünken und eigener Bildung festzulegen, wer ein «Plünderer», wer ein «Agent», wer ein «Feind» ist, und an Ort und Stelle mittels eines universalen Arguments, der Kugel, Gericht über ihn zu halten.

Ist es da so verwunderlich, daß Lenins bester Schüler, der Genosse Stalin, 15 bzw. 17 Jahre später die außergerichtlichen «Troikas» einsetzt (wiederum folgen die Bolschewiken ihrer geliebten Terminologie und nennen sie feierlich «Sondergericht beim NKWD der UdSSR»), die Zehntausende in Abwesenheit zum Tod verurteilen? Viel früher schon hatte die Nachfolgerin der WTscheka, die GPU (Politische Hauptverwaltung), unter Leitung des Politbüros das Recht erhalten, Todesurteile zu verhängen, und viele Male hatte sie von diesem Recht Gebrauch gemacht. Als Chruschtschow in seiner historischen Rede auf dem XX. Parteitag die Stalinschen Verbrechen enthüllte, nannte er diese Praxis eine «Abweichung von der Leninschen Norm». Wieso «Abweichung»? Das Leninsche Dekret vom Februar 1918 macht klar, wo die Wurzeln liegen.

Die Vorgeschichte des «roten Terrors» muß noch genau untersucht werden. Für mich war es hier wichtig zu unterstreichen, daß die Geschichte des Sowjetstaates mit ihm begonnen hat und daß er sie all die 74 Jahre begleitete. Der totale Terror als ständig funktionierendes Instrument der Staatspolitik ruht auf zwei Säulen: dem propagandistischen Apparat, der die Notwendigkeit und Nützlichkeit dieses Terrors «begründet», und den eigentlichen, den ausführenden Organen, die mit allen dafür notwendigen Funktionen ausgestattet sind.

Mit der ihm eigenen ungenierten Offenheit gab Lenin selbst der Propaganda den Ton vor und bezeichnete den «roten Terror» als «Mittel zur Überzeugung und Einwirkung». Unlängst schickte mir ein bescheidener Angestellter aus der russischen Stadt Lipezk eine umfangreiche Mappe – das Resultat seiner fleißigen und emsigen Arbeit in den abendlichen Mußestunden. Die Mappe enthält mehr als 60 Seiten einzeilig geschriebenen Text: Zitate aus veröffentlichten Arbeiten Wladimir Iljitsch Lenins, eines gebildeten Mannes, der immerhin mehrere Sprachen beherrschte und fünfzehn Jahre in Europa verbracht hatte. Die Zitatensammlung ist beeindruckend: «hinrichten», «erschießen», «auf der Stelle umbringen», «schonungslos ausmerzen», «am stinkenden Strick aufhängen»... Wen? Das «bürgerliche Gesindel», «die ekelhaften und gemeinen Schufte», «das konterrevolutionäre Geschmeiß», «die imperialistischen Lakaien», «alles mögliche Gesocks» und so weiter. Es handelt sich in den meisten Fällen um Zitate aus Anweisungen, Telegrammen und Briefen an seine Kampfgefährten, wo er keinerlei Rücksicht nehmen mußte und sich so ausdrücken konnte, wie ihm der Schnabel gewachsen war. Als der blutbesudelte Staatsanwalt Wyschinski zwanzig Jahre später bei den Moskauer Prozessen die Erschießung für die «wildgewordenen Hunde», die Politbüromitglieder und ZK-Sekretäre von gestern, forderte, war die Welt fassungslos: Woher nimmt ein wohlerzogener Jura-Professor soviel vulgären, soviel unflätigen Haß? Aber niemandem kam in den Sinn, in den Schriften Lenins nachzusehen.

Iossif Stalin, der abgebrochene Seminarist, Sohn eines ungebildeten Schusters und einer ungebildeten Wäscherin, hat sich mit geringfügigen Ausnahmen solche groben Beschimpfungen, solche rüden Ausdrücke zumindest auf dem Papier nicht erlaubt. Er mordete lieber, als sich über den Nutzen von Morden auszulassen. Dennoch ist der Unterschied zwischen beiden Führern gering. Beide setzten auf den Terror als wesentliches Mittel, um sich und ihre Junta an der Macht zu halten. Und wir müssen zugeben, daß sie dabei äußerst erfolgreich waren.

Die Lubjanka agierte wie jede Geheimpolizei auf zwei Ebenen, genauer gesagt, auf zwei Territorien – innerhalb des Vaterlandes und außerhalb. Mit Terror befaßte sie sich sowohl hier als auch dort, wobei sie sich auf unterschiedliche «Kader» stützte. Zur Vernichtung der «inneren Feinde», das heißt zum Genozid am eigenen Volk, bediente sie sich bereits in der allerersten Phase des buchstäblichen Abschaums der Gesellschaft: eines völlig demoralisierten Plebs, dem jegliche ethische Prinzipien und elementare Menschlichkeit fernlagen, für den ein Menschenleben keinen Groschen wert war.

Ein Detail ist dabei interessant: In der zweiten Hälfte des 19. Jahrhunderts, als der Zarismus mit den Narodowolzen abrechnete, fand sich im ganzen Land nur ein einziger Mann, der bereit war, die Rolle des Henkers zu übernehmen. Er wurde umhegt und gepflegt, von Ort zu Ort gefahren – denn überall wurden Henker gebraucht. Aber merkwürdigerweise war niemand auf diesen hochdotierten Posten aus. Jahrzehnte später rissen sich Tausende um die Henkersarbeit, die Zahl der Bewerber war höher als heutzutage bei Schönheitswettbewerben. Die Volontäre rechtfertigten das ihnen entgegengebrachte Vertrauen – ein wichtiger psychologischer Faktor – durch gesteigerten Eifer und waren bemüht, einander zu übertreffen. Das Blut machte sie trunken, und ohne es zu merken, wurden sie durch ihre Beteiligung an geheimen Massakern zu Geiseln der Hinrichtungsmaschinerie. Alle saßen in einem Boot, einer klammerte sich an den anderen. Wenn aber der Irrsinn der Gewalt einen von ihnen aus diesem Boot herausschleuderte, ihn aus dem Kreis der Täter in den der Opfer beförderte, stürzten sich die übrigen fanatisiert auf den «Verräter», wohl wissend, daß sie schon morgen an seiner Stelle sein konnten. Deshalb ist in diesem Buch immer wieder auch von Tätern die Rede, von Tätern, die zu Opfern wurden.

Im Ausland, in der internationalen Arena, agierte die Lubjanka ganz anders. Für ihre Wühltätigkeit, den Terror, die bestialischen Ermordungen von «Abweichlern», «Verrätern» oder einfach politischen Gegnern benutzte sie zynisch Menschen mit festen ideellen Prinzipien, die blind und fanatisch ergeben an die Weltrevolution und die heiligen marxistisch-leninistischen Ideale glaubten. Unter denen, die die sowjetische Geheimpolizei mißbrauchte, um im Ausland mit den tatsächlichen und den angeblichen Gegnern des Genossen Stalin abzurechnen, waren viele begabte und hochgebildete Männer und Frauen, sensible, intelligente Menschen, die der Idee der sozialen Gerechtigkeit und des Humanismus grenzenlos ergeben waren. Im Namen eben dieser Ideen mordeten sie auch, zynisch und kaltblütig, überzeugt davon, mit diesem ihrem «Racheakt» der großen und edlen Idee zu dienen. Der Gedanke von Karl Marx, «wonach ein Ziel, für das schlechte Mittel gebraucht werden, kein gutes Ziel ist», war für sie belanglos.

Wie viele deutsche, polnische, lettische, finnische und andere aufrichtige Kommunisten wurden in die entsetzlichen NKWD-Aktionen hineingezogen! Schamlos spielte die Lubjanka mit ihren Überzeugungen, mit ihrem Pflichtbewußtsein und ihrer Disziplin, mit ihren unerschütterlichen Grundsätzen: Moskau hat immer recht, der Kreml irrt sich nicht, es gibt keine Revolutionen ohne Opfer, der Genosse Stalin muß es besser wissen als wir; wenn er befiehlt, ist es also nötig. Ist das nicht die gleiche bedingungslose Hingabe, auf die auch der deutsche «Führer» vertrauen konnte? Im Namen anderer Ideale, aber doch auch im Namen von Idealen?

Eine fulminante Mischung von Zynismus und Idealismus, von Romantik und roher Gewalt, der Versuch, eine unendliche Kette von Verbrechen durch ein Ideal zu veredeln – all das sind charakteristische Merkmale des Totalitarismus. Die Stalinsche Variante zeichnet sich durch ihre Verbindung mit östlichem Despotismus aus, einer besonders raffinierten Form der Unmenschlichkeit, der die Qualen des besiegten Feindes wollüstigen Genuß bereiten.

Zeitgenössische Schriftsteller, die man wohl kaum als «sowjetische» bezeichnen kann, haben das wahre Wesen des Systems, das schon von Dostojewski in seinen «Dämonen» prophetisch vorweggenommen wurde, bereits in den zwanziger und dreißiger Jahren einer künstlerischen Analyse unterzogen. Aber kaum jemand kannte diese Werke. Ich erinnere an die Schriften des frühzeitig verstorbenen Lew Lunz oder an die bissige, böse Satire Jewgeni Samjatins, der dem Regime (und damit auch der Kugel) erfolgreich entkam. Die Romane Michail Bulgakows und Andrej Platanows lagen versteckt in Privatarchiven und gelangten erst viele Jahre nach dem Tod der Autoren an die Öffentlichkeit. Es waren nicht russische, sondern eigene Autoren, die dem Westen die Augen öffneten, vor allem Orwell und Koestler. Im übrigen haben sie natürlich nur denen die Augen geöffnet, die nicht länger im Finstern bleiben wollten. Die anderen, die nicht sehen wollten, waren schlimmer dran als die Blinden selbst.

Bis zum heutigen Tage ruhen die nicht enden wollenden Geheimnisse der Lubjanka in Kellern und Panzerschränken hinter Schloß und Riegel. Eben das hindert viele aufrichtige Anhänger des Kommunismus an einer Aufarbeitung. Die Zyniker und Wendehälse sind längst zur neuen Macht übergelaufen. Diejenigen aber, die den alten Idealen treu sind, machen es sich zum Teil sehr schwer, und das verdient Achtung, obwohl ihre standhafte Treue dadurch nicht weniger tragisch und nicht weniger gefährlich wird.

Ich selbst war wie viele meiner Generation lange vom XX. Parteitag der KPdSU (1956), vom «Prager Frühling» und der Hoffnung auf einen «Sozialismus mit menschlichem Antlitz» hypnotisiert. Bis heute werden solche Leute in meiner Heimat als die «Sechziger» bezeichnet – von den einen mit Hochachtung, von den anderen mit Spott, bei den dritten klingt Nostalgie an, bei den vierten Wut. Ein Sozialismus mit menschlichem Antlitz wäre ein Sozialismus ohne Geheimpolizei und Lager, ohne Zensur und Unterdrückung der Menschenrechte, ein Sozialismus mit Rede- und Pressefreiheit, ein freier Sozialismus. Das wäre ein wunderbarer Sozialismus, von dem man nur träumen kann, weil er – wie spät haben wir das begriffen! – niemals existieren wird.

Freiheit, wenn sie nicht fiktiv ist, öffnet die Türen der Archive, bietet die Möglichkeit, die ganze Wahrheit zu erfahren und laut davon zu reden. Freiheit führt aber auch unweigerlich zur Vernichtung des Ideologiemonopols. In dem Moment «kam der Prozeß ins Rollen», wie Gorbatschow gern sagte, und jetzt rollt er weiter und weiter... Das «andere Denken», wenn es sich frei entfalten kann, vernichtet die alten Strukturen. Das einzige Mittel, es zum Schweigen zu zwingen, sind Kerker, Lager, Exekutionen...

Es verwundert nicht, daß die neue Macht in Rußland, die den Anspruch erhebt, als demokratisch zu gelten, die Geheimnisse ihrer Vorgänger so fanatisch hütet. Solange die alten Apparatschiks, die alte, gewendete Nomenklatura, die sich nur neue Titel zugelegt hat – so wurden beispielsweise aus Gebietssekretären der Partei Direktoren honoriger Firmen –, solange sie alle noch im Sattel sitzen, so lange wird zumindest in ihrem Unterbewußtsein die Hoffnung auf Revanche glimmen. Schon deshalb müssen sie daran interessiert sein, die schrecklichsten Geheimnisse weiterhin geheimzuhalten. Oder ins allgemeine gewendet: Herrschaftswissen dient auch dann noch der Festigung der Macht, wenn die Herrschaft untergegangen ist und das Wissen darüber, wie sie im Innersten «funktionierte», scheinbar nur noch historisch interessiert.

Über einige der Personen, von denen in diesem Band die Rede ist, habe ich bereits in meinem Buch «Gnadenlos. Andrei Wyschinski, Mörder im Dienste Stalins» (Bergisch Gladbach 1991) geschrieben. Nach Veröffentlichung der Wyschinski-Biographie gelangte ich in den Besitz wertvoller neuer Dokumente, die die dramatische Situation rund um die Lubjanka – vor allem Ende der dreißiger Jahre und während des Krieges – viel umfassender und genauer erschließen. Aus diesem Grunde hielt ich es für notwendig, einen neuen historischen Kontext herzustellen. Es ist kein Zufall, daß einige Namen in verschiedenen Kapiteln auftauchen. Hierin zeigt sich die Dramaturgie des wahnwitzigen Diktators, alle und alles in einem teuflischen Knäuel miteinander zu verstricken und zu verflechten. Es sollte für alle die gleiche Hölle sein.

Den Lesern im Westen, die die Kraft finden, diese Tragödie nachzuvollziehen, in der Millionen Menschen, geblendet von der Sonne Stalins, ihr Leben ließen, gebührt mein großer Dank für ihren Mut und ihre Geduld.

Moskau, im Frühjahr 1993

Drei Opfer

Kolzow
Meyerhold
Babel

Jetzt, wo vieles, was gestern noch das Geheimste vom Geheimen war, ans Tageslicht kommt, wird beim Vergleich der Daten sichtbar, daß der NKWD für das Militärkollegium des Obersten Gerichts der UdSSR die Akten schubweise nach Merkmalen zusammenstellte, die einzig und allein dieser Dienststelle bekannt waren und jeglicher Logik entbehrten. Wenn es eine Spur von Logik gab, dann ist sie so gut wie nicht zu begreifen. Offenbar existierten jedoch gewisse Absprachen, denn das Fließband des Militärkollegiums funktionierte entsprechend diesen Schüben. So wurde beispielsweise im Februar 1940 eine Vielzahl von Fällen in den ersten Monatstagen erledigt; danach erholten sich die Richter offensichtlich von den nervlichen Strapazen, versammelten sich zum Monatsende erneut und ließen den nächsten Schub der von der Lubjanka vorbereiteten Fälle über ihr Fließband laufen.

Diese Gesetzmäßigkeit hängt möglicherweise nicht mit der Arbeitsweise der Richter zusammen, sondern mit der Bereitstellung der Täter. Bereits in der ersten Hälfte der dreißiger Jahre fallen die Erschießungslisten durch die Daten der Hinrichtungen auf. Dutzende durch nichts miteinander verbundene Menschen wurden am gleichen Tag oder an unmittelbar aufeinanderfolgenden Tagen hingerichtet. Als die Historiker das Schicksal der ZK-Mitglieder und Kandidaten des ZK, die auf dem XVII. Parteitag gewählt wurden, untersuchten, fiel dies sofort ins Auge: Am 30. Oktober 1937 wurden zwölf ZK-Mitglieder, am 27. November desselben Jahres sieben, am 10. Februar 1938 fünf, am 26. Februar vier und am 29. Juli neun hingerichtet.

Für den nächsten Schub, der Ende Januar/Anfang Februar 1940 bearbeitet wurde, hatte der NKWD für die Richter eine neue Gruppe vorbereitet. Der Zeitplan war eng gestrickt – zwanzig Minuten für jeden Fall, eine neue Verzögerung konnte alles durcheinanderbringen. Diesmal bestand allerdings die Gefahr, daß der Prozeß sich hinzog. Eine dieser Akten umfaßte nämlich entgegen aller Gewohnheit nicht die üblichen zehn bis zwanzig Seiten in einem dünnen Mäppchen, sondern zwei gewichtige Bände. Unter diesen Bedingungen hing alles von der Kunst des Vorsitzenden ab, den vorgeschriebenen Zeitplan einzuhalten.

Als «Gerichtssaal» diente dem Militärkollegium nicht selten Berijas Arbeitszimmer im Gefängnis von Lefortowo. Er hatte in jedem Gefängnis, wo «Politische» festgehalten wurden, seinen eigenen Arbeitsraum (auch im Gefängnis von Suchanowo und in der Butyrka). Fast jede Nacht nahm er an einem sogenannten Verhör teil und war selbst an Folterungen beteiligt. Gegen Morgen ging er sich ausruhen; dann konnten die Richter über das Zimmer verfügen.

Die Häftlinge, die am 1. Februar 1940 angeklagt werden sollten, wurden aus verschiedenen Gefängnissen in die Lubjanka gebracht. Das graue Riesengebäude des NKWD war durch einen unterirdischen Gang mit dem unscheinbaren Sitz des Militärkollegiums (Ecke Teatralny projesd und Straße des 25. Oktober) verbunden. Drei Militärs nahmen die Plätze hinter dem Richtertisch ein. Der unermüdliche Militärjurist Wassili Ulrich hatte den Vorsitz. Der Name dieses Mannes ist in die Geschichte eingegangen, weshalb einige Worte über ihn angebracht scheinen.

In Riga geboren, einer lettisch-russischen Familie entstammend, lebte er schon als Kind unter Revolutionären. Sein Vater, der mit Parteinamen «Method» hieß, wurde mehrfach verbannt und wanderte von einem Gefängnis in das andere. Zusammen mit den Eltern kam Ulrich, das künftige «strafende Schwert» der Revolution, im Alter von zehn Jahren nach Ilimsk im Gouvernement Irkutsk. Der Mutter, Sofja Fjodorowna, war die Kunst der Poesie nicht fremd, in der Stille und Gemütlichkeit dieses sibirischen Provinzstädtchens schrieb sie Erzählungen, kleine Gedichte und Märchen, spielte auf einem alten Klavier und summte schlichte Liedchen vor sich hin. In dieser merkwürdigen Atmosphäre von revolutionärer Leidenschaft und bürgerlicher Lebensweise entwickelten sich die Qualitäten des unbeugsamen Bolschewiken, der der Partei im Alter von einundzwanzig Jahren beitrat.

Ulrichs vorrevolutionäre politische Tätigkeit spielt sich im heimatlichen Riga ab. In Anerkennung seiner Verdienste schickte ihn die Partei gleich nach der Machtübernahme ins Volkskommissariat für Inneres, und Feliks Dzierzynski selbst ernannte ihn zum Vorsitzenden des Obersten Militärtribunals der Sondertruppen des Innenministeriums. Im Unterschied zu den anderen Universalbolschewiken zeichnete sich Wassili Wassiljewitsch Ulrich durch eine seltene Treue zu dem einmal gewählten Beruf aus und widmete sein ganzes Leben der Militärjustiz, obwohl er niemals eine juristische Ausbildung genossen hatte. Fachliche Bildung wäre auf diesem Weg eine überflüssige Bürde gewesen, er kam auch ohne diese wundervoll zurecht. Bereits im Januar 1926 wurde Ulrich Vorsitzender des Militärkollegiums des Obersten Gerichts der UdSSR.

Auf diesem Posten wütete er ein Vierteljahrhundert, bis Stalin seiner verrufenen «Popularität» überdrüssig wurde und ihn entmachtete: Der Generaloberst der Justiz wurde Leiter eines Kurses an der Militärjuristischen Akademie, der ein einfacher Oberst vorstand. Diese Tätigkeit übte Ulrich dann noch etwas länger als zwei Jahre aus. Zu diesem Zeitpunkt bewohnte er noch immer ein Einzelzimmer im Hotel «Metropol»; der Asket Ulrich, der seiner verantwortungsvollen und mühevollen Arbeit mit Begeisterung nachging, verachtete bürgerliche Gemütlichkeit und wollte nicht einmal eine Wohnung haben. Im fortgeschrittenen Alter, als er nichts mehr zu tun hatte, besann er sich der Freuden, die er versäumt hatte. Der kleine, glatzköpfige Mann mit dem rosigen Gesicht und dem gestutzten Schnurrbart brachte vor Angst zitternde Prostituierte in sein Hotelzimmer und erzählte ihnen, «wie man bei uns mit Volksfeinden abrechnet». Früher hatte er an Hinrichtungen oft höchstpersönlich teilgenommen, und manchmal kam es auch vor, daß er die Urteile, die er stapelweise verhängte, selbst vollstreckte, damit seine Hand nicht verlernte, die Waffe zu führen.

Am 1. Februar 1940 war der damals fünfzigjährige Ulrich noch voller Kraft und Energie. Und auch voller unbändiger Gier darauf, mit immer neuen Feinden abzurechnen. Neben ihm saßen an diesem Tag zwei andere, gänzlich unbekannte Richter. Den Mann, der an diesem 1. Februar als erster hereingeführt wurde, kannten sie gut. Im übrigen betraten diesen Saal niemals völlig Unbekannte, denn Ulrich verurteilte nur Berühmtheiten. Diesen Angeklagten jedoch kannten nicht nur die Richter, sondern das ganze Land; Fotos von ihm wurden häufig in Zeitungen veröffentlicht, und die Kinochronik, die sowjetische Wochenschau, zeigte ihn in jeder Ausgabe – mal beim Besteigen eines Flugzeugs, mal in Spanien im faschistischen Bombenhagel, mal auf dem Erntefeld oder im Schacht, mal bei Manövern oder bei Theaterpremieren. Ulrich hatte mehrfach die Möglichkeit gehabt, sich mit ihm freundschaftlich zu unterhalten. Vor nicht allzu langer Zeit versorgten Wyschinski und er auf persönliche Anweisung Stalins den jetzigen Angeklagten mit «Exklusivmaterial» über den Prozeß gegen Bucharin, Rykow und die anderen «Verschwörer», damit das Volk vom ersten Journalisten des Landes über die Übeltaten dieser Feinde des Volkes informiert wurde.

Es war Michail Kolzow, ehemals Mitglied des Redaktionskollegiums der «Prawda», Chefredakteur der Zeitschriften «Ogonjok», «Krokodil» und «Sa rubeshom», Deputierter des Obersten Sowjets der RSFSR und korrespondierendes Mitglied der Akademie der Wissenschaften der UdSSR. Ehemaliger, ehemaliger... Jetzt galt er als ein Spion, als Agent dreier Geheimdienste, des deutschen, französischen und amerikanischen, als Mitglied des antisowjetischen Untergrunds seit 1923, der «trotzkistische Ideen propagierte und die Führer des Trotzkismus popularisierte». Als Terrorist wollte er seit 1932 eine Reihe von – allerdings nicht namentlich genannten – Persönlichkeiten umbringen. Er hatte alles zugegeben. So stand es jedenfalls in der Anklageschrift, die zweieinhalb Seiten umfaßte.

«Wollen Sie etwas hinzufügen?» fragte Ulrich den Angeklagten.

«Nichts hinzufügen, aber abstreiten», sagte Kolzow. «Alles, was hier geschrieben steht, ist Lüge. Von Anfang bis Ende.»

«Wie denn Lüge? Die Unterschrift ist Ihre?»

«Ich habe sie hingeschrieben... Nach Foltern... Schrecklichen Foltern...»

«Da haben wir es, jetzt werden Sie noch die Organe verleumden... Weshalb die eigene Schuld schlimmer machen? Sie ist auch so groß genug...»

«Ich bestreite kategorisch...», begann Kolzow, aber Ulrich unterbrach ihn:

«Andere Ergänzungen haben Sie nicht?»

Der Richter kam mit zwanzig Minuten aus und hatte sogar ein bißchen Zeit eingespart.

Kolzow war am 12. Dezember 1938 gegen Mitternacht verhaftet

worden. Abends hatte er noch auf persönliche Bitte von Stalin im Schriftstellerklub gesprochen. Er hatte den Inhalt des gerade erschienenen «Kurzen Abrisses der Geschichte der RKP (B)» erläutert und erklärt, wie man nunmehr Romane, Poeme und Stücke schreiben müsse, um mit der Zeit Schritt zu halten und zum Wohle der Weltrevolution zu arbeiten. Nach einer stürmischen Diskussion war er in die Redaktion der «Prawda» zurückgekehrt, wo er sofort zum Chefredakteur gerufen wurde, dessen Zimmer er als Verhafteter verließ. Der Haftbefehl wurde erst am nächsten Tag ausgefertigt. Als Grund wurde angegeben: «Sein Bruder, der Historiker Fridljander, wurde als aktiver Volksfeind erschossen.» Schluß. Kein anderer Grund. Als ob Verwandtschaft ein Verbrechen sei. Die bittere Ironie dieser Begründung besteht darin, daß der zu diesem Zeitpunkt bereits ermordete bedeutende Wissenschaftler und Dekan der philosophischen Fakultät der Moskauer Staatlichen Universität, G. S. Fridljander (der Vater des Schriftstellers Feliks Swetow), und M. Kolzow, dessen wirklicher Familienname Fridljand war, überhaupt nicht miteinander verwandt waren. Sie waren nicht einmal Namensvettern, wie die Schreibweise der Namen zeigt. Und nirgendwo, an keiner Stelle, mit keinem einzigen Wort wird der Name des Professors, dessen «Verwandtschaft» als Grund für die Verhaftung genannt wurde, in den beiden Bänden der Akte Kolzow noch einmal erwähnt. Man hatte ihn einfach vergessen.

Vergessen hatte man auch – oder richtiger, man erinnerte sich nur allzu genau daran –, welche Leistungen der Angeklagte Michail Kolzow in seinem Leben vollbracht hatte. Die Gründung der Zeitschriften «Ogonjok» (Feuerchen), «Tschudak» (Der Kauz) und «Krokodil» wäre allein schon ausreichend gewesen, um in die Geschichte der sowjetischen Journalistik einzugehen. Aber Kolzows unbändige Energie drängte ihn über den Rahmen seines Berufs weit hinaus. Besonders reizte ihn die Luftfahrt. Die ganze Weltpresse schrieb damals über die von ihm organisierten ersten Langstreckenflüge ohne Zwischenlandungen. Besonders berühmt wurde er durch seine Teilnahme an dem für damalige Zeiten beispiellosen Flug von Moskau über Ankara und Teheran nach Kabul. Er war der Initiator für den Bau des Riesenflugzeugs «Maxim Gorki». Im republikanischen Spanien wirkte er als Regierungsberater für Luftfahrt. Ohne Kolzows Namen zu nennen, schrieb sein Freund Lion Feuchtwanger bereits zu

Beginn des Jahres 1937: «Ein russischer Schriftsteller hat nicht wenig zum günstigen Kampfverlauf beigetragen...» Hemingway stellte ihn unter dem Pseudonym «Karkow» in seinem Roman «Wem die Stunde schlägt» dar. «Haß und Verachtung», sagt Karkow-Kolzow zu seinen spanischen Freunden, «ruft bei uns die Doppelzüngigkeit solcher Leute wie Sinowjew, Kamenew, Rykow und ihrer Helfershelfer hervor. Wir verachten und hassen diese Leute.»

In Kolzows Akten finden sich nicht die leisesten Spuren solcher Ansichten, seine verschiedenen gesellschaftlichen Aktivitäten werden nicht einmal falsch, entstellt oder gar bösartig interpretiert. Sie werden einfach übergangen: Ein «Volksfeind» hat keine Biographie, keine, außer der Aufzählung seiner Schandtaten. Die Erfinder der angeblichen Verbrechen kannten die wirkliche Biographie Kolzows natürlich ganz genau. Das schlimmste und unverzeihlichste Verbrechen Kolzows jedoch war seine Begabung, seine ausgeprägte Persönlichkeit, seine Individualität, die sich von dem allgemeinen Niveau abhob. Es scheint, als habe gerade das Stalin am meisten geärgert.

Natürlich war Kolzow Stalin absolut ergeben. Er setzte sein ganzes Talent dafür ein, die Sowjetmacht und ihre Führer zu preisen. Aber er war kein mechanischer, sondern ein bewußter Propagandist der Stalinschen Politik. Er war kein stummes Rädchen, sondern eine leidenschaftliche und aktive Natur. Solche Leute liebte der Führer nicht.

Wie es sich für Journalisten seines Temperaments gehörte, zog es Kolzow immer zu den Brennpunkten. Er wollte schneller als andere berichten – und besser als andere. Das gelang ihm immer wieder. Tatsächlich war er in Spanien nicht nur einfach als Korrespondent; seine Rolle bei den Kampfoperationen der republikanischen Streitkräfte ist weithin bekannt.

Hemingway beschreibt in seinem Roman eine Kontroverse zwischen Karkow (Kolzow) und dem Politkommissar der Internationalen Brigaden in Spanien, André Marti. Marti war Mitglied des Politbüros der französischen Kommunistischen Partei und Sonderbeauftragter Stalins. Der Führer hatte vollstes Vertrauen zu Marti, denn er verfügte über Stalin sympathische Eigenschaften: Rachsucht, Grausamkeit, Unbarmherzigkeit und sklavische Ergebenheit. Diese Eigenschaften gewannen in Stalins Augen ein um so größeres Gewicht, als Marti unbegabt, ungebildet und neidisch war. Die Denunziationen, die er, die Lubjanka übergehend, an Stalin persönlich schickte, spielten eine verhängnisvolle Rolle für das Schicksal vieler Menschen – ausländischer Kommunisten und sowjetischer Militärs, die in Spanien gekämpft hatten.

Marti war von der «Kränkung», die ihm Kolzow öffentlich zugefügt hatte, bis ins Herz getroffen und schrieb einen Brief an Stalin, in dem er den Journalisten beschuldigte, sich in die militärischen Angelegenheiten einzumischen. Vor allem aber bezichtigte er Kolzow, Sympathien zu Trotzki zu hegen und Kontakte zu den spanischen Trotzkisten zu unterhalten (zur Organisation POUM, die von Andres Nin geleitet wurde). Marti wußte gut, wie eine Information über eine Verbindung zu den Trotzkisten auf Stalin wirkte.

Einige Historiker im Westen wollten mir versichern, daß Kolzow in Spanien auch die Funktion eines Residenten der sowjetischen Aufklärung ausübte, und allein dieser Fakt habe zu seinem tragischen Ende geführt. Kolzow hatte zweifellos Verbindungen zur Lubjanka (damals galt das nicht als Schande, sondern als patriotische Pflicht), aber er war nicht ihr Resident. Diese Aufgabe wurde in der Regel unscheinbaren, farblosen Personen übertragen. Kolzow stand zu sehr im Blickfeld. Auf seine Reportagen aus Spanien wartete täglich das ganze Land.

Kolzow wurde auf persönliche Anweisung Stalins nach Moskau zurückgerufen. Am 1. Mai 1937 traf er dort ein, und bereits einige Tage später wurde er von Stalin und vier seiner engsten Vertrauten – Molotow, Kaganowitsch, Woroschilow und Jeshow – empfangen. Fast drei Stunden hörten sie seinem Bericht zu. Schon allein das beweist, daß er in Spanien nicht bloß als Journalist gewesen war. Am selben Abend teilte Kolzow seinem Bruder, dem heute noch lebenden Maler Boris Jefimow, seine Eindrücke mit:

«Stalin blieb neben mir stehen, legte die Hand aufs Herz und verneigte sich.

‹Wie muß man Sie auf spanisch anreden? Miguel, ja?›

‹Miguel, Genosse Stalin›, antwortete ich.

‹Na, dann folgendes, Don Miguel. Wir, die edlen Spanier, danken Ihnen herzlich für Ihren interessanten Bericht. Auf Wiedersehen, Don Miguel. Alles Gute.›

‹Ich diene der Sowjetunion, Genosse Stalin.› Ich ging zur Tür, aber da rief er mich wieder zurück, und es fand ein irgendwie merkwürdiges Gespräch statt:

‹Haben Sie einen Revolver, Genosse Kolzow?›

‹Habe ich, Genosse Stalin›, antwortete ich erstaunt.

‹Aber Sie haben nicht vor, sich damit zu erschießen?›

‹Natürlich nicht›, antwortete ich noch erstaunter, ‹nicht einmal in Gedanken.›

‹Na, das ist ja ausgezeichnet›, sagte Stalin. ‹Ausgezeichnet! Nochmals danke, Genosse Kolzow. Auf Wiedersehen, Don Miguel.›»

Die von Kolzow zitierten scherzhaften Bemerkungen Stalins geben eine Vorstellung davon, wodurch der schlecht verborgene Zorn des Führers geweckt wurde. Ganz offensichtlich ist, daß sich Kolzow in seinem dreistündigen Bericht als überlegener Kenner der spanischen Situation gezeigt hat (was er wahrscheinlich auch war). Und diese Überlegenheit mußte den Ärger des Führers der Völker provoziert haben. Der spöttische, scherzhafte Ton, der Stalin eigentlich fremd war, zeugte davon, daß der Spanienexperte bei ihm einen wunden Punkt getroffen hatte. Das hatte Kolzow auch selbst begriffen. «Weißt du», sagte er zu seinem Bruder, «was ich ganz deutlich in den Augen des Herrn gelesen habe, als er mich mit seinem Blick hinausbegleitete? ‹Zu vorlaut!›»

Dennoch scheint es zu kurz gegriffen, eine direkte Verbindung zwischen Stalins Reaktion auf den Bericht und der Verhaftung des Berichterstatters anderthalb Jahre später anzunehmen. Mir scheint eher, Stalin hat in diesem Moment nicht befohlen, mit «Don Miguel» abzurechnen, sondern hat klar zu verstehen gegeben, daß man ihn in Ruhe lassen solle. Vorläufig. Kolzow konnte noch gebraucht werden. Schließlich waren es bis zum Untergang der spanischen Republik noch fast zwei Jahre, und im Mai 1937 konnte keiner ahnen, daß die Revolution niedergeschlagen wird. Bereits nach der Unterhaltung mit dem Führer wurde der «zu vorlaute» Kolzow Deputierter, korrespondierendes Mitglied der Akademie, veröffentlichte sein «Spanisches Tagebuch» und konnte in Zeitungen und Zeitschriften Dutzende begeisterter Artikel über sich lesen.

Unterdessen wuchs die NKWD-Akte Kolzows. In seinem Buch «Die geheime Geschichte der Stalinschen Verbrechen» berichtet der ehemalige Resident der sowjetischen Aufklärung in Spanien, Alexej Orlow, der unter dem Namen «Nikolski» bekannt ist, obwohl er in Wirklichkeit Lew Feldbin hieß, folgendes: Im Frühjahr 1937 kam ein diplomatischer Kurier aus Moskau und erzählte seinen Kollegen im

Vertrauen, daß sich Kolzow nach Informationen der Sonderhauptverwaltung des NKWD «an die Engländer verkauft» habe und «Lord Beaverbrook mit Geheiminformationen versorgen» würde. Einige Tage später wurde Kolzow nach Moskau zurückbeordert, um auf der Politbürositzung Bericht zu erstatten.

Kolzow war ein ausgesprochen kluger Mann, hatte eine genaue Beobachtungsgabe und konnte gut analysieren. Hat er etwa nicht begriffen, was sich da zusammenbraute? Hat er nicht gespürt, was für ein Ende ihn erwartete? Die Erinnerungen Boris Jefimows, des Menschen, der ihm am nächsten stand, sind äußerst widersprüchlich. B. Jefimow schreibt: «Er glaubte aufrichtig und zutiefst, ich fürchte nicht zu sagen, fanatisch, an die Weisheit Stalins. Wie viele Male hat mir mein Bruder nach Begegnungen mit dem ‹Herrn› in kleinsten Details von dessen Art zu sprechen, von einzelnen seiner Bemerkungen und Witzchen erzählt. An Stalin gefiel ihm alles.»

Wie paßt dies mit einer anderen Erinnerung zusammen, in der Jefimow Kolzow wie folgt wiedergibt: «Entweder facht jemand... vielleicht Jeshow, unaufhörlich sein [Stalins] Mißtrauen an, schiebt ihm hastig zusammengezimmerte Verschwörungen und Verrat unter. Oder es ist umgekehrt, und Stalin selbst facht hartnäckig und berechnend Jeshows Eifer an, verspottet ihn damit, daß er die Verräter und Spione vor seiner eigenen Nase nicht sehe?»

Ich weiß nicht, ob der Chef des NKWD erst verspottet werden mußte: Er sah von sich aus überall Spione und Verräter. Kolzow selbst charakterisierte Jeshow in der «Prawda» vom 9. März 1938 enthusiastisch als «wunderbaren, unerschütterlichen Bolschewiken..., der Tag und Nacht, ohne vom Tisch aufzustehen, zielstrebig die Fäden der faschistischen Verschwörung entwirrt und durchschneidet». Kolzow wurde abgeholt, als Jeshow an der Spitze der allmächtigen Institution durch Berija ersetzt wurde. Die notwendige «Dokumentation» war noch in der Ära Jeshow vorbereitet worden.

Bereits am 4. August 1938 hatte Woroschilow, der den Journalisten wegen dessen «Einmischung» in militärische Angelegenheiten nicht ausstehen konnte, wegen eines von Kolzow für die «Prawda» geschriebenen Artikels bei Stalin interveniert. In diesem Artikel hatte Kolzow die militärisch-politische Situation in Spanien analysiert und gezeigt, welche Lehren die UdSSR daraus ziehen müsse. Woroschilows Brief ist lakonisch und vielsagend: «An Gen. Stalin. Ich schicke den Artikel von Gen. Kolzow, den er so lange versprochen hat. Ich bitte um Durchsicht und Meinungsäußerung, ob man ihn drucken kann und muß. Mir gefällt der Artikel nicht. K. Woroschilow.»

Stalin gefiel er auch nicht. Der Artikel wurde nicht veröffentlicht. Der Führer gab die mündliche Anweisung, «mit Kolzow aufzuräumen». Was diese Umschreibung bedeutete, wußten sie in der Lubjanka genau.

In der Anweisung zur Verhaftung Kolzows[1], die lange vor dem Brief Woroschilows und der Weisung Stalins – keiner hätte es gewagt, einen Mann wie Kolzow ohne Stalins Segen zu verhaften – ausgefertigt worden war, steht: «Kolzows Frau, Maria von Osten, Tochter eines deutschen Großgrundbesitzers, ist Trotzkistin [ein Gutsbesitzer und eine Trotzkistin – darauf muß man erst einmal kommen], er kam mit ihr 1932 in Berlin zusammen. In Moskau führte Osten eine müßige Lebensweise, traf sich mit deutschen Emigranten. Zusammen mit Kolzow fuhr sie nach Spanien, floh von dort mit dem Deutschen Busch[2], angeblich aus Angst vor Repressalien seitens der republikanischen [?] Regierung.»

In der Lubjanka hatten sie wirklich zwingende Gründe für die Verhaftung des ersten Publizisten des Landes gefunden. Stalin, der die Akte Kolzows von A bis Z durchlas, schienen diese Gründe zu überzeugen. «Denken Sie, ich habe es geglaubt, denken Sie, ich wollte es glauben? Wollte ich nicht, aber ich mußte es glauben.» So antwortete Stalin, nach Aussage von Konstantin Simonow, Alexander Fadejew, der Zweifel an Kolzows Schuld geäußert hatte. Er gab Fadejew sogar die beiden Bände der Untersuchungsakte zu lesen. Also war er davon überzeugt, daß sie Eindruck machen würden. Stalin billigte die Arbeit der ruhmreichen Tschekisten, und damit war alles gesagt.

Die Anschuldigungen wären hinfällig geworden, hätte man sie nur ein wenig aufmerksamer gelesen. Aber damals verspürte niemand den Wunsch, aufmerksam zu lesen. Die kümmerliche Phantasie der Untersuchungsrichter interessierte niemand – schließlich wußten die Richter, daß alles frei erfunden ist –, und eine Überprüfung hatte nicht den geringsten Sinn (das Schicksal des Opfers war ohnehin schon im voraus entschieden).

Heute lesen wir genau.

Kolzow wurde, so steht es im Urteil, von Karl Radek als Terrorist angeworben. Radek wurde diese Anwerbung seltsamerweise nicht vorgeworfen. Einige Monate vor Kolzow war eine Mitarbeiterin der «Prawda», die Schriftstellerin Tamara Leontjewa, verhaftet worden. Am 25. September 1938 «gestand» sie unter Folter dem Untersuchungsrichter Makarow, daß sie zusammen mit Kolzow einer trotzkistischen Gruppe angehöre. Man kann sich vorstellen, was das für ein Beweis war, wenn das Sondergericht beim NKWD – ein Organ, das keine Gnade kannte und nur für Hinrichtungen geschaffen worden war bzw. in Ausnahmefällen Verbannungen in den GULAG verfügte – am 21. Mai 1941, am Vorabend des Krieges, Tamara Leontjewa für unschuldig erklärte und das Verfahren einstellte.

Mehr als dreizehn Jahre später, am 27. August 1954, lud man sie vor die Oberste Militärstaatsanwaltschaft, um herauszufinden, in welcher trotzkistischen Gruppe sie mit Kolzow zusammengearbeitet habe. Leontjewa erzählte, daß sie, halbtot geschlagen, das im voraus fertige Protokoll unterschrieben habe. Sie hatte es nicht nur nicht gelesen, sie hatte gar keine Möglichkeit gehabt, es zu lesen, denn gleich nach dem Verhör wurde sie in bewußtlosem Zustand ins Krankenrevier gebracht.

Bleibt nur die Hauptanklage. Wahrscheinlich war deshalb auch alles eingefädelt worden. Jeshows Institution plante einen großangelegten «Diplomatenprozeß». Der NKWD wußte noch nicht, daß es nach dem mühselig durchgeführten und fast geplatzten Prozeß gegen Bucharin und Rykow keine öffentlichen Schauprozesse mehr geben sollte, daß man von nun an nur noch insgeheim und einzeln mit Mißliebigen abrechnen würde. Aber die einmal in Gang gesetzten Schwungräder drehten sich nach dem Trägheitsprinzip vorläufig immer noch. Neue blutige Schauprozesse wurden vorbereitet: ein Diplomatenprozeß, ein Rechtsanwaltsprozeß, ein Schriftstellerprozeß.

Ursprünglich sollte Maxim Litwinow, der vorläufig noch Volkskommissar für Auswärtige Angelegenheiten war und mit seiner Existenz sozusagen die antifaschistische Politik seines Staates garantierte, an der Spitze der Diplomaten-Spione stehen. Nummer zwei sollte offenbar Boris Stein sein, ein Diplomat aus der Schule Litwinows, Tschitscherins und ihres Kreises[3], dessen Bildung und intellektuelles Niveau ihm einen guten Ruf bei ausländischen Diplomaten einbrachte. Boris Stein war Sekretär der sowjetischen Delegationen in Genua und Den Haag, beteiligte sich unermüdlich an der Arbeit des Völkerbundes, war Botschafter in Finnland, anschließend in Italien und außerdem ein angesehener Historiker für die Geschichte der internationalen Beziehungen und des Außenhandels. Außerdem galt er als gründlicher und produktiver Journalist, auf den man im In- und Ausland hörte. Er hätte also durchaus zu Recht auf der Anklagebank den Platz neben Litwinow einnehmen können.

Aber nach dem Aktenmaterial zu urteilen, das in der Küche der Lubjanka zusammengerührt wurde, hätte Kolzow, der derselben «Spionagegruppe» zugerechnet wurde, Stein wahrscheinlich in den Hintergrund gedrängt. Sämtliche Kandidaten für die Anklagebank waren Kolzows Freunde, mit allen hatte er sich mehrfach getroffen – sowohl im Land als auch außerhalb. Sie hatten gemeinsame gute Bekannte unter europäischen und amerikanischen Politikern, Wissenschaftlern und Künstlern. Solche Bekannte im Ausland wurden in der Sprache jener Jahre als «Helfershelfer» bezeichnet, mit allen sich daraus ergebenden Konsequenzen.

Die ersten Schritte zur Organisierung eines Diplomatenprozesses waren bereits getan. Zu den Verhafteten gehörten die leitenden Mitarbeiter des Volkskommissariats für Auswärtige Angelegenheiten Gnedin, Hirschfeld und Mironow (Pines).

Besonders leicht war es, Kolzow mit dem Leiter der Presseabteilung Gnedin in Verbindung zu bringen, denn aus dienstlichen Gründen hatte dieser ständigen Kontakt zu Kolzow gehabt. Gnedin, der die Hölle des GULAG lebend überstand, konnte später von der Gegenüberstellung mit Kolzow berichten, die Untersuchungsrichter Pinsur organisiert hatte.[4]

«Kolzow», schreibt Gnedin, «verlor nicht den Sinn für Humor, denn er blickte mich traurig lächelnd an und sagte: ‹Gnedin, Sie sehen aber aus!› (Pause und kurzes Lächeln.) ‹Na, genauso wie ich aussehe...› Er sah wie ein schwerkranker Mann aus... Vor mir saß ein gebrochener Mensch, der bereit war, sich widerspruchslos unterzuordnen.» Auf die Frage, ob Kolzow seine Schuld zugibt, «antwortete er sofort, man kann sagen, routinemäßig, positiv, sogar weitschweifig... Es sah so aus, als wiederhole Kolzow die Erfindung auswendig». Er sagte, daß sie beide – Gnedin und Kolzow – zu einer Verschwörergruppe gehört hätten, die von Konstantin Umanski, der vor Gnedin die Presseabteilung im Volkskommissariat für Auswärtige Angelegenheiten leitete, organisiert worden sei. Höchstwahrscheinlich ging er auf Grund der Vorgaben Pinsurs davon aus, daß Umanski –

wie es ursprünglich auch geplant war – irgendwo in einer Nachbarzelle saß. Dabei hatte Umanski gerade den Botschafterposten in Washington bekommen und lebte dort unbehelligt.

Zur Gruppe der Diplomaten-Spione und Terroristen, die vor Gericht gestellt werden sollten, gehörten außerdem: die Botschafterin in Schweden, Alexandra Kollontai (davor Botschafterin in Mexiko und Norwegen; sie wird in vielen Akten als Agentin des deutschen, englischen, französischen und schwedischen Geheimdienstes erwähnt), der Botschafter in Großbritannien, Iwan Maiski (englischer Spion sowie Agent verschiedener ausländischer Geheimdienste), der Botschafter in Deutschland und dann in Frankreich, Jakow Suriz (deutscher und französischer Spion), der Botschafter in Japan, Konstantin Jurenew (davor Botschafter in Italien, Österreich und anderen Ländern; japanischer, österreichischer und tschechoslowakischer Spion), der ehemalige Botschafter in Deutschland und vorherige Leiter der Handelsvertretung in England, Lew Chintschuk (deutscher und englischer Spion), der Generalkonsul in Barcelona, Wladimir Antonow-Owsejenko (deutscher und polnischer Spion), der Vorsitzende der Allunionsgesellschaft für kulturelle Verbindungen mit dem Ausland, der Schriftsteller Alexander Arossew (früher Botschafter in Litauen und der Tschechoslowakei; französischer und tschechoslowakischer Spion), die Lyrikerin Vera Inber (eine Großnichte Trotzkis und Freundin vieler sowjetischer Diplomaten, als «Mitglied der Spionagegruppe im Volkskommissariat für Auswärtige Angelegenheiten») und viele andere.

Wie gewöhnlich hatte sich die Lubjanka auf mehr Angeklagte vorbereitet, als für einen großen Prozeß notwendig waren. Das gab jedoch dem Chefdramatiker und Hauptregisseur die Möglichkeit, die Besetzung nach seinem Gutdünken auszuwählen. Wie wir wissen, nahm Stalin von der Aufführung Abstand und beschloß, über jedes Schicksal individuell zu entscheiden. Über Maiski handelt das folgende Kapitel «Die Verschwörung der Botschafter». Alexandra Kollontai, Boris Stein, Konstantin Umanski, Jakow Suriz und Vera Inber entgingen den Repressalien. Einige von ihnen setzten ihre diplomatische Tätigkeit wohlbehalten fort, andere gingen in die Wissenschaft. Die dritten, wie Vera Inber, überschlugen sich in poetischen und prosaischen Begeisterungsausbrüchen an die Adresse des Großen Führers; dieser erhörte sie und würdigte Trotzkis Großnichte mit dem

Staatspreis, der seinen Namen trug. Jurenew (Krotowski), Chintschuk, Rosenberg, Antonow-Owsejenko, Arossew und andere hohe Diplomaten (Lew Karachan, Boris Stomonjakow, Jakow Dawtjan, Leonid Stark und Dutzende ihrer Kollegen) wurden hingerichtet. Fast in jeder Akte zur Anklage eines dieser hohen Diplomaten kommt als «Helfershelfer» Kolzow vor. Vom ehemaligen Geschäftsträger (bevollmächtigten Minister) in Frankreich, Jewgeni Hirschfeld, verlangte man sogar, zuzugeben, daß Kolzow die diplomatische Spionagegruppe geleitet habe. Alexander Arossew wollte vierzig Mitglieder der «trotzkistischen Spionagegruppe» kennen, Kolzow jedoch war nicht darunter; daraufhin bezichtigte man ihn, daß er «diesen bekannten trotzkistischen Agenten schützt» (Archivakte des KGB Nr. 0121373). Das Verblüffende ist, daß Arossew bereits zehn Monate vor Kolzows Verhaftung erschossen wurde. Allein dieser Umstand läßt begreifen, wie lange das Damoklesschwert bereits über Kolzow schwebte.

Die Akte gegen Litwinow, insgeheim am 4. Mai 1939 angelegt, wurde im Oktober abgebrochen. Stalin beschloß, sich darauf zu beschränken, ihm das Portefeuille des Volkskommissars zu entziehen. Möglicherweise hat der Pakt mit Hitler, wie paradox das auch klingen mag, Litwinow gerettet. Die Ermordung des von Hitler verbissen und offen gehaßten Diplomaten wäre ein zu demonstrativer und zu weitreichender Schritt des Entgegenkommens gewesen. Je nach Lage konnte man ja darauf zurückkommen. Daß gegen Litwinow eine blutige Aktion angezettelt wurde, steht außerhalb jeden Zweifels. So charakterisierte der alte Molotow seinen Vorgänger mit verblüffender Offenheit gegenüber seinem Vertrauten Felix Tschujew, der seine Gespräche mit dem treuesten Mitstreiter des großen Stalin unlängst der Öffentlichkeit übergab: «So ein Lump... Er hatte die Höchststrafe verdient... Das ist ein großer Lump. Litwinow ist nur zufällig am Leben geblieben.»[5]

Die Namen in der Akte Kolzow sind Legion. Viele sind heute noch bekannt, wiele geben nach wie vor Rätsel auf. Maria von Osten zum Beispiel, Kolzows Frau. Woher kam dieses «von»? Osten ist das literarische Pseudonym der deutschen Schriftstellerin Maria Greßhörner, deren Vater, Heinrich Greßhörner, meines Wissens keinen Adelstitel hatte. Und wenn er ihn gehabt hätte, hätte sich Maria «von

Greßhörner», aber nicht «von Osten» nennen können. Es handelt sich nicht um einen Schreib- oder Sprechfehler, denn bei dem damals herrschenden politischen Denken hätte die adlige Herkunft seiner Gattin genügt, Kolzow Verrat der Klasseninteressen vorzuwerfen. Das «von» taucht im übrigen nur in den anonymen Denunziationen der ausländischen Agenten des NKWD auf, die das in den sowjetischen Organen herrschende Denken natürlich kannten.

Kolzow war der jungen deutschen Kommunistin zum ersten Mal im Sommer 1932 in Berlin begegnet. Gemeinsame Freunde, der Schauspieler Ernst Busch und der Schriftsteller Ludwig Renn, hatten sie miteinander bekannt gemacht. Die beiden hatten verabredet, daß Maria ihn auf seiner Reportagereise nach Dortmund, Essen und in andere Städte des Ruhrgebiets begleiten sollte. Ernst Busch, dem ich im Februar 1978 in Berlin begegnet bin, erzählte mir, daß sich Kolzow und Maria auf den ersten Blick ineinander verliebt hätten. Als Direktor der Zeitschriften- und Zeitungsvereinigung «Shurgas» schloß Kolzow mit Maria Osten einen Arbeitsvertrag für die «Deutsche Zentralzeitung», die von dieser Vereinigung herausgegebene Moskauer Zeitung in deutscher Sprache. In dieser Eigenschaft kam Maria nach Moskau.

Die ersten Dokumente (oder genauer Denunziationen) in Kolzows Lubjanka-Dossier stammen aus dem Jahre 1932. Wir werden kaum irren, wenn wir die Hypothese aufstellen: Das Dossier wurde eben wegen Maria Osten angelegt. Solche Art Freizügigkeit im Privaten, noch dazu bei Ausnutzung der Dienststellung, war nach den damaligen Sitten unzulässig. Und wenn nicht sofort Sanktionen ergriffen wurden, dann nur dank Kolzows Stellung.

Kolzows Frau, Jelisaweta Ratmanowa, war von dem kaum verborgen gehaltenen Verhältnis absolut nicht begeistert. Sie gehörte zu den vertrauenswürdigen Informantinnen Jagodas, wurde dann von Jeshow und später von Berija übernommen. Ihre Denunziationen – «Meldungen», wie sie in der Lubjanka elegant genannt wurden – befinden sich in einer gesonderten Mappe des KGB-Archivs und sind bislang noch immer unzugänglich. Es läßt sich jedoch unschwer erraten, in welche Richtung ihre Denunziationen gingen.

Je mehr sich der Kreis der ausländischen Freunde Kolzows erweiterte – dank Maria vor allem deutsche Künstler –, desto dicker wurde sein Dossier, desto mehr Personen gerieten in das Beobachtungsfeld der Lubjanka. Charakteristischerweise finden sich in Kolzows Dossier die Berichte über Lion Feuchtwanger und Bertolt Brecht während ihres Aufenthalts in der Sowjetunion. Die Lubjanka zeigte außerdem großes Interesse an Arthur Koestler, der damals noch nicht der Autor der «Sonnenfinsternis» war, sondern antifaschistische Erzählungen, Novellen und Reportagen schrieb, die von den sowjetischen Verlagen gern gedruckt wurden. Natürlich hatte die Lubjanka in Kolzows Umgebung nicht nur Deutsche im Visier. Spezielle Ausarbeitungen zur «Feststellung von Spionageverbindungen» wurden auch über André Malraux und Antoine de Saint-Exupéry, mit dem Kolzow sowohl die Literatur als auch die Liebe zur Luftfahrt verband, angefertigt. Schließlich kann man aus Zitaten in Kolzows Dossier schließen, daß Brechts Sekretärin und Mitarbeiterin Margarete Steffin speziell beobachtet wurde. Sie wird ständig als enge Freundin Maria Ostens apostrophiert, «durch deren Vermittlung Kolzow und von Osten direkte Beziehung zu Deutschland haben».

Dieser ganze Irrsinn wurde geschrieben, nachdem Hitler an die Macht gekommen war und sämtliche Freunde Kolzows und Maria Ostens hatten emigrieren müssen. Es wird jedoch so getan, als ob sie alle «im Dienst des deutschen Geheimdienstes» stünden. Feuchtwanger in der Rolle eines Hitlerspions – selbst dieses Thema wird von den Handlangern Jagodas und später Jeshows im vollen Ernst behandelt.

Besonders verdächtig und alarmierend waren für die Lubjanka die Kontakte der «nicht-registrierten Eheleute» Kolzow und Osten zu Gorki. Abgeschnitten von der Außenwelt und unter ganztägiger Beobachtung einer Meute von Tschekisten, sollte Gorki keinen Kontakt zu zweifelhaften Personen haben. Kolzow gelang es manchmal, die um Gorki errichtete Mauer zu überwinden, und hin und wieder nahm er auch Maria mit.

Jeder ihrer Besuche wurde von der Lubjanka festgehalten. Die gemeinsame Reise mit Malraux zu Gorki auf die Krim (nach Tesselli in der Nähe von Foros, wo sich mehr als ein halbes Jahrhundert später Gorbatschow in dreitägiger Haft befand), so wurde Kolzow später vorgeworfen, habe er unternommen, um Gorki über den Inhalt seiner Gespräche mit Stalin auszuhorchen und das Ergebnis über Malraux dem französichen Geheimdienst zu übermitteln.

Von der Saar brachten Maria Osten und Michail Kolzow den zehnjährigen Hubert nach Moskau mit, den Sohn des arbeitslosen Eisenbahners Hans L'hoste. Maria wollte ein Buch mit Reiseskizzen über die Sowjetunion schreiben, «mit den Augen eines deutschen Pioniers gesehen». Wahrscheinlich hatte sie sich das ausgedacht, um möglichst lange mit Kolzow zusammenbleiben zu können. Dieses schandbare, durch und durch verlogene Buch («Hubert im Wunderland» – eine Paraphrase auf Lewis Carrolls «Alice im Wunderland») erschien mit einem schwülstigen Vorwort von Georgi Dimitroff. Sogar eine Theateraufführung fand statt, und der propagandistische Effekt war enorm, aber nichts konnte den Verdacht der Lubjanka aus der Welt schaffen. Agenten beobachteten Kolzow und Maria Osten weiterhin, auch in der Zeit, als sie, wieder zusammen, während des Bürgerkriegs als Korrespondenten in Spanien waren.

Die Lubjanka schickte völlig ungeniert Kolzows Ehefrau Jelisaweta Ratmanowa nach Spanien. Welche Frau möchte nicht in der Nähe ihres Mannes sein, wenn dieser sich auf gefährlichem Posten befindet? Auch André Marti berichtete nicht nur über Kolzow, sondern auch über Maria Osten. Sie wurde von ihm direkt als deutsche Spionin denunziert. Schließlich schrieb Caridad Mercader, die Mutter des künftigen Trotzki-Mörders Ramon Mercader, widerliche Meldungen über Maria. War das ihre eigene Initiative, oder erfüllte sie lediglich eine Anweisung ihres Chefs und Geliebten, des späteren Generals des KGB Leonid Eitingon, der in Spanien unter dem Pseudonym Kotow tätig war? Eitingon war es auch, der diese Denunziationen nach Moskau übermittelte. Mitarbeiter des NKWD, die sich damals in Spanien aufhielten, bezichtigten Kolzow und Maria überdies, «Verbindungen zu dem Mitarbeiter des Intelligence Service Eric Blair» zu haben, der bald darauf in der ganzen Welt als George Orwell bekannt wurde.

Kolzow, der sehr wohl begriff, was in seinem Lande vor sich ging, riet Maria, als er nach Moskau zurückbeordert wurde, in Paris zu bleiben, wo sie als Korrespondentin der «Deutschen Zentralzeitung» und der ebenfalls in Moskau erscheinenden Zeitschrift «Das Wort» tätig war. Als er später, bereits wieder zurück in Moskau, überraschend die Erlaubnis für eine Dienstreise nach Prag erhielt, unternahm er den Versuch, sie zu sehen. Es ist schwer zu sagen, auf welche Weise bekannt wurde, daß er einen Abstecher nach Paris plante. Der sowjetische Botschafter in der Tschechoslowakei befahl ihm jedenfalls, unverzüglich nach Moskau zurückzukehren. Vielleicht war die seltsame Dienstreise nach Prag kurz vor seiner Verhaftung für seine Verfolger nur ein letzter Test, durch den sie sich endgültig von den berüchtigten Kontakten Kolzows überzeugen wollten. Das Wort «Kontakte» hatte im Lubjanka-Jargon eine unheilvolle, geradezu magische Bedeutung.

Die satanischen Spiele mit Kolzow gingen weiter. Durch Vermittlung seiner Frau lud Jeshow Kolzow auf seine Datsche ein. Wie nebenbei bemerkte er, daß ihm sämtliche ausländischen Verbindungen Kolzows bekannt seien. Mit einer Anspielung warnte etwas später auch der bereits seines Postens enthobene, aber noch nicht verhaftete Matwej Berman Kolzow vor drohenden Unannehmlichkeiten. Berman war Chef des GULAG und stellvertretender Volkskommissar für Inneres.

Als die furchtlose Maria von Kolzows Verhaftung erfuhr, eilte sie sofort nach Moskau, um ihren Liebsten zu retten. Alle Warnungen ihrer Pariser Freunde – Feuchtwangers, Koestlers, Malraux' – nutzten nichts. Ohne Schwiergkeiten erhielt sie ein Einreisevisum. Entgegen aller Voraussagen verhaftete sie keiner auf dem Bahnhof. Allerdings erwartete Maria in Moskau eine andere böse Überraschung: Hubert L'hoste, der sich schon vor seiner Volljährigkeit eine Freundin zugelegt hatte, eine Wolgadeutsche, ließ Maria nicht über die Schwelle ihrer eigenen Wohnung. Diese Wohnung hatte Kolzow seinerzeit für Maria besorgt. Hubert erklärte ihr, daß er mit einer ausländischen Spionin und der Frau eines Volksfeindes nichts zu tun haben wolle.

Maria Osten belagerte die Sprechzimmer des NKWD, um Erkundigungen über ihren verhafteten Freund einzuholen. Sie erhielt einen sowjetischen Paß und wurde die Bürgerin der UdSSR Maria Genrichowna Gressgener. Die Komintern und der Schriftstellerverband sicherten ihr das Lebensminimum mit Übersetzungsarbeiten. Sie strengte einen Prozeß gegen Hubert an, um ihre Wohnung zurückzubekommen, doch ohne Erfolg. Nach den sowjetischen Gesetzen verlor man den Anspruch auf eine Stadtwohnung, die man länger als ein halbes Jahr nicht genutzt hatte. Maria durfte in einem bescheidenen Zimmer im Hotel «Baltschug» bleiben, aus dem sie niemand vertrieb.

Höchstwahrscheinlich hat sich die Lubjanka für Maria weniger interessiert. Wäre da nicht Kolzow gewesen, hätte sie womöglich das Schicksal der meisten deutschen Emigranten geteilt. Im schlimmsten

Fall wäre sie in Richtung Osten deportiert worden, im allerschlimmsten hätte man sie in der Zeit der «großen Freundschaft» an Hitler ausgeliefert. Aber ihr Dossier wurde nicht geschlossen und wartete auf seine Stunde.

Diese Stunde kam am Abend des 22. Juni 1941. Gleich am ersten Kriegstag, offenbar nach einer zuvor aufgestellten Liste, wurde Maria aus ihrem Hotelzimmer im «Baltschug» ins Innere Gefängnis der Lubjanka gebracht (nach anderen Dokumenten am 24. Juni). Im Unterschied zu Kolzow, der erst bei der zwanzigminütigen Gerichtsverhandlung die Kraft fand, die wahnwitzigen Beschuldigungen von sich zu weisen und die eigene Ehre und die seiner Freundin zu verteidigen, legte Maria Osten eine beispiellose Tapferkeit an den Tag und widerstand jeglicher Folter. Sie hat kein einziges verleumderisches Protokoll unterschrieben. Ihr winziges Gerichtsdossier (Archivnummer KGB 0159161; im Archiv der 10. Hauptabteilung des KGB Nr. R-19876; Archivnummer des Obersten Gerichts der UdSSR 6n-0491) kann man nicht ohne Bewegung lesen. Hinter den knappen Antworten «Nein», «Nein», «Nein», «Ich bekenne mich in keinem Punkt schuldig» verbergen sich ungeheure Qualen. Das Ergebnis lautete natürlich wie immer: «Die deutsche und englische Spionin», «Komplizin der Spione Kolzow-Fridljand, Arthur Koestler, André Malraux» usw. Maria Osten wurde von der NKWD-Troika ohne Gerichtsverhandlung und in Abwesenheit am 8. August 1942 zum Tod durch Erschießen verurteilt und am selben Tage hingerichtet.

Ein besonders erstaunliches Schicksal (aber konnte man zu dieser Zeit in diesem Land jemanden durch irgend etwas in Erstaunen versetzen?) hatte Hubert L'hoste. «Das Leben lächelte dem ehemaligen Pionier von der Saar», schrieb Kolzows Bruder, der Maler Boris Jefimow, ohne jede Ironie in seinen 1989 veröffentlichten Memoiren. Und wie es ihm lächelte – es zeigte ihm seine bleckende Raubtierfratze. Wie fast alle Personen deutscher Herkunft (mit ganz geringen Ausnahmen) wurde auch er im Frühherbst 1941 aus Moskau ausgewiesen und kam nach Kasachstan, in die Nähe von Karaganda. Hier begegnete Hubert dem ein Jahr älteren Wolfgang Leonhard. In seinem bekannten Buch «Die Revolution entläßt ihre Kinder» schreibt Leonhard: «Dreckig, zerlumpt, russisch fluchend, stand er vor mir – nur seine quicklebendigen Augen und seine Sommersprossen erinnerten an den früheren ‹Hubert im Wunderland› … Etwas wehmütig schaute ich meinem Freund aus dem Kinderheim Nr. 6, dem ehemaligen Helden der Sowjetunion und dem jetzt zerlumpten Viehhüter nach, der früher im Kreml zu Besuch war und jetzt vor dem Brigadier eines kleinen Kolchos in Nordkasachstan Angst hatte. Ich versuchte noch mehrmals, mit ihm in Verbindung zu kommen, aber es war vergebens. Der berühmte ‹Hubert im Wunderland› war und blieb verschwunden.»[6]

Er war nicht verschwunden. Die ihn brauchten, fanden ihn. Vor allem gab man ihm, wie allen Verbannten, auf höchste Anweisung einen sowjetischen Paß. Daran war nichts Bemerkenswertes außer einem Detail. Neben dem obligatorischen, in diesem Fall diskriminierenden Hinweis «Deutscher» in der Spalte «Nationalität» legte man für ihn einen russischen Vaternamen fest. Der offizielle Geburtsort durfte nicht Oberlinxweiler/Saar lauten, sondern an seiner Stelle wurde das Dorf genannt, in das er verbannt worden war. So wurde aus dem Sohn von Hans L'hoste ein Gubert Iwanowitsch Loste, geboren im Dorf Rostowka im Gebiet Karaganda. Hier wurde der ausgehungerte 24jährige Hubert, der sich vom Hirtenjungen zum Traktormechaniker qualifiziert hatte, am 13. Oktober 1947 wegen Getreidediebstahls verhaftet. Ihn traf die ganze Härte des in Kraft getretenen Stalinschen Erlasses vom 4. Juni desselben Jahres. Wegen ein paar Weizenähren wurde er zu fünf Jahren Lagerhaft verurteilt. Drei Jahre später, am 29. November 1950, brummte ihm ein Sondergericht weitere sieben Jahre (plus drei Jahre Verlust aller Rechte) wegen antisowjetischer Gespräche auf. Er kam erst am 6. September 1955 frei.

Hubert schlug sich nach Moskau durch und suchte Boris Jefimow auf, der ihm von früher gut bekannt war. Das Chruschtschow-Tauwetter gestattete es Gubert Iwanowitsch, in wärmere Gegenden zu ziehen. Er wurde wieder Traktorist, in einem Kolchos in der Krimsteppe. Hier starb er im August 1959 an einem vereiterten Blinddarm. Er war 36 Jahre alt. Ältere Russen erinnern sich noch dunkel an den sommersprossigen deutschen Jungen, den einmal Millionen sowjetische Schüler beneidet hatten.

«Erschießung», verkündete Ulrich wie üblich, und Kolzow wurde sofort abgeführt. «Bringen Sie den nächsten!»

Den nächsten kannte die ganze gebildete Welt. Es war der große Theaterreformator Wsewolod Meyerhold, den Kenner bereits zu

Lebzeiten ein Genie nannten. Er war am 20. Juni 1939 verhaftet worden, gleich nach der Rede, die er in Anwesenheit von Wyschinski auf der Allunionskonferenz der Regisseure gehalten hatte.

Es ist kein Zufall, daß Kolzow und Meyerhold am selben Tag vor Gericht standen und auch am selben Tag starben. Entsprechend einer aberwitzigen, teuflischen Logik hatte man sie aneinandergekettet und zu Komplizen erklärt. Im Protokoll des Verhörs von Kolzow, das das Datum vom 16. Mai trägt, wird Meyerhold (neben Kolzow) zum ersten Mal als Verbindungsmann des französischen Journalisten und Redakteurs der Zeitung «Vue», Vogel, genannt. Die Schlauköpfe der Lubjanka bezeichnen ihn als «Aufklärer für russische Angelegenheiten». An dieser Stelle ist noch von einem weiteren «Agenten des französischen Geheimdienstes» die Rede, von André Malraux. Über Malraux sollte der eine wie der andere mit Ehrenburg «in Verbindung stehen», der wiederum Meyerhold für eine trotzkistische Organisation und nebenbei auch noch als französischen Spion angeworben haben soll. Gleichzeitig wurde Meyerhold auch noch als englischer Spion klassifiziert, und zwar mit Hilfe des bekannten litauischen und russischen Dichters (er schrieb in zwei Sprachen) Jurgis Baltrušaitis, der von Juni 1921 bis April 1939 litauischer Botschafter in Moskau war. Hier erlebte Baltrušaitis das ganze Grauen der sowjetischen Säuberungen, ging dann als litauischer Botschafter nach Paris, wo er am 3. Januar 1944 starb, ohne die Befreiung Frankreichs noch mitzuerleben und ohne je zu erfahren, was für ein Dossier man gegen ihn in der Lubjanka gesammelt hatte.

In der Archivkartei des KGB gibt es geheimdienstliche Informationen, daß Baltrušaitis «prosowjetisch eingestellt» sei, sowie Meldungen aus Paris, daß die französische Abwehr ihn für einen sowjetischen Agenten hält. Über diese Informationen verfügte die Lubjanka bereits, als man dort den Dichter als englischen Spion einstufte und Leute zum Tode verurteilte, die bei einem Tee mit Freunden zufällig neben Baltrušaitis gesessen hatten.

In Paris, wo der Dichter und Diplomat sein Leben beschloß, lebte 1939 auch Ilja Ehrenburg, als Sonderkorrespondent der «Iswestija». Er wollte unbedingt nach Moskau zurück und hatte keinen Schimmer davon, daß er irgend jemanden für irgend etwas angeworben hatte. Auch die anderen «Mitglieder», vor allem Juri Olescha und Boris Pasternak, hatten keine Ahnung, daß sie von Ehrenburg für eben jene

Organisation gewonnen worden waren. Als der Militärstaatsanwalt, Oberleutnant der Justiz Boris Rjashski, 1955 mit der Überprüfung des Falls W. E. Meyerhold-Raich begann, suchte er die Akten der Verschwörer Ehrenburg, Olescha und Pasternak vergeblich. Alle drei erschienen lebendig und unversehrt vor dem Oberleutnant, erfuhren aber nicht, was gegen sie seinerzeit angezettelt worden war.

Es steht außer Zweifel, daß Kolzows sensationelle Erklärung über seine «Mitverschwörer» Stalin gemeldet wurde. In den postum veröffentlichten Erinnerungen des Kritikers Korneli Selinski, eines Mannes, der Fadejew sehr nahestand, findet sich der Hinweis, daß Fadejew ihm im Vertrauen (und, wie wir jetzt wissen, nicht nur ihm) von einem Gespräch mit Stalin berichtete. Nachdem er die Akte Kolzow gelesen hatte, sagte Stalin zu Fadejew: «Wenn Sie gestatten, haben wir vor, Meyerhold zu verhaften.» «Wir» bedeutete natürlich «ich».

«Wie war mir zumute, als ich das alles hörte!» sagte Fadejew zu Selinski. «Und wie war mir erst zumute, als ich Meyerhold begegnete. Erst fünf Monate nach diesem Zwischenfall wurde er verhaftet. Er kam in den Verband, begrüßte mich, wollte mich küssen, und ich wußte solche Dinge über ihn, daß ich ihn gar nicht mehr ansehen konnte.»

Heißt das, daß er diesen ganzen von den Folterknechten zusammengedichteten Blödsinn glaubte?

Meyerholds Verhaftung, das können wir mit Sicherheit sagen, war lange im voraus entschieden. Wenn Fadejew davon wußte, dann war Wyschinski erst recht informiert. Als er die Rede des Meisters im Großen Saal des Zentralhauses der Schauspieler hörte, wußte er, daß da ein schon Verurteilter spricht.[7] Die demonstrative Ovation, mit der die Versammelten Meyerholds Erscheinen auf der Tribüne begrüßten, mußte die Entscheidung über sein Schicksal beschleunigen. Daß seine Rede, ganz gleich, wie sie war, den unmittelbaren Grund für seine Verhaftung darstellte, ist allerdings kaum anzunehmen. Wyschinskis Bericht an Stalin über Meyerholds Auftreten auf dieser Konferenz war wohl nur der letzte Tropfen. Um so bitterer liest sich heute Sergej Prokofjews nicht in Erfüllung gegangene Prophezeiung aus seinem Tagebuch des Jahres 1927 (veröffentlicht von seinem Sohn Oleg Prokofjew in der «Literaturnaja gaseta» vom 24. April 1991): «Er [Meyerhold] hat nichts zu befürchten, denn es ist unangenehm, einen ehrenhaften Rotarmisten ins Gefängnis zu setzen.» Ich weiß nicht, ob man dem großen Komponisten politische Naivität vorwerfen kann, denn wer konnte 1927 voraussehen, was ganze zehn Jahre später «angenehm» sein würde!

Über die Abschiedsrede Meyerholds gehen die Aussagen der Zeitgenossen und die Meinungen der Forscher ziemlich auseinander. Die Aufzeichnung der Rede, die der ehemalige Orchestermusiker des Wachtangow-Theaters, Juri Jelagin, nach seinem Übertritt in den Westen aus dem Gedächtnis wiedergab (in seinem Buch über Meyerhold «Das dunkle Genie»), kann natürlich in keiner Weise als authentisch bezeichnet werden. Es existiert jedoch ein weiterer Bericht, der mit dem, was Jelagin überliefert, übereinstimmt. Die ehemalige Moskauer Theaterkritikerin Lidija Shukowa, die seit 1978 in den USA lebt, erzählt: «Auf dem Allunionskongreß der Theaterregisseure im Juni 1939... war es, als ob Meyerhold plötzlich aufgewacht war; ihn hielt nichts mehr, er hatte nichts mehr zu verlieren, er schrie voller Wut und Schmerz und donnerte: ‹Bei Ihrer Jagd auf den Formalismus haben Sie die Kunst vernichtet.› Ich erinnere mich gut an die Atmosphäre im kleinen Saal des Allrussischen Theaterverbandes während dieses plötzlich anbrechenden Sturms.»[8]

Es gibt allerdings auch andere Aussagen. Die ehemalige Schauspielerin des Staatlichen Meyerhold-Theaters (GOSTIM), Jelena Tjapkina – sie war mit Meyerhold am Abend vor seiner Verhaftung zu Besuch bei seinem Lieblingsschauspieler Erast Garin –, erinnert sich, daß er mit seinem Auftritt selbst unzufrieden war und gesagt hat, er habe «schlecht gesprochen, mißglückt». Es gibt auch Leute, die sagen, seine Rede sei überhaupt nicht pathetisch und mutig, sondern schwunglos gewesen und habe sich mit Kleinkram beschäftigt. Der Meyerhold-Kenner Konstantin Rudnizki sagte mir kurz vor seinem Tode, daß man ein vom Redner selbst korrigiertes Stenogramm gefunden habe und daß der Text auffallend von dem abweicht, den J. Jelagin wiedergegeben habe.[9]

Nach allen überlieferten Erinnerungen zu urteilen, war Meyerhold nicht auf seine Verhaftung gefaßt gewesen. Er steckte voller Pläne, und die Reise nach Leningrad unmittelbar nach der Konferenz, die er unternahm, um «sich was dazuzuverdienen», spricht nicht dafür, daß er damit rechnete, ins Gefängnis zu kommen. Konnte er, voller Tatendrang, eine mutige, selbstmörderische Rede halten und naiv annehmen, daß man ihn verschonen werde?

Wie dem auch sei, dem gehetzten Meyerhold, dem man sein Theater und seine Schauspieler genommen hatte, wurde eine für damalige Verhältnisse unwahrscheinliche Ovation bereitet. Das bestätigen alle Augenzeugen, und J. Tjapkina schreibt: «Wir sagten damals zu Hause, daß es nach dieser Ovation nur zwei Möglichkeiten geben kann – entweder wird das Theater wieder aufgemacht, oder Meyerhold wird aus dem Wege geräumt, ins Gefängnis gesetzt.» Welchen Weg der Kreml und die Lubjanka wählten, wissen wir. Sie werden auch schwerlich Michoels verziehen haben, daß er in seiner Rede auf dieser Konferenz Meyerhold einen genialen Meister der Bühne genannt hat.

Aber, wie gesagt, die Entscheidung war lange vorher getroffen worden, Meyerholds Auftritt konnte daran kaum etwas ändern, er konnte die Verhaftung höchstens beschleunigen. Die Maschinerie war bereits in Bewegung gesetzt und arbeitete routinemäßig. Auch wenn die ursprüngliche Konzeption zweifellos verändert wurde, für Meyerhold war das ohne Bedeutung.

Hier nun der Bericht des heute noch lebenden Boris Rjashski, der 1955 als Militärstaatsanwalt die Materialien für die Rehabilitierung Meyerholds vorbereitete (Zeitschrift «Teatralnaja shisn» 5/1989, S. 9): «Direkter Grund für die Verhaftung Meyerholds war ein Brief von Sinaida Raich an Stalin.[10] Genauer, der Brief war adressiert an den Vorsitzenden des Rats der Volkskommissare, und der war damals schon Molotow. Sie schrieb, daß sie nicht einverstanden sei mit dem Beschluß über die Schließung des Meyerhold-Theaters. In der Frage der Verhaftung hat dieser Brief alles entschieden. Er war in der Akte. Und in anderen Materialien war festgehalten (in Meyerholds Akte fehlen diese Informationen), daß Stalin die Worte von S. Raich hinterbracht worden waren: ‹Sagen Sie Stalin, wenn er von Kunst nichts versteht, soll er sich an Meyerhold wenden...› Und da wurde also festgehalten, daß diese Worte ihm hinterbracht worden seien, und Stalin machte auf Meyerholds Akte einen Strich. Wenn er einen Strich machte, hieß das Erschießung...»

Daß ein Strich Erschießung bedeutete, weiß jetzt jeder. Aber auf der Akte Nr. 537, die sich im KGB-Archiv befindet, ist kein Strich. Und wo ist der Brief, der bei der Durchsuchung von Meyerholds Wohnung konfisziert wurde? Im Protokoll über die bei der Haussuchung konfiszierten Dokumente heißt es, daß zwei Briefe von

S. Raich an Stalin beschlagnahmt wurden (offenbar wurde in der Anrede Stalins Name genannt; wer welchen Posten innehatte, darin kannte sich Sinaida Raich schlecht aus) – einer der Briefe war elf, der andere sechs Seiten lang. Irgendwo werden sie möglicherweise noch sein, aber sie sind nicht in der Akte. Wenn B. Rjashski sie tatsächlich gelesen hat, heißt das, daß sie 1955 noch der Akte beigefügt waren.

Entgegen der Behauptung B. Rjashkis war «der direkte Grund für die Verhaftung» natürlich nicht der Brief der ziemlich exaltierten und wenig zurückhaltenden Sinaida Raich. Eine derartige Erklärung schien 1955 allenfalls den Angehörigen Meyerholds plausibel zu sein, die aus einem natürlichen menschlichen Bedürfnis irgendeine Logik innerhalb des großen Terrors finden wollten. Dabei kündete Meyerholds Dossier, das von Denunziationen und gefälschten Berichten immer dicker wurde, schon weit vorher von seinem unausweichlichen Ende. Von Häftlingen, die lange vor ihm in die Lubjanka gekommen waren, hatte man zielstrebig Aussagen gegen Meyerhold erpreßt. Und Stalin hatte Alexander Fadejew schließlich fünf Monate vor der Verhaftung selbst davon in Kenntnis gesetzt.

Ein Teil der Aussagen gegen den «Trotzkisten» Meyerhold war im übrigen sogar schon vor der Schließung seines Theaters am 8. Januar 1938 protokolliert worden. Auf der Flucht vor der Polizei seines Landes überquerte der 30jährige japanische Kommunist Ioschido Ioschimasú am 3. Januar 1938 zusammen mit seiner Frau die sowjetisch-japanische Grenze auf Sachalin. Er wurde sofort verhaftet und nach Moskau gebracht. Man warf ihm Spionage vor und befragte ihn nach seinen «Verbindungen». In Moskau hatte das Ehepaar keinen einzigen Bekannten außer dem jungen Aspiranten Meyerholds, Seki Sano, der einige Monate vorher nach Paris abgereist war. Der unbekannte und außerdem nicht mehr erreichbare Seki Sano interessierte die Untersuchungsrichter nicht im geringsten. Sie wollten von Ioschimasu und Iosiko vielmehr ein Geständnis, daß sie beide «Verbindung zu dem japanischen Spion Meyerhold» aufnehmen wollten mit dem Ziel, «einen terroristischen Akt gegen den Genossen Stalin durchzuführen, wenn dieser zur Vorstellung in das Theater kommt». Der Irrwitz dieser Anklage geht schon daraus hervor, daß Genosse Stalin nur ein einziges Mal das Meyerhold-Theater besuchte – 1927 bei einer Vorstellung des Stückes «Brülle, China!» von Sergej Tretjakow – und auch gar nicht öfter in dieses Theater gehen konnte, weil ein Besuch in diesem erklärtermaßen «formalistischen und volksfremden Theater» eine direkte Unterstützung für Meyerhold bedeutet hätte.

Schon früher, im November und Dezember 1937, hatten die Untersuchungsrichter General Iwan Below Aussagen über die Zugehörigkeit Meyerholds zu «Trotzkisten und Terroristen» abgenötigt. Der Armeegeneral 1. Ranges Iwan Below, Befehlshaber des Moskauer Militärbezirks, hatte, wie die meisten Repräsentanten der damaligen sowjetischen Elite, Meyerholds Vorstellungen besucht. Molotow war in Gogols «Revisor» gewesen, Trotzki, Kamenew und Bucharin hatten sich «Das Mandat» von Nikolai Erdman angesehen, und auch Besuche von Radek, Kaganowitsch, Frunse, Budjonny, fast sämtlichen Volkskommissaren, Marschällen und weiteren hohen Militärs sind belegt. Below war gebildeter als viele seiner Armeekollegen; er hatte ein Faible für die Kunst, war auch ein paarmal privat bei Meyerhold gewesen, worüber Spitzel unverzüglich die Lubjanka informierten. Ein Spitzel wußte zu berichten, daß Meyerhold bei einem häuslichen Abendessen Below mit dem litauischen Botschafter Baltrušaitis bekannt gemacht habe. Schon diese Tatsache allein verurteilte alle drei eigentlich zum Tode.

In Belows Akte (Archiv des Kollegiums des Obersten Gerichts der UdSSR, Dossier Nr. 13974, Inventarliste 54)[11] gibt es einige Protokolle von Verhören im Dezember 1937. Dem Inhaftierten wird immerzu ein und dieselbe Frage gestellt: «Wenn nicht Mitgliedschaft in einer konterrevolutionären Organisation, welche anderen Gründe verbanden Sie dann mit Meyerhold?» Daß es «andere Gründe» geben könnte, über die sich ein Militär und ein Theaterregisseur unterhalten, war für die Lubjanka-Experten nicht vorstellbar. Beinahe fatale Bedeutung wurde einem im Grunde banalen Faktum beigemessen: Bei der Durchsuchung der Wohnung Belows nach seiner Verhaftung wurde ein Foto gefunden, auf dem er mit Meyerhold in dessen Direktionszimmer abgebildet worden war. Das reichte schon aus, Meyerhold in die Liste der achtzehn «Verschwörer» aufzunehmen, die unter Befehl von Below den Kern einer «terroristischen Organisation» bildeten – siebzehn Militärs und ein Theaterregisseur. Und keinem kam auch nur in den Sinn, sich über diese abstruse Symbiose zu wundern.

Sämtliche bisher genannten Verhöre fanden unmittelbar vor Schließung des Meyerhold-Theaters statt. Die Schließung aus «künstlerischen» Gründen war ein harter Schlag für den großen Regisseur, aber seine Verhaftung erfolgte erst anderthalb Jahre später. Obwohl zahlreiches Material gegen ihn vorlag, blieb Meyerhold nicht nur in Freiheit, sondern bekam über Stanislawski auch Arbeit in dessen Operntheater, was ihm eine Chance zur künstlerischen Wiedergeburt bot. Warum explodierte die von der Lubjanka gelegte Bombe nicht?

Die erste Erklärung, die sich bietet, ist die, daß es keinen von oben genehmigten Haftbefehl gab und die Stellung Meyerholds es nicht zuließ, ihn ohne allerhöchsten Befehl anzurühren. Aber der Kreis um Meyerhold wurde immer enger. Im Zentrum der Aufmerksamkeit des Lubjanka-Stabes stand seit langem nicht mehr nur Meyerhold allein. Vergleicht man die Protokolle von Verhören verschiedener Politiker, Militärs und anderer Personen, die früher (manchmal bedeutend früher) als Meyerhold verhaftet wurden (Iwan Below, Divisionskommandeur Dmitri Schmidt, Mitglied des Zentralen Exekutivkomitees der UdSSR Artemi Chalatow u. a.), kann man unschwer erkennen, daß die Lubjanka bereits Mitte 1937 anfing, einen großen Prozeß gegen Künstler vorzubereiten. Meyerholds Name taucht in diesen Protokollen neben vielen anderen Namen von Schriftstellern, Regisseuren und Schauspielern auf. Sie alle waren entsprechend dem Plan derer, die den Untersuchungsrichtern Anweisungen gaben, Mitglieder einer terroristischen und unbedingt trotzkistischen Gruppe. Wie diese Namen auch gemischt wurden, im Mittelpunkt stand stets Ilja Ehrenburg, während Meyerhold sich mit der Rolle eines gewöhnlichen Terroristen begnügen mußte. Dieses Modell oktroyierte Untersuchungsrichter Woronin dann auch Meyerhold selber, als er ihn zwang, das in der Lubjanka erarbeitete und bewährte Schema zu bestätigen.

Hier ein Auszug aus dem Protokoll des Verhörs vom 14. Juli 1939:

«*Frage:* Warum verbinden Sie Ihre Einbeziehung in die trotzkistische Organisation mit Ilja Ehrenburgs Ankunft in Moskau? [Gemeint ist Ehrenburgs Rückkehr nach Moskau, nachdem er als Korrespondent der Zeitung ‹Iswestija› in Spanien und Paris gewesen war.]

Antwort: Weil gerade er, Ilja Ehrenburg, den antisowjetischen Kontakt zu mir herstellte und mich in die trotzkistische Organisation hereinzog.

Frage: Sie lügen auch nicht? Vielleicht verleumden Sie Ilja Ehrenburg?

Antwort: Nein, ich sage die Wahrheit. Ilja Ehrenburg, so hat er mir selbst gesagt, war Mitglied einer terroristischen Organisation und verfügte außerdem über weitreichende Verbindungen zu den Trotzkisten nicht nur in der Sowjetunion, sondern auch im Ausland.»

Das Verhör Meyerholds dauerte an diesem Tag laut Protokoll vierzehn Stunden. Es begann um 12 Uhr mittags. Das heißt, es zog sich bis nach Mitternacht hin. Gerade zu dieser Zeit, in der Nacht vom 14. zum 15. Juli 1939, wurde Sinaida Raich, die geliebte Frau, geliebte Schauspielerin und engste und treueste Freundin des großen Künstlers, in ihrer Wohnung ermordet. Als die Mörder aus der Lubjanka ihr die Augen ausstachen, zwang man Meyerhold, andere Freunde zu verleumden, die entsprechend dem Plan dieser Mörder neben ihm auf der Anklagebank sitzen sollten. «Ich streite nicht ab», legte ihm der Protokollant in den Mund, «daß ich persönlich ebenfalls 1937 auf Anweisung von I. Ehrenburg auch Boris Pasternak und Juri Olescha in die trotzkistische Organisation hineingezogen habe...»

Dann folgt nachstehender Dialog in der redaktionellen Fassung des Untersuchungsrichters Woronin:

«*Frage:* Reden Sie nicht drum herum, sagen Sie direkt – welche Aufgaben haben Sie Pasternak und Olescha gestellt?

Antwort: Pasternak hatte ich die Aufgabe gestellt, antisowjetisch eingestellte Schriftsteller zu sammeln, um sie in der Folge in unsere trotzkistische Organisation einzubeziehen. Dabei nannte ich Pasternak die Schriftsteller Wsewolod Iwanow und Konstantin Fedin als von ihrer antisowjetischen Einstellung her durchaus geeignete Leute für die praktische Teilnahme am Kampf unserer Organisation gegen die Führer der Partei und der Sowjetregierung.»

Merken wir uns das Datum des Verhörs: 14. Juli 1939. Weiter unten in diesem Kapitel wird eine Protokollmitschrift zum Verhör eines anderen Häftlings durch andere Untersuchungsrichter zitiert. Sie trägt das Datum 7.–9. Juli. Nach dem gleichen Modell wird dort das gleiche Sujet abgearbeitet: Ein «Schriftsteller-Fall», genauer gesagt, ein großangelegter «Kulturträger-Fall» wird in Eile und in großem Maßstab vorbereitet. Aber wahrscheinlich belegt nichts so offenkundig diesen Plan der Lubjanka wie Meyerholds eigenhändig geschriebene Erklärung vom 16. und 17. November 1939.

Woronin war zu diesem Zeitpunkt von Untersuchungsrichter Schibkow abgelöst worden. Wie man Meyerholds Briefen, die er an

Molotow und den damaligen Staatsanwalt der UdSSR (Wyschinski hatte bereits einen anderen Posten übernommen) richtete, entnehmen kann, hörte mit dem Wechsel des Untersuchungsrichters nicht nur die Prügelei auf. Man forderte von dem geschundenen Häftling auch nicht mehr, Aussagen gegen ihm nahestehende Menschen zu machen, die in Freiheit waren. Natürlich geschah das nicht, weil Schibkow humaner als Woronin war. Berija, der zu dieser Zeit fest auf dem Thron der Lubjanka saß, hatte für seinen Plan, ein Exempel gegen die ganze sowjetische Kultur zu statuieren, keine Unterstützung von Stalin erhalten. Es begann die ganz kurze Zeit des Berija-«Tauwetters», in der vorübergehend mehr Menschen aus dem Gefängnis herauskamen als hinein. Die Epoche der öffentlichen Prozesse war vorbei, sie wurden von den Geheimabrechnungen in den Lubjanka-Kellern abgelöst.

Es ist gut möglich, daß eine Zeitlang auch die Freilassung Meyerholds erwogen wurde, so wie der berühmte Schauspieler des 2. Künstlertheaterstudios, Alexej Diki[12], freigelassen wurde. Im Juni, Juli und August hatte man von Meyerhold noch Aussagen gegen Diki erzwungen, während Schibkow im September ein Protokoll aufsetzte, in das er folgende Worte Meyerholds eintrug: «Diki habe ich verleumdet... Ich behaupte kategorisch, daß mir nichts über eine terroristische Tätigkeit von Diki bekannt ist, und bitte die Untersuchungsorgane, mir das zu glauben.»

Was ist nun so verblüffend an Meyerholds eigenhändiger Erklärung vom 16. und 17. November 1939? Um diese Frage zu beantworten, möchte ich zunächst drei Absätze zitieren: «Zu meinen früher gegebenen Aussagen betreffs folgender Personen: I. Ehrenburg, B. Pasternak, Seifullina. Ws. Iwanow, K. Fedin, S. Kirsanow, W. Schebalin, D. Schostakowitsch, Lapina [Ehrenburgs Tochter], S. Eisenstein, E. Garina und W. W. Dmitrijewa fühle ich mich verpflichtet, eine Reihe von Ergänzungen und vor allem eine Reihe ausgesprochen wichtiger Korrekturen zu machen... Ilja Ehrenburg hat mich nicht in eine trotzkistische Organisation hineingezogen, und auch ich habe ihn in eine solche nicht hineingezogen... Ich habe mit B. Pasternak keine Gespräche geführt, die gegen die Führer von Partei und Regierung gerichtet waren... Weder auf Anweisung Ehrenburgs noch auf persönliche Initiative habe ich weder B. Pasternak noch J. Olescha, noch Seifullina, noch Ws. Iwanow, noch K. Fedin, noch S. Kirsanow, noch W. Schebalin, noch D. Schostakowitsch, noch Lapina für eine trotzkistische Organisation geworben... B. Pasternak hat mir nie gesagt, daß er angeblich S. Kirsanow und O. Brik in eine antisowjetische Organisation hineingezogen habe.»

Auf diese Weise war die Zusammensetzung der «konterrevolutionären Gruppe», die man eifrig in der Lubjanka zusammengezimmert hatte, folgende: Leiter Ilja Ehrenburg, Mitglieder die Dichter Boris Pasternak und Semjon Kirsanow, die Schriftsteller Juri Olescha, Lidija Seifullina, Wsewolod Iwanow, Konstantin Fedin, die Komponisten Dmitri Schostakowitsch und Wissarion Schebalin, die Regisseure Wsewolod Meyerhold und Sergej Eisenstein, die Schauspieler Alexej Diki und Erast Garin, der Bühnenbildner Wladimir Dmitrijew und schließlich Irina Lapina, Ehrenburgs Tochter, sowie Ossip Brik, der Mann von Lilja Brik, der engsten Freundin Majakowskis, und selbst ein Freund des Dichters. Der Kreis der «Verschwörer» wurde ständig größer.[13]

Das Erstaunlichste ist aber, daß außer Ehrenburg, Pasternak, Olescha, Ws. Iwanow und Fedin keiner der aufgezählten «Konterrevolutionäre» in den Protokollen der Verhöre Meyerholds vorkommt. Dabei behauptet Meyerhold, daß er sie verleumdet habe. Das heißt, daß ihm diese Namen in den Mund gelegt worden waren, ohne daß sie ins Protokoll eingetragen wurden. Demzufolge wußten die Verfasser noch nicht, wie die «Gruppe» im Endergebnis aussehen, wer auf die schwarze Liste kommen und wer verschont werden sollte. Die intensiven Gespräche in der Folterkammer erstreckten sich über einen sehr großen Kreis von Künstlern. Alle mußten Erniedrigungen, Verleumdungen und künstlerische Unfreiheit erdulden, aber keiner von ihnen kam hinter Gitter oder wurde erschossen.

Lediglich zwei «Vorgänge» aus dieser Reihe kamen bis in den Gerichtssaal. Einer war Erwin Piscator. Der große deutsche Regisseur, Theoretiker und Praktiker des politischen Theaters, der 1933 in die Sowjetunion emigriert war, leitete die von ihm gegründete Internationale Vereinigung der Arbeitertheater (MORT). Meyerhold hatte zu MORT und zu seinem Freund Piscator viele persönliche Kontakte. Die Untersuchungsrichter zwangen den halbtot geschlagenen Meister, die MORT als «Spionagenest», Piscator als «trotzkistischen Agenten, der für den deutschen und französischen Geheimdienst arbeitet» und Terroristenakte gegen den Führer vorbereitet, zu bezeichnen. Auszüge aus diesen «Aussagen» Meyerholds, der mit Piscator über diese Themen gesprochen habe, wurden laut Protokoll vom Richter verlesen.

Der zweite war André Malraux. Der Name dieses damals noch jungen französischen Schriftstellers, der sich von dem sowjetischen Experiment und den großen Moskauer Talenten angezogen fühlte, kommt in Dutzenden Gerichtsakten vor. Die Lubjanka konnte sich nicht vorstellen, daß sich jemand aus rein ideellen, künstlerischen und freundschaftlichen Gründen von Sowjetrußland angezogen fühlte. Deshalb rechneten sie Malraux zu den Spionen, die Meyerhold den Auftrag Trotzkis überbracht hatten, Stalin und seine nächsten Mitstreiter zu ermorden.

Die Kugel traf Meyerhold am 2. Februar 1940, einen Tag nach der «Gerichtsverhandlung». Das Wort «Gerichtsverhandlung» muß man aber hier wieder in Anführungszeichen setzen, denn der sogenannte Prozeß unter Vorsitz des Ungeheuers Wassili Ulrich dauerte ganze zwanzig Minuten – ohne Staatsanwalt, ohne Verteidiger, ohne Zeugen und ohne jegliche Beweisführung. Die letzten Worte des großen Regisseurs lauteten: «Es ist merkwürdig, daß ein Mann 66 Jahre alt ist und nicht das ausgesagt hat, was die Untersuchung brauchte, daß er sich selbst verleumdet hat, nur weil er mit einem Gummiknüppel geschlagen wurde. Er hatte damals beschlossen zu lügen und auf den Scheiterhaufen zu steigen. Er ist in nichts schuldig, er war niemals ein Verräter... Er hat auf dem Gebiet der Kunst Fehler gemacht, und er hat deshalb auf diesem Wirkungsfeld das gesellschaftliche Kollektiv verloren... Er glaubte an die Wahrheit und nicht an Gott, und er glaubte deshalb, weil die Wahrheit siegen wird.»

Sechs Tage vor Meyerhold, am 27. Januar 1940, wurde Isaak Babel erschossen, der ebenfalls einen Tag vor seiner Hinrichtung von Ulrich zum Tode verurteilt worden war. Vierzehn Jahre später schreibt Oberstleutnant der Justiz Dolshenko im Beschluß über die Rehabilitierung Babels: «Was Anlaß für seine Verhaftung war, ist aus den Materialien der Akte nicht ersichtlich, da der Haftbefehl am 23. Juni 1939 ausgestellt wurde, das heißt 35 Tage nach Babels Verhaftung.»

Als Isaak Babel am 16. Mai 1939 auf seiner Datsche in Peredelkino festgenommen wurde, kannte ihn die Welt als einen großen Schriftsteller. Die Richter sahen in ihm das Mitglied einer antisowjetischen, trotzkistischen Organisation seit 1927 und einen Agenten des französischen und österreichischen (!) Geheimdienstes seit 1934. Der Anlaß für seine Verhaftung ist unschwer zu erraten. Gerade war Jeshow, dieser fürchterliche Mann, der das ganze Land in Angst und Schrekken gehalten hatte, seinen Opfern gefolgt. Er war am 10. April verhaftet worden und verbrachte einige Monate in der qualvollen Erwartung des Unabwendbaren. Babel kannte Jeshows Frau, Jewgenija Solomonowna, aus Odessa. Er konnte sich noch an das junge Mädchen Shenja Chajutina erinnern, das sich am Schwarzmeerstrand vergnügte; später kam es zwischen ihnen noch einmal zu einer Begegnung. Ihre Beziehung wurde enger, als Jewgenija Solomonowna die Leitung der Zeitschrift «SSSR na strojke» (UdSSR im Aufbau) übernahm. Ihr war daran gelegen, bekannte Autoren für die Mitarbeit an der Zeitschrift zu gewinnen. Ungeachtet seiner Popularität wurde Babel nach dem Verriß seiner «Reiterarmee» und der damit verbundenen Verleumdungskampagne nicht sehr häufig gedruckt. Die Aufträge der Freundin aus Odessa kamen ihm also gelegen, zumal die Reportagen, die er für die Zeitschrift schreiben sollte, sich mit seinen eigenen Plänen, einen «Kolchosroman» zu schreiben, verbinden ließen.

Ilja Ehrenburg schreibt in seinen Memoiren, daß Babel auch dann noch im Hause der Jeshows verkehrte, nachdem Shenjas Mann das Amt des gefürchteten Volkskommissars übernommen hatte. Und Babel wußte, was er riskierte. Offenbar zog ihn eine unsichtbare Kraft in die Höhle des Löwen. Vielleicht dachte er auch über einen künftigen Roman nach und hoffte, seine Beobachtungen im Hause Jeshow könnten ihm dabei von Nutzen sein. Immerhin waren es Beobachtungen eines Hausfreundes.

Die Bekanntschaft beschränkte sich nicht auf die Familie. Im Hause der Jeshows auf dem Kisselny begegnete Babel hohen NKWD-Bonzen und auch anderen Schriftstellern. Wobei persönliche Beziehungen keinesfalls a priori auf geheime, «dienstliche» oder unsaubere Kontakte hindeuten. Merkwürdige Anspielungen dieser Art begegnen einem bedauerlicherweise in einigen neueren Arbeiten.

Natürlich war die Bekanntschaft mit Jeshow nicht nur flüchtig, das ist unbestreitbar. Aber befleckt das den Schriftsteller in irgendeiner Weise? Babel kannte viele Vertreter der Partei-, Staats- und Militärelite, und der Umgang mit Mitarbeitern der Lubjanka sah nicht so erschreckend aus, wie das im Rückblick der Fall ist. Im Gegenteil, nicht selten waren solche Beziehungen nützlich, um in Not geratenen Menschen zu helfen oder zumindest genauere Informationen über Inhaftierte zu erhalten.

Ein Beispiel: Die Malerin Valentina Chodassewitsch, eine enge Freundin Maxim Gorkis, erinnert sich, daß ihr Babel bereits 1926 einen unschätzbaren Dienst erwies. Ihr Mann, der Maler Andrej Diderichs, war – «unklar weshalb» – verhaftet worden. Kaum, daß Babel sie kennengelernt hatte, «teilte er bereits am nächsten Tag mit..., daß die ‹Angelegenheit› in nächster Zeit geprüft werde und... man sich nur noch mit ein bißchen Geduld wappnen müsse». Und tatsächlich kam Andrej Diderichs bald darauf frei, ohne daß gegen ihn irgendeine Beschuldigung aufrechterhalten wurde.

Valentina Chodassewitsch wußte viel, vertraute aber nicht alles dem Papier an. Der bekannte russische Philologe Wjatscheslaw Iwanow erinnerte sich, daß die Malerin, wie sie ihm erzählte, bei ihrer letzten Reise nach Moskau vor Babels Verhaftung bei ihm gewohnt habe. «Nach dem Frühstück wollte sie einiges erledigen. Es stellte sich heraus, daß sie den gleichen Weg hatten. Sie gingen zusammen los. Als sie an die Kreuzung gekommen waren, sagte Babel, er müsse in die andere Richtung, und wollte sich von ihr verabschieden. Valentina Michailowna wunderte sich und erinnerte ihn daran, daß er mit ihr zusammen gehen wollte. Er entgegnete, daß er nicht immer die Wahrheit sagen könne, nicht einmal im Hinblick darauf, wohin er gehe.» Ein Mensch, der unter das Rote Rad – benutzen wir dieses umfassende Bild von Solschenizyn – gekommen war, gehörte nicht mehr sich selbst, war der tobenden Gewalt ausgesetzt und mußte sich ihr anpassen.

Ich habe noch ein weiteres Dokument im Archiv gefunden, das Babels Kontakte zur Lubjanka bestätigt. Es befindet sich in der Akte von Babels Freund Semjon Urizki (Archiv des KGB, Nr. 0101562), dem ehemaligen Redakteur der «Krestjanskaja gaseta» (Bauernzeitung), der vor seiner Verhaftung Direktor der Allunionsbücherkammer war. Urizki wurde als «Mitglied der terroristischen Verschwörergruppe im Innern des NKWD», die von Jeshow angeführt worden sein sollte, verurteilt. Außer Leuten wie A. F. Gladun und J. S. Gladun-Chajutina, Jeshows Sekretärin Marija Ryshowa und anderen wurde auch Babel zu dieser NKWD-Gruppe gezählt. Welche Beweise braucht es eigentlich noch, um Babel als Mitarbeiter der Lubjanka zu orten? Nur: alle diese Zusammenhänge entsprangen der erfindungsreichen Phantasie des neuen Chefs der Geheimpolizei Lawrenti Berija und dienten der Vorbereitung der Ermordung Jeshows und der Leute in seiner Umgebung.

Der französische Historiker Boris Suwarin, der sich wegen Stalin vom Kommunismus lossagte und von ihm zum Renegaten erklärt wurde, erinnert sich an Begegnungen mit dem Schriftsteller Lew Nikulin, dessen eindeutige Beziehungen zur Lubjanka für niemanden ein Geheimnis waren. Offenbar hat er sich auch selbst nicht sehr bedeckt gehalten. Als er einmal wieder nach Paris kam, traf er sich wie üblich mit B. Suwarin und mit dem emigrierten Künstler Juri Annenkow. Auf die Frage, ob er irgend etwas über das Verschwinden Babels wisse, antwortete er: «Babel wurde Opfer seiner Beziehung zu Jeshow. Um Jeshow herum wurden viele verhaftet.»

Offenbar war diese Antwort zutreffend. Im Urteil steht dazu folgendes: «Babel war in der antisowjetischen Tätigkeit organisatorisch mit der Frau des Volksfeindes Jeshow, Gladun-Chajutina, verbunden und wurde durch letztere in die antisowjetische, verschwörerische, terroristische Tätigkeit hineingezogen, teilte die Ziele und Aufgaben dieser antisowjetischen Organisation, darunter auch Terroristenakte... gegen die Führer der RKP (B) und der Sowjetregierung.»

Am 29. Oktober 1938, anderthalb Monate, bevor Jeshow seinen Posten als Volkskommissar für Inneres verlor und ihn an seinen Stellvertreter Berija abtrat, erscheint bei seiner Frau urplötzlich eine Brigade von Kremlärzten und fordert ihre unverzügliche Einweisung in eine Klinik. Sämtliche uns verfügbaren Angaben belegen, daß «die Kranke» selbst keinen Arzt gerufen hatte. Davon zeugt ebenfalls die sogenannte «Diagnose der Haupterkrankung»: «asthenisch-depressiver Zustand (Zyklothymie?)». Am erstaunlichsten dabei ist, daß die angeblich manisch-depressive Frau, die so dringend hospitalisiert werden mußte, nicht ins nächste Krankenhaus, sondern in ein Regierungssanatorium außerhalb der Stadt gebracht wurde und daß an ihrem Bett rund um die Uhr keine Psychiater wachten, sondern die führenden Ärzte des Landes, die Stalin und seine Umgebung behandelten. Es waren jene Ärzte, die gerade erst an dem «medizinischen Gutachten» beim Bucharin-Rykow-Prozeß mitgewirkt hatten und stets, ohne aufzubegehren, alles unterzeichneten.

Aus dem Sanatorium schickte Jewgenija Jeshowa ihrem Mann

einen Zettel mit einem sehr merkwürdigen Inhalt (sehr bald wird dieser Zettel dem gegen Jeshow eröffneten Verfahren beigefügt): «Koljuschenka! Ich bitte Dich sehr..., bestehe darauf, mein ganzes Leben, mich ganz zu überprüfen... Ich kann mich nicht mit dem Gedanken abfinden, daß man mich der Heuchelei, irgendwelcher nicht begangener Verbrechen verdächtigt.» Wenn man will, kann man diesen Brief natürlich als ein Zeichen von Verfolgungswahn, als ein Symptom von Schizophrenie werten. Aber der Zettel enthält keinerlei Anzeichen von Zerrüttung. Es ist der Aufschrei einer Frau, die verzweifelt um ihr Leben kämpft und nur zu gut weiß, was sie zu erwarten hat. Warum auch sollte sie in einen Briefwechsel mit ihrem allmächtigen und liebenden Mann treten? Konnte irgendwer ihn daran hindern, sie zu besuchen? Und wer konnte dieser Kranken, die von den besten Ärzten des Landes behandelt wurde, am Krankenbett etwas vorwerfen?

Am 21. November (bis zur Ablösung Jeshows vom Posten des Volkskommissars für Inneres blieben noch etwas mehr als zwei Wochen) starb Jewgenija Solomonowna im Alter von 34 Jahren. Gemeinsam mit den Professoren Winogradow und Rossijski unterschrieben den Totenschein Professor Spassokukozki und der Leiter der Medizinischen Verwaltung des Kreml, Professor Bussalow. Es waren jene berühmten Mediziner, die auch das Ableben von Politbüromitgliedern und Stalinschen Volkskommissaren «wissenschaftlich» bescheinigten. «Todesursache: Vergiftung mit Luminal.» Das sollte soviel heißen wie Selbstmord.

Nur ein halbes Jahr später wirft man der toten Shenja Jeshowa Spionage für den englischen Geheimdienst vor und beschuldigt ihren Mann, er habe seine Frau mit einer Überdosis Schlaftabletten umgebracht, um eine Zeugin zu beseitigen, die zuviel über ihn wußte. Aber was konnte sie schon wissen? Daß ihr Mann bisexuell war und zahlreiche Affären hatte? Aber wer wußte das nicht im Kreml? Daß er bis zum Hals mit dem Blut unschuldiger Opfer beschmiert war? Auch das war nichts, was man nicht gewußt hätte. Im übrigen wurde Jeshow nicht wegen seiner tatsächlichen Verbrechen angeklagt. Und daß er ein ausländischer Spion war, konnte Jewgenija Solomonowna nun wirklich nicht wissen.

Wer hat dann diese allzu sorglose und lebenslustige Odessaerin ermordet, die durch ihre Ehe in die tödlichen Gipfel der Lubjanka aufgestiegen war? Es besteht kein Zweifel, daß Jeshow im Mittelpunkt dieser mörderischen Operation stand, dem wohl letzten in der unendlichen Reihe der von ihm organisierten Verbrechen. Aber konnte er es sich erlauben, seine Frau unter Mitwirkung der das allerhöchste Vertrauen genießenden medizinischen Kapazitäten umzubringen? Und aus welchem Grund? Mühelos entdeckt man hier die bekannte Handschrift des Vaters der Völker selbst. Er hatte eine Vorliebe dafür, die Frauen seiner treuesten Mitarbeiter, genauer, seiner treuesten Lakaien, ins Gefängnis zu setzen und zu beobachten, wie die Ehemänner ihm noch größeren Gehorsam demonstrierten. Denken wir an Molotow (von dem ausführlich im letzten Kapitel die Rede sein wird), an Kalinin, an Poskrjobyschew... Mit Jeshow verfuhr Stalin noch virtuoser. Er berücksichtigte seinen mit niemandem zu vergleichenden Platz unter den sowjetischen Führern und beauftragte ihn, die eigene Frau umzubringen. Danach klagte er ihn wegen dieses Mordes an. Eine glänzende Dramaturgie, deren Vorbild in der Geschichte des alten Roms zur Zeit des Niedergangs oder in der Zeit der mittelalterlichen Inquisition zu finden ist.

Babel wird in Jeshows Akte nicht erwähnt, so wie auch Jeshow in Babels Akte nicht vorkommt. Dafür taucht Jewgenija Solomonowna Jeshowa (Galdun-Chajutina) in beiden Akten auf. Das Schicksal wollte es, daß Babel dank ihrer erst dem Tode entging und dann wegen ihr sterben mußte. Aus Augenzeugenberichten wissen wir, daß Babel bei ihrer Beerdigung anwesend war und bitterlich weinte. Hat er nur den Tod seiner Freundin beweint? Oder auch seinen bevorstehenden eigenen, an dem er, einer der hellsichtigsten Künstler der Epoche, kaum zweifeln konnte?

Außer Babels Verbindung zu J. S. Jeshowa konnte es noch einen weiteren Grund geben, weshalb Stalin besondere «Sympathie» für diesen Schriftsteller empfand. Boris Suwarin berichtet in seinen Erinnerungen «Die letzten Gespräche mit Babel», wie sorglos und unvorsichtig Babel über Ereignisse sprach, die den Vater der Völker persönlich betrafen. Im November 1927 beging Budjonnys Frau plötzlich «Selbstmord». Sofort tauchte das Gerücht auf, sie sei von ihrem eigenen Mann umgebracht worden, weil sie sich über die Verhaftung Trotzkis empört habe. Budjonny bestritt den Familienstreit aus diesem Anlaß nicht, versicherte aber, er habe seine Frau wegen ihrer politisch falschen Position lediglich beschimpft. Der Tod von Stalins Frau N. S. Allilujewa wurde direkt mit dem Tod der Frau Budjonnys in Verbindung gebracht. In Gesprächen bestätigte Babel diese Version: «Budjonny... hat seine Frau ermordet und eine Burshuika geheiratet... Stalin hält ihn und weiß, daß er eine schmutzige Sache auf dem Gewissen hat. Stalin mag keine Biographien ohne Flecken.» Und über den Zusammenhang zwischen diesen «Flecken» und den «Flecken» in Stalins Biographie fügte er hinzu: «Bei uns passieren solche Sachen.» Es ist kaum anzunehmen, daß solche Offenheit nicht nach Moskau gemeldet wurde.

Ich habe Jeshow und seine Frau als Retter und Beschützer Babels bezeichnet. Das ist keine Übertreibung. Die Analyse der Archivdokumente bestätigt überzeugend, daß Babels Verhaftung tatsächlich 1936 vorentschieden war; sie hing vor allem mit der Säuberung im höchsten Kommandobereich der Roten Armee zusammen. Babel hatte am Bürgerkrieg teilgenommen, in dem er viele Menschen kennenlernte, die bald darauf Führungspositionen in den sowjetischen Streitkräften einnahmen. Einige wurden erbitterte Feinde, andere enge Freunde. Feind Nummer eins war der künftige Marschall Semjon Budjonny, der Babel den Band «Die Reiterarmee» übelnahm, weil in diesen Erzählungen die ruhmreichen «Budjonny-Reiter» ganz und gar nicht mit der romantischen Aureole dargestellt sind, mit der die offizielle Propaganda sie dem Volk präsentierte. Die Veröffentlichung der Erzählungen veranlaßte Budjonny zu einer zornigen Moralpredigt. In der Presse beschimpfte der Reitergeneral den Schriftsteller, er habe «die Gestalten der Kämpfer entstellt».

Es ist gut möglich, daß diese Polemik keine weitgehenden Folgen gehabt hätte, wenn Budjonny nicht von Maxim Gorki attackiert worden wäre. Der offiziell anerkannte sowjetische Klassiker fügte dem eitlen und ungebildeten «roten Kommandeur» eine tödliche Beleidigung zu: Er warf ihm vor, über Babels Buch «von der Höhe des Pferderückens» aus zu urteilen und nicht von der Höhe der Kunst. Inwiefern Budjonnys Einschätzung der Kunst Babels das Schicksal des Schriftstellers beeinflußte, ist anhand des weiter unten zitierten Auszugs aus dem Protokoll eines Verhörs von Babel zu sehen.

Andere Weggefährten Babels aus dem Bürgerkrieg wurden wie gesagt gute Freunde, vor allem Iona Jakir, Dmitri Schmidt und Jakow Ochotnikow. Sie alle nahmen nach dem Krieg hohe Kommandostellen in der Roten Armee ein. Budjonny haßte sie ingrimmig. Im Vergleich mit ihm waren diese Militärs Musterbilder an Intelligenz, Bildung und Kultur, und sie suchten die Gesellschaft von Schriftstellern, Regisseuren und Schauspielern. Alle drei waren Juden.

Die Militärs haben viel später als die Funktionäre aus dem Parteiapparat begriffen, daß Stalin zur Sicherung seiner persönlichen Macht bereit war, über Leichen zu gehen. Die Sitten und Manieren der tollkühnen Haudegen des Bürgerkriegs bestimmten mindestens bis zum Ende der zwanziger Jahre ihren ganzen Lebensstil. So fehlte es ihnen auch an jeglicher Pietät gegenüber dem großen Führer und Lehrer. Es wird erzählt, daß Jakow Ochotnikow, ehemals Adjutant bei Jakir, Stalin am 7. November 1927 auf der Tribüne des Mausoleums einen Schlag in den Nacken versetzt habe, weil die Tschekisten ihn, auf Stalins Anweisung, nicht passieren lassen wollten. Dabei war er gerade deshalb auf den Roten Platz gekommen, weil er Stalin vor «zu erwartenden Provokationen von Trotzkisten und Sinowjewisten» schützen wollte. An diesem Abend erlitt Stalin einen akuten Anfall von Paranoia, der von Professor Bechterew genau diagnostiziert wurde. Diese Genauigkeit kostete den Wissenschaftler dann das Leben.

Im gleichen Jahr, 1927, eilte Dmitri Schmidt von Kiew nach Moskau, weil ihn der unverschämte und demonstrative Ausschluß Trotzkis aus der Partei empörte. In einer Tagungspause des XV. Parteitages drohte er Stalin mit den Worten: «Paß auf, Koba, ich schneid dir die Ohren ab!»

Jakir, Schmidt und Ochotnikow waren alte Freunde Babels, mit denen er gern seine Freizeit verbrachte, etwa indem sie sich gemeinsam ein Motorboot mieteten: «Wir sind einen halben Tag gefahren, haben getrunken, gesungen, sind hinter den rosa Dneprdampfern hergejagt, um in ihren harmlosen Wellen zu schaukeln...» (Brief Babels an Tamara Kaschirina [Iwanowa] vom 23. April 1925). Babel und seine Freunde trafen sich aber auch zu ernsteren Anlässen. Im September 1935 lud Jakir ihn zu einem Manöver des Kiewer Militärbezirks ein, bei dem eine Brigade schwerer Panzer, die einzige, die die Rote Armee damals besaß, im Mittelpunkt stand; Kommandeur war ihr gemeinsamer Freund Schmidt. Babel verbrachte die Manövertage beim Kommandostab. Nach dem Manöver wohnte er mit seiner neuen jungen Frau, Antonina Piroshkowa, die ihn auf dieser Reise begleitete, bei Dmitri Schmidt. Kurz nach Babels Abreise aus Kiew wurde als erster aus seinem Freundeskreis Jakow Ochotnikow verhaftet. Im Juli des folgenden Jahres wurde dann Schmidt abgeholt. Einen Monat später nannte man seinen Namen auf dem ersten öffentlichen Moskauer Prozeß (der Fall Sinowjew und Kamenew): Einer der Angeklagten, Mratschkowski, erklärte, daß es in der Roten Armee eine «Gruppe von Mördern» mit Dmitri Schmidt an der Spitze gebe. Jakir, der sich immer noch sicher fühlte, stürzte zu Stalin, um für Schmidt einzutreten. Aber er war selbst bereits verurteilt. Zehn Monate später schlug seine Stunde.

Babels Name taucht in den Akten von J. Ochotnikow und D. Schmidt fast auf jeder Seite auf. Die Frage: «Welche Rolle hatte die militärisch-trotzkistische Terrorgruppe für Babel vorgesehen?» wird in unterschiedlichen redaktionellen Varianten mehrfach behandelt. Sowohl Ochotnikow als auch Schmidt hielten sich standhaft und wendeten das Unglück von Babel zunächst ab. Eigentlich müßte man gesondert über die beiden sprechen, denn zu dem Zeitpunkt, an dem Schmidt verhaftet wurde, hatte man Ochotnikow bereits umgebracht.

Dmitri Schmidt sollte die Hauptfigur im ersten öffentlichen Prozeß gegen die Militärs werden – der erste deshalb, weil damals von einer Verhaftung Tuchatschewskis und seiner Kameraden noch nicht die Rede war. Geplant war, in diese Gruppe den Korpskommandeur Ilja Garkawy, den Divisionskommandeur Boris Kusmitschew und noch einige andere hochrangige Militärs einzubeziehen. Auch dem Zivilisten Isaak Babel war ein Platz zugedacht. Schmidt schien dafür der passende Kandidat zu sein, denn er gehörte in den zwanziger Jahren tatsächlich zu den Trotzkisten, und seine Antipathie gegen Stalin war in Armeekreisen gut bekannt. Aber durch seine heroische Standhaftigkeit, ungeachtet aller Folter, machte er den Plan der Lubjanka zunichte.

Jeshow, unter dessen Kontrolle der ganze Fall vorangetrieben wurde, lenkte die Aufmerksamkeit offenbar absichtlich weg von Babel. Er tat so, als würde er die Aussagen, in denen Babels Name vorkam, nicht zur Kenntnis nehmen. Schmidt wurde ausführlich befragt, wodurch Babels «Eindringen» in das Militärmilieu zu erklären sei, weshalb er zu Manövern eingeladen wurde, wofür er sich interessiere, welche Informationen er über die Verteidigungsfähigkeit der Roten Armee erhalten habe und wem er diese übermitteln wollte? Kurz, das ganze «Repertoire», das notwendig schien, um gegen ihn Anklage zu erheben. Aber weder in der Akte von Schmidt noch in der von Ochotnikow finden wir irgendwelche Anzeichen dafür, daß das Folgen gehabt hätte. Babel wurde nicht einmal als Zeuge vorgeladen. Ich ziehe daraus den Schluß: Jeshows Verhalten hat Babel zwei Jahre Aufschub gegeben.

Der Sturz des Mannes, mit dem der Schriftsteller auf tragische Weise verbunden war, mußte auch den Sturz Babels nach sich ziehen. Gut einen Monat nach der Verhaftung des «blutigen Zwergs» kam auch Babel an die Reihe. Die Säuberung in der Armee war praktisch beendet, ihre Nachwehen richteten sich nicht mehr gegen das Militär. Babel galt zwar nach wie vor als Terrorist, aber man rechnete ihn nun zu den Terroristen aus der Lubjanka, brachte ihn nicht mehr mit Schmidt, sondern mit Jeshow in Verbindung. Ein vielsagendes Detail: ein siebenseitiges Zitat aus der Akte von D. A. Schmidt, in dem es um Babel geht, wurde seiner 167 Seiten starken Akte beigefügt, aber nicht in die Akte selbst aufgenommen; es findet sich in einer gesonderten Mappe als Anlage zu Babels Akte. Jemand muß also die Weisung erteilt haben, diesen Text hinzuzuziehen, ihn aber gesondert aufzubewahren.

Ein weiteres Detail hilft uns zu begreifen, was für ein Plan in Berijas Kopf Gestalt annahm, als Kolzow, Meyerhold und Babel in seinen Kasematten saßen. Kaum hatte Berija die Leitung des NKWD übernommen, richtete sich, ohne daß er auch nur einen Tag verstreichen ließ, sein geballter Zorn gegen einen Mann, den er seit jeher haßte und zugleich fürchtete. Dieser Mann war der erste Sekretär der Gebietsparteileitung von Kabardino-Balkarien, Betal Kalmykow. Kalmykow kannte Berijas Vergangenheit. Er wußte, daß Berija in Baku während des Bürgerkrieges gegen die Bolschewiki gekämpft hatte, und er machte aus seinen Gefühlen gegenüber diesem Günstling Stalins nie einen Hehl. Die Qualen, denen Kalmykow und seine engsten Mitarbeiter in den Folterzellen ausgesetzt waren, überstiegen offensichtlich alles, was über die Leiden anderer Häftlinge bekannt wurde.

Betal Kalmykow nun war ein sehr guter Freund Babels, der oft wochenlang bei ihm zu Gast weilte. Die außergewöhnliche Persönlichkeit des Dichters beeindruckte ihn. Die Untersuchungsrichter, die den Fall Kalmykow bearbeiteten, konnten an dieser Freundschaft nicht vorbeigehen. Und tatsächlich taucht in Kalmykows Akte Babels Name mehr als einmal auf. Dort heißt es, Babel habe mit Kalmykow zusammen «Pläne zum Kampf gegen die Partei und die Regierung und zur physischen Beseitigung» Stalins und Berijas gehegt. Berija verfolgte diesen Fall natürlich mit besonderer Sorgfalt und beteiligte sich sogar persönlich an den Folterungen Kalmykows. In Babels Akte findet sich jedoch keine einzige Zeile aus Kalmykows Aussagen, obwohl die Untersuchungen gegen beide von dem unzertrennlichen Paar Lew Schwarzman und Boris Rodos geführt wurden. Den Protokollen nach zu urteilen, wurde Babel nicht einmal nach Kalmykow gefragt. Warum nicht?

Ich kann auf diese Frage nur eine Antwort finden. Sie ergibt sich organisch aus dem gesamten Dossier über Babel. Die «Militärverschwörung» hatte ihre Aktualität bereits eingebüßt; Kalmykow gegenüber verspürte Berija persönlichen Haß, und deshalb war hier jeder Dritte überflüssig; auch mit Jeshow rechnete die neue Mannschaft unter Berija allein und ohne großen Lärm und Eile ab. Babel war allerdings bei einem anderen Prozeß unersetzlich: Berijas Institution plante einen sensationellen, in Jagodas und Jeshows Ägide nie dagewesenen Prozeß gegen Künstler. Deshalb wurde das bereits zusammengetragene Material ignoriert, und die «Informationen» über Babels Beziehungen zur Familie Jeshow oder Betal Kalmykow traten in den Hintergrund. Alle Anstrengungen der Untersuchung konzentrierten sich nun darauf, aus Schriftstellern, Regisseuren und Schauspielern eine Mannschaft von Terroristen zusammenzuzimmern. Wie wir wissen, wurden die gleichen Anstrengungen in der gleichen Richtung und in eben diesen Tagen von anderen Henkern der Lubjanka unternommen, die über den Akten von Kolzow, Meyerhold und weiteren Künstlern saßen.

Bei dem Verhör, das vom 29. bis 31. Mai 1939, drei Tage ohne Pause, dauerte, stritt Babel zunächst sämtliche Anschuldigungen ab. Dann änderte er plötzlich aus einem im Protokoll nicht wiedergegebenen Grund rigoros seine Haltung und sagte aus, Mitglied einer trotzkistischen Spionagegruppe gewesen zu sein. Angeworben habe ihn Ilja Ehrenburg, André Malraux sei der Verbindungsmann gewesen. Wir erinnern uns, daß diese Namen unter den gleichen Vorzeichen auch von Kolzow und Meyerhold erpreßt wurden. Die einheitliche Vorgabe ist offensichtlich, deshalb stimmen auch die Namen der Mitglieder der «Terroristengruppe» in der Mehrzahl überein. Aber es kommen auch neue und wahrhaftig verblüffende dazu.

In Babels Akte sieht die Gruppe von Trotzkisten und Terroristen so aus: Außer dem immer genannten Ehrenburg begegnen uns die Schriftsteller Leonid Leonow, Valentin Katajew, Wsewolod Iwanow, Juri Olescha, Lidija Seifullina, Wladimir Lidin, die Filmregisseure Sergej Eisenstein und Grigori Alexandrow, die Schauspieler Solomon Michoels und Leonid Utjossow sowie das Akademiemitglied Otto Schmidt und viele andere.

Babel wurde von Serikow und Kuleschow verhört. Sie stellten ihm die Frage, wer in den einzelnen Bereichen der sowjetischen Kunst der jeweilige Leiter der antisowjetischen Organisation sei. Die Antwort formulierten sie so, wie sie sie haben wollten: «Leiter der Organisation im Bereich Kunst war ich, Babel; im Bereich Film S. Eisenstein, im Bereich Theater Michoels, den Meyerhold unterstützte.» Auf diese Weise ergab sich in der Variante, die Serikow und Kuleschow vorbereiteten, daß Babel und Michoels Ehrenburg und Meyerhold aus der Position der Anführer verdrängten. Aber man darf darin keinen besonderen Sinn suchen. Zwar hatten die Untersuchungsrichter eine einheitliche Vorgabe, aber es gab verschiedene Interpretationen dieser Zielstellung. Letztlich bereiteten sie eine Art Halbfabrikat vor, und aus diesem Rohmaterial fertigten die Chefs der Lubjanka dann das Endprodukt.

Es scheint, als könne uns heute keine noch so ausgetüftelte Erfindung der Wahnsinnigen, die diese Fälle konstruierten, erschüttern. Und wer waren die Opfer? Sie waren ausgesprochene Talente, was an sich schon unverzeihlich war. Sie waren unabhängig urteilende und kritisch denkende Menschen, was sie in den Augen der Lubjanka ebenfalls in keiner Weise zierte. Fast alle von ihnen begingen jedoch überdies die Unvorsichtigkeit, den Führer zu erzürnen. In den Tagen, in denen man Babel verhörte, wurden auf höchster Ebene Leonows Stück «Schneesturm», Katajews «Wer kennt schon Konsk?» und das Filmszenarium «Die Beshin-Wiese», an dem Eisenstein gemeinsam mit Babel gearbeitet hatte, verrissen. Schon vorher richtete sich das Feuer der Kritik auf Seifullina und Wsewolod Iwanow. Sie alle waren also bestens geeignete Kandidaten für eine Trotzkistengruppe. Juri Olescha, der Autor von «Neid», war schon immer verhöhnt worden; man warf ihm elitäres Denken, Ästhetismus und Ehrgeiz sowie mangelnden Glauben an das Proletariat und die Weltrevolution vor.

Etwas fehl am Platze wirkt in der Aufzählung in Babels Akte nur

Otto Juljewitsch Schmidt (ein Namensvetter von Dmitri Schmidt). Und dennoch. Der hervorragende Wissenschaftler, Spezialist auf dem Gebiet der höheren Mathematik und Kosmogonie, einer der Organisatoren der Entdeckung des nördlichen Seewegs, der berühmte Held der «Tscheljuskin», dessen Name und dessen Bart das ganze Land kannte, war wie Babel häufig Gast im Haus der Jeshows gewesen. Es ist möglich, daß auch hier Jewgenija Solomonowna Jeshowa das Bindeglied darstellte, denn sie war eine Freundin der Frau des künftigen Akademiemitglieds, Margarita Emmanuilowna Golossowker-Schmidt. Ich kann mich jedoch nicht dafür verbürgen, daß der große Wissenschaftler durch die Bekanntschaft der beiden Frauen in das Haus des großen Henkers kam. Wichtig ist, daß er oft dort war.

Noch enger, viel enger war Schmidt mit Wyschinski verbunden. Mit ihm hatte er gemeinsam im Volkskommissariat für Bildung gearbeitet. Schmidt hatte seinerzeit den Posten des Leiters der Hauptverwaltung für Berufsausbildung aufgegeben, um sich der Hochschulbildung zuzuwenden, und Wyschinski, der vorher Rektor der Moskauer Universität gewesen war, trat an seine Stelle. Sie wohnten im gleichen Haus (sogar in einem Aufgang) in der Granowski-Straße, beide hatten ihre Datschen in Nikolina Gora. Wenn man mit Tyrannen zuviel Umgang hat, bringt das nichts Gutes. Trotz seiner Popularität – vielleicht auch gerade deswegen – wurde Schmidt mit den größten Schriftstellern und Künstlern in eine Reihe gestellt und war gerade dadurch der Anklagebank am nächsten. Sein Sohn, Professor Sigurd Ottowitsch Schmidt, schrieb mir, daß Wyschinski sich 1940 einmal erlaubt habe, seinen Vater, den Vizepräsidenten der Akademie der Wissenschaften der UdSSR, unflätig zu beschimpfen, weil er die Volksfeinde, die sich in der Akademie eingenistet hätten, nicht entlarve. Otto Schmidt hatte daraufhin einen Schwächeanfall und mußte ins Krankenhaus gebracht werden. Zeuge der öffentlichen Diffamierung Schmidts wurde damals auch Alexander Fadejew.

Kaum jemand hat wohl je daran gezweifelt, welche Ansichten der Held der «Tscheljuskin» und einer der ersten «Helden der Sowjetunion» in Wirklichkeit vertrat. Nach seiner Rückkehr von der driftenden Eisscholle nach Moskau sprach er auf dem ersten Schriftstellerkongreß. Mit Mühe befreite er sich aus der Umarmung des großen Führers und trat ans Mikrofon: «Unsere Tätigkeit braucht kein gutes Zureden, keinen Druck, keine Begeisterungsrufe, sie braucht auch nicht die Gegenüberstellung von Führer und Masse. Das sind überhaupt nicht unsere Methoden. Ich will hier ein bestimmtes Wort nicht benutzen, aber *das* sind ausländische Methoden eines benachbarten Staates.» Deutlicher ging es nicht. Die Zuhörer hatten den Redner gut verstanden, denn nicht zufällig steht im Stenogramm hinter diesen Worten «Applaus».

Anschließend an Schmidt äußerte sich auch Babel: «Erfundene, banale, abgegriffene Worte spielen den uns feindlich gesinnten Kräften in die Hände... Bei uns wird unerträglich laut von der Liebe geredet... Wenn das so weitergeht, wird man bei uns eine Liebeserklärung durchs Sprachrohr machen, wie die Schiedsrichter beim Fußball.» Keiner der Anwesenden war so beschränkt, nicht zu verstehen, wem damals die Liebeserklärungen durchs Sprachrohr gemacht wurden. Eine derartige Unbotmäßigkeit des Redners konnte natürlich nicht ohne Folgen bleiben. Das galt auch für andere Passagen aus der Rede Babels, etwa wenn er davon sprach, daß «der Stil unserer Epoche» nicht «Geschwätz und Deklarationen» sein dürfe und daß es «ohne große Gedanken, ohne Philosophie keine Literatur» gebe.

Man erinnerte Babel bei den Verhören auch an seine «Reiterarmee», wo er, wie es in der Anklageschrift heißt, «alle Grausamkeiten und Unsinnigkeiten des Bürgerkrieges beschrieben und die Darstellung der nur reißerischen und harten Episoden unterstrichen hat, die Rolle der Partei bei der Formierung einer regulären und beeindrukkenden Kampfeinheit der Roten Armee... aber vollständig vergessen hat». Diese und andere Passagen, die Eingang in die Anklageschrift gefunden haben, unterschieden sich stark von den typischen Formulierungen in derartigen Dokumenten. Höchstwahrscheinlich stammen sie aus «Fachgutachten» von Literaturwissenschaftlern, die den NKWD mit kritischen Einschätzungen belieferten. Wichtiger ist aber etwas anderes: Budjonnys Beurteilung aus den zwanziger Jahren, die von Gorki vehement zurückgewiesen worden war, wird zur Formel einer politischen Anklage, auf die der Tod stand. Der zur klassischen Sowjetliteratur zählende Zyklus, den Thomas Mann, Bert Brecht, Romain Rolland und Roger Martin du Gard begeistert begrüßten, wurde von den Untersuchungsorganen als Diversion und Verrat qualifiziert.[14]

Werfen wir einen Blick auf das, was Babel in der Anklageschrift zugeschrieben wurde: «Im Hinblick auf die stattgefundenen Gerichtsprozesse gegen die Trotzkisten sagte er, daß im Lande angeblich kein Wechsel von Personen, sondern ein Wechsel der Generationen stattfände. Verleumderisch sagte er, daß die besten und talentiertesten Politiker und Militärs verhaftet worden seien» (Aktenblatt 48). Und weiter: «Babel behauptete, daß sich die Sowjetmacht nur durch Ideologie hält. Wenn die Ideologie nicht wäre, dann wäre vor zehn Jahren alles vorbeigewesen... Leute wie Rakowski, Sokolnikow, Radek und Kolzow... sind von Talent geprägt und stehen weit über der mittelmäßigen Umgebung der heutigen Führung...» Es kann gut sein, daß dieser kluge Mann, dieser feinsinnige Beobachter tatsächlich etwas Ähnliches im Freundeskreis gesagt hat. Und dank der operativen Wachsamkeit der «freiwilligen Helfer» wurde das den «Organen» sofort bekannt. Die Anklage gegen Babel war dadurch natürlich in keiner Weise gerechtfertigt, denn solche Äußerungen, wenn er sie denn wirklich getan hat, waren weder rechtswidrig im Sinne der auch damals geltenden Gesetze, noch handelte es sich um «Verleumdungen».

Bereits am 10. Oktober 1939 widerrief Babel seine Aussagen. In der Erklärung steht: «Ich bitte die Untersuchung zu berücksichtigen, daß ich bei meinen früheren Aussagen, sogar als ich im Gefängnis war, ein Verbrechen begangen habe. Ich habe einige Personen verleumdet.»[15] Darüber schrieb er dreimal an Ulrich – am 5. und 21. Januar 1939 und am 2. Januar 1940. Er bat um ein Treffen mit dem Staatsanwalt, bat darum, Zeugen vorzuladen, seine Akte kennenzulernen und einen Verteidiger zu erhalten. Aber all das war vergebens.

Am 26. Januar 1940 verschaffte sich Ulrich in wenigen Minuten einen Überblick, und am anderen Morgen lebte Babel nicht mehr. Am 2. Februar 1940 wurden dann Kolzow und Meyerhold hingerichtet. Zwei Tage später, nach einem halbstündigen «Gerichtsprozeß», folgte ihnen Nikolai Jeshow. Damit war die Dramaturgie eines makabren Spektakels realisiert.

Alles weitere vorhandene Material wartete dann im Geheimsafe auf seine Stunde. Die mit großem Schwung begonnene Untersuchung wurde nämlich plötzlich auf kleine Flamme heruntergeschraubt. Stalin faßte den Beschluß, keine öffentlichen Prozesse mehr durchzuführen. Der Plan, einen Prozeß gegen Diplomaten und einen Prozeß gegen Schriftsteller und Schauspieler zu veranstalten, welkte bereits im Frühstadium. Daran, daß dieser Plan existiert hat, gibt es keinen Zweifel. Das geht aus den Materialien der Babel-Akte eindeutig hervor. Das «kompromittierende Material» wurde ausgesprochen zielstrebig gegen ganz bestimmte Leute gesammelt. Außer Babel, Kolzow und Meyerhold sollten Alexej Tolstoi, Pjotr Pawlenko, Konstantin Fedin und einige weitere angesehene Künstler auf die Anklagebank gesetzt werden – eine ganz besondere Demonstration der unverbrüchlichen Stalinschen Völkerfreundschaft. An der Spitze dieser «ganzen Gesellschaft von verachtenswerten Mördern und Söldnern des internationalen Kapitals» sollte natürlich Ilja Ehrenburg stehen. Sein Name erscheint auf ausnahmslos allen Listen, die sich in den Akten von verhafteten Schriftstellern und Schauspielern finden.

Folgendes legten die Untersuchungsrichter Babel über Ehrenburg in den Mund: «Es ist klar, als Ehrenburg in meiner Person einen Gesinnungsgenossen gefunden hatte, ließ er sich mit mir gern auf antisowjetische Unterhaltungen ein, in denen wir die Gemeinsamkeit unserer Anschauungen feststellten und zu dem Ergebnis kamen, daß wir uns zum Kampf gegen die existierende Ordnung organisiert vereinigen müssen.»

Keiner der Autoren, die noch auf der Liste der Untersuchungsrichter standen, hat am Ende gelitten. Einige, wie zum Beispiel der «rote Graf» Alexej Tolstoi, rückten nur noch näher an den Thron heran. Pawlenko wurde «Literaturexperte» der Lubjanka – bereits Mitte der dreißiger Jahre hatte er Ossip Mandelstam denunziert –, und Fedin stieg so hoch, daß es höher schon nicht mehr ging. Nach Michoels streckten die Mörder ihre Hände auf andere Weise und viel später aus. Der ebenfalls verhaftete Alexej Denissowitsch Diki wurde, wie bereits erwähnt, einfach freigelassen. Und um die anderen machte die Nemesis des Kreml einen Bogen.

Warum war das so? Ilja Ehrenburg, der das über ihm schwebende Damoklesschwert sehr genau spürte, aber wohl kaum ahnen konnte, welche Anschuldigungen bereits gegen ihn vorlagen, gibt in seinen Memoiren eine sehr kurze Antwort: «Ich weiß nicht.» Ich habe selbst erlebt, wie er in den fünfziger Jahren unbarmherzig attackiert wurde: «Warum konnten Sie sich retten?» Aber sowohl bei einem Autorenabend im Polytechnischen Institut als auch bei einer nächtlichen Begegnung mit Schauspielern und Freunden des Theaters «Sowremennik» sagte er nichts anderes als: «Ich weiß nicht.» Wer wußte es denn? Hat es bei solchen Entscheidungen denn je eine präzise, klare, für alle nachvollziehbare Logik gegeben?

Das von den Untersuchungsrichtern gesammelte Material konnte jederzeit aus dem Safe geholt werden. Wenn der Führer und Lehrer es gewollt hätte, wären die Akten sofort auf seinen Tisch gekommen. Die Untersuchungsrichter wußten, daß jede noch so kleine «Angabe» eines Tages von Nutzen sein konnte.

Den Angehörigen der Ermordeten wurde als Ergebnis der «Verhandlungen» folgendes Strafmaß mitgeteilt: «Zehn Jahre Lager in entfernten Gegenden *ohne Recht auf Briefwechsel.*» Natürlich steht diese Formel nicht in den Urteilen, dort findet sich das kurze Wort «Erschießung». Irgend jemand muß sich diesen entsetzlichen Euphemismus ausgedacht haben, um keine Panik zu säen. Im Grunde war es jedoch kein Geheimnis – obwohl viele es nicht glaubten, nicht glauben wollten –, was sich hinter dem nebulösen Strafmaß tatsächlich verbarg.

Deshalb wurde wahrscheinlich auch der Mechanismus gezielter Gerüchte in Bewegung gesetzt, und er funktionierte einwandfrei. Von Zeit zu Zeit erreichten die Angehörigen und Freunde dann Nachrichten, daß der Häftling, der keine Briefe schreiben durfte, sich dort und dort befinde, gesund sei und seinen Verwandten bei dieser Gelegenheit Grüße ausrichte. Kolzows Bruder, Boris Jefimow, berichtet in seinen Erinnerungen von mystischen Begegnungen verschiedener Menschen mit Kolzow.

Babels Frau, Antonina Nikolajewna Piroshkowa, versuchte mehrfach, etwas über das Schicksal ihres Mannes in Erfahrung zu bringen, und jedesmal gab man ihr die *mündliche* Antwort, daß er sich «in Lagern befindet». 1947 erfreute man sie mit der Nachricht, daß ihr Mann in einem Jahr freikäme. Das Jahr verging, und es stellte sich heraus, daß die Frist doch noch nicht um war. Aber natürlich sei Babel am Leben und wünsche nichts dringlicher, als seine Schuld so schnell wie möglich wiedergutzumachen. Im Sommer 1952 suchte sie «im Auftrag von Babel» ein Mann auf, der «von der mittleren Kolyma freigekommen war», und richtete ihr Grüße ihres Mannes aus. Sogar nach der offiziellen Rehabilitierung ging diese teuflische Komödie aus unerfindlichen Gründen weiter. Der Witwe wurde mitgeteilt, daß Babel «während der Strafverbüßung» am 17. März 1941 in einer Haftanstalt an Herzlähmung gestorben sei. Erst 1972, achtzehn Jahre nach der Rehabilitierung, wurde endlich die bittere Wahrheit bekanntgegeben.

Im selben Jahr, 1972, wurde auch die Wahrheit über das Schicksal Meyerholds öffentlich gemacht. Bis dahin hatte man den Angehörigen mitgeteilt, Wsewolod Meyerhold sei am 17. März 1942 «wegen nachlassender Herztätigkeit» gestorben. Welche jesuitische Macht gab den Befehl, die Angehörigen und Freunde jahrzehntelang daran zu hindern, am wirklichen Todestag eine Kerze aufzustellen? Ob irgendwer irgendwann einmal auf diese Frage wird antworten können?

Einer der ersten Biographen Meyerholds, Juri Jelagin, gibt in seinem bereits erwähnten Buch «Das dunkle Genie» die Worte eines «durchaus vertrauenerweckenden Mannes» wieder, der eine Postkarte von Meyerhold «in der Hand gehalten» habe, die den Stempel «einer kleinen Bahnstation am Baikal» trug. Fast jeder, von dem es nicht schwarz auf weiß hieß, daß er hingerichtet worden sei, ist irgendwann einmal von allgegenwärtigen «Augenzeugen» persönlich gesehen worden.

Wie weit die Gerüchte reichten, zeigt ein letztes Beispiel. 1976 erschien in Paris in polnischer Sprache Stanislaw Swianiewiczs Buch «Im Schatten von Katyn». Der Autor, ein polnischer Offizier, der im Smolensker Gefängnis und in der Lubjanka inhaftiert gewesen war, schreibt, daß das ehemalige Mitglied der Verfassunggebenden Versammlung, der Sozialrevolutionär Jefremow, ihm im Lager erzählt habe, daß er im sogenannten «Ural-Politisolator» gesessen habe, und zwar zusammen mit Karl Radek, und daß Radek Ende 1940/Anfang 1941 noch am Leben gewesen sei. Und nicht einmal in schlechter Verfassung: Radek hatte «eine Sondergenehmigung, in seiner Zelle fremdsprachige Bücher zu lesen, und trennte sich nie von einem Gedichtband von Mieckiewicz, von dem er behauptete, daß er einer der größten Dichter sei.» Über den Rang von Mieckiewicz will ich nicht streiten, aber die Archivdokumente belegen eindeutig: Karl Radek und Grigori Sokolnikow wurden am 21. Mai 1939 in den Gefängniszellen des «Politisolators» von Susdal – sehr weit vom Ural entfernt – durch Kriminelle ermordet, die eigens zu ihnen in die Zelle gesetzt worden waren und eine Schlägerei provoziert hatten.

Die sich wiederholenden Gerüchte, deren Inhalt nach ein und demselben Schema aufgebaut war, lassen vermuten, daß sie nicht zufällig aufkamen und in Umlauf gebracht wurden. Die Hoffnung, daß die Inhaftierten am Leben seien und irgendwann einmal freikämen, wurde bei den in Freiheit Verbliebenen bis zu Stalins Tod künstlich und kunstvoll genährt. Erst in dem Moment, in dem Berija liquidiert war, versiegte die Quelle endgültig.

Die Verschwörung der Botschafter

Der Fall Iwan Maiski

Es waren noch genau zwei Wochen bis zum Tod des Führers und Lehrers, da holten sie einen Mann ab, dessen Name im In- und Ausland einen guten Klang hatte. Ihm war beschieden, in der unendlichen Reihe berühmter Persönlichkeiten, die während der Stalin-Ära in die Mühlen der Lubjanka gerieten, den letzten Platz einzunehmen. Die Rede ist von Iwan Maiski – Akademiemitglied, ehemaliger sowjetischer Botschafter in London (1932–1943) und Stellvertreter des Volkskommissars für Auswärtige Angelegenheiten der UdSSR.

Er wird sich wohl kaum gewundert haben. Und wenn er sich gewundert hat, dann eher, weil er so spät an die Reihe kam. Wahrscheinlich hatte Maiski diesen Ausgang schon lange erwartet, aber der Tyrann geruhte, das Ende hinauszuzögern. Aufgrund Maiskis außergewöhnlicher Biographie war dieses Ende freilich unausweichlich. Maiski war Mitglied des ZK der Menschewiki gewesen und hatte 1917 der Provisorischen Regierung unter Kerenski angehört: Das allein war oft schon ausreichend für eine Kugel in den Kellern der Lubjanka. Während die Menschewiki entgegen der gängigen Auffassung in der Regel nicht gegen die Sowjetmacht kämpften, war Maiski im Kampf gegen die Bolschewiki sogar sehr aktiv. Deshalb war er aus dem ZK der Menschewiki und später auch aus der Partei ausgeschlossen worden. Hinzu kam, daß Maiski Minister in der Regierung des sogenannten KOMUTSCH (Komitee der Mitglieder der Verfassunggebenden Versammlung) gewesen war. Kurzum, er war schon seit langem ein überfälliger «Kunde» der Lubjanka.

Es muß erwähnt werden, daß es angesehene Menschewiki gab, die nicht verfolgt wurden. An erster Stelle ist Andrej Wyschinski zu nennen, der zum Mörder seiner ehemaligen Genossen wurde. Oder Stalins wichtigster Journalist, der Haudegen David Saslawski, einer der widerlichsten Aktiven bei den blutigen Spektakeln. Oder der ehrenwerte Alexander Trojanowski, der Stalin lange Jahre als braver Diplomat diente, zuletzt als Botschafter in Japan und in den USA. Stalin liebte Leute, deren Biographie «dunkle» Flecken aufzuweisen hatte, denn diese bemühten sich um besondere Treue. Auch brauchte Stalin Fachleute, und er wußte sehr wohl zwischen Spezialisten und tauben Nüssen zu unterscheiden. Alles in allem gab er denen, in deren Vergangenheit «etwas gewesen war», den Vorzug vor Spezialisten mit makellosem Lebenslauf. So konnte er sie an der kurzen Leine halten...

Kein Mensch wußte im voraus, was dem Diktator einfallen würde, deshalb bereitete man in der Lubjanka für alle Fälle Material gegen alle vor. Und erst recht gegen die, die in der Vergangenheit «Sünden» aufzuweisen hatten. So war schon Ende der dreißiger Jahre ein Prozeß gegen Diplomaten vorbereitet worden, bei dem der Volkskommissar Litwinow die führende Rolle spielen sollte. Daß ein derartiger Prozeß geplant war, wird sowohl durch die Erinnerungen als auch durch die Untersuchungsakte Jewgeni Gnedins bestätigt, der den GULAG wie durch ein Wunder überlebte.

Jewgeni Gnedin (Helphand), Sohn des skandalumwobenen Parvus[1], spielte in der sowjetischen Diplomatie der dreißiger Jahre eine wichtige Rolle. Vor seiner Verhaftung leitete er die Presseabteilung des Volkskommissariats für Auswärtige Angelegenheiten. Zu seinen Obliegenheiten gehörte der ständige Kontakt zu den in Moskau akkreditierten ausländischen Korrespondenten. In dieser Funktion hat er den Journalisten, die beim dritten Großen Moskauer Prozeß (dem Prozeß gegen Bucharin und Radek) anwesend waren, sehr geschickt die Gehirne verkleistert. Er war ein europäisch gebildeter Mann von zweifellos progressiver Orientierung, der seiner Aufgabe bei diesem Prozeß nur unter Qualen nachkam, weil auch sein «fast Freund» (so bezeichnet er ihn in seinen Memoiren) Sergej Bessonow, mit dem er gemeinsam von 1935–1937 in der Botschaft in Berlin gearbeitet hatte – Bessonow war Botschaftsrat, Gnedin erster Sekretär gewesen –, auf der Anklagebank saß.

Gnedin wurde 1898 in Dresden geboren und sprach Deutsch genauso perfekt wie Russisch. Er hatte vielfältige persönliche und geschäftliche Verbindungen in Deutschland. Berijas Entscheidung, ihn als deutschen Spion zu brandmarken, entbehrte also nicht einer gewissen Logik. Gnedin wurde am späten Abend des 10. Mai 1939 verhaftet, eine Woche, nachdem Litwinow seines Postens als Volkskommissar enthoben und durch Molotow ersetzt worden war. Zu Molotows Stellvertreter wurde Wladimir Dekanosow ernannt, ein Mann, der Berija sehr nahestand. Bei den ersten Verhören am 15. und 16. Mai unterschrieb Gnedin nach fürchterlichen Foltern das, was seine Peiniger von ihm verlangten: Ja, er gehöre zu einer «konterrevolutionären, terroristischen Spionagegruppe im System des NKID» (Volkskommissariat für Auswärtige Angelegenheiten), die von Maxim Litwinow geleitet werde.

Das Szenario sah vor, daß Gnedin die zentrale Rolle in dem künftigen Schauspiel übernehmen sollte; deshalb wurde als «Handlungsort» Deutschland auserkoren, dem Gnedin auf vielfache Weise verbunden war. Folgendes hatten sich die Erfinder der Lubjanka ausgedacht: Gnedin sollte noch als stellvertretender Leiter der internationalen Abteilung der «Iswestija» von Karl Radek[2] angeworben worden sein und von ihm den Auftrag erhalten haben, sich in Berlin «mit den deutschen Agenten Tschunke, Emme und Schulle sowie mit dem Grafen Reventlow» in Verbindung zu setzen. Nach seiner Ankunft in Berlin habe Gnedin aus irgendeinem Grund den sowjetischen Botschafter Jakow Suriz über seine Verbindungen zum deutschen Geheimdienst informiert, worauf dieser «ihm die feindlichen Anweisungen Litwinows übermittelte, die antisowjetischen Beziehungen zu den Engländern und Franzosen in Berlin zu verstärken». Suriz seinerseits habe Gnedin davon in Kenntnis gesetzt, daß Litwinow eine konterrevolutionäre Organisation im Volkskommissariat für Auswärtige Angelegenheiten leite, der er, Suriz, selbst sowie die Botschafter Maiski, Kollontai und der ehemalige Geschäftsträger in Paris, Jewgeni Hirschfeld, und viele andere Mitarbeiter dieses Volkskommissariats angehörten. Außerdem wird Michail Kolzow dazu gezählt, von dessen Schicksal bereits berichtet wurde.

Nach Stalins Tod sagte der Oberuntersuchungsrichter des Ministeriums für Staatssicherheit Woronowitsch, der an der Folterung Gnedins beteiligt war und wegen seiner Verbrechen verhaftet wurde, bei der Untersuchung (20.–21. September 1954) aus, Berija und sein Stellvertreter Bogdan Kobulow hätten Gnedin 45 Minuten lang im Arbeitszimmer des Volkskommissars geprügelt und seine Unterschrift unter ein Protokoll über die «Spionage- und Terrororganisation, die von Litwinow geleitet wird und deren Mitglieder sowjetische Botschafter und führende Mitarbeiter des NKID sind», verlangt. Gnedin unterschrieb daraufhin alles, was man von ihm forderte (auch etwas über «Spionageverbindungen» zu einem Engländer Breen und zu den Franzosen Champenoi, Ravou und Lorette). Jedoch bereits am 13. Juli 1939, als ein Mitarbeiter der Obersten Militärstaatsanwaltschaft ihn in seiner Zelle aufsuchte, widerrief er alles und erklärte, daß er das Protokoll «in einem Zustand von Hysterie, der der Besinnungslosigkeit nahekam», unterschrieben habe.

Die angebliche Verschwörung der Botschafter, die in Berijas Dienststelle ausgearbeitet wurde, erfuhr unter dem Einfluß der sich verändernden internationalen Lage ständige Modifizierungen. Nicht zuletzt mußte sich der Molotow-Ribbentrop-Pakt vom 23. August 1939 auf das Schicksal der anvisierten Opfer aus dem diplomatischen Korps auswirken. Schließlich spielten sie eine ausgesprochen wichtige Rolle in der Außenpolitik des Landes. Da sich die Situation ständig änderte, wurde die endgültige Entscheidung immer wieder hinausgeschoben. Es ist kein Zufall, daß Gnedin länger als zwei Jahre in Untersuchungshaft gehalten wurde. Wäre es nur um ihn allein gegangen, dann hätte die «Troika» sein Schicksal längst auch «formal» besiegelt. In der Regel lagen zwischen Verhaftung und Urteil drei bis vier Monate, selten fünf bis sechs.

Eine Anweisung, den großen Prozeß gegen die Botschafter fallenzulassen, gab es nicht, und ohne Gnedin konnte dieser Prozeß – zumindest auf der Basis des ausgearbeiteten Szenarios – nicht stattfinden. Erst nach Hitlers Überfall am 22. Juni 1941 war endgültig klar, daß der Prozeß nicht stattfinden würde. Hastig wurde eine Anklageschrift von einer Seite Länge verfaßt, am 9. Juli 1941[3] wurde Gnedin dem Gericht überstellt, und unter dem Vorsitz von Dmitri Kandybin verhängte die «Troika» ein «humanes» Urteil gegen ihn – zehn Jahre Lagerhaft. Erst am 13. August 1955 wird er aus den kasachischen Steppen von Karaganda zurückkehren und rehabilitiert werden.

Das gesammelte Material gegen führende sowjetische Diplomaten ging jedoch nicht verloren. Geduldig harrte es in den Archiven der Lubjanka seiner Stunde. Insbesondere alles, was die ruhmreichen Tschekisten gegen Iwan Maiski zusammengetragen hatten, der noch immer in London als Botschafter tätig war. Die geheimdienstlichen

Informationen über diesen «Spion» reichen bis zum Ende der zwanziger Jahre zurück, die offiziellen Verhörprotokolle, in denen Kollegen ihn «entlarvten», tauchten Mitte der dreißiger Jahre auf.

Der Diplomat und Schriftsteller Alexander Arossew, der vor seiner Verhaftung die Allunionsgesellschaft für kulturelle Verbindungen mit dem Ausland (WOKS) geleitet hatte, setzte seine Unterschrift beispielsweise unter folgenden Text: «Maiski wurde von Sinowjew für eine konterrevolutionäre, trotzkistische Terrorgruppe angeworben, was mir Maiski selbst erzählte.» Das Mitglied des Politbüros Wlas Tschubar, ein Mann, der zur nächsten Umgebung Stalins zählte, sagte unter Folter aus: «Maiski gehörte zu unserer Verschwörergruppe, die die Ermordung Stalins und seiner Mitstreiter vorbereitete.» (Tschubar war selbst einer dieser Mitstreiter. Also hatte er wohl vor, sich selbst umzubringen.) Ähnliche Aussagen erpreßte man auch von unzähligen «kleinen» Häftlingen... Im Verhörprotokoll des ehemaligen zweiten Sekretärs der sowjetischen Botschaft in London, Chrshanowski-Lidin, heißt es, der Volkskommissar für Außenhandel, Rosenholz, der beim dritten Großen Moskauer Prozeß zusammen mit Bucharin verurteilt und erschossen wurde, habe erzählt, «daß Maiski bereits seit vorrevolutionären Zeiten Spionagetätigkeit in England betreibe». Kurz: Maiskis Name findet sich in einem eindeutigen Kontext in fast allen Gerichtsakten über erstrangige Diplomaten, die in der Jeshow-Zeit umgebracht wurden.

Am 3. Mai 1939 wurde Litwinow vom Posten des Volkskommissars für Auswärtige Angelegenheiten abgelöst. Ende April, als diese Absetzung – und wohl auch die darauffolgende Verhaftung – bereits vorentschieden war, wurde Maiski «zur Konsultation» von London nach Moskau zitiert. Aber der ursprüngliche Plan wurde abgeändert, da man nach dem fast geplatzten Bucharin-Prozeß von der Organisierung öffentlicher Prozesse Abstand nehmen wollte. Stalin war jedoch weitsichtig genug, Litwinow und Maiski für die bald darauf einsetzende Wende in der sowjetischen Außenpolitik «aufzuheben», denn diese leidenschaftlichen Antifaschisten mit ihrer makellosen internationalen Reputation konnten für ihn noch von Nutzen sein.

Die Wende setzte 1943 ein, als sich der Sieg der Alliierten abzeichnete und Stalin zu der Meinung gelangte, daß seine «Günstlinge» in den Schlüsselpositionen in Washington und London ihre Rolle nun ausgespielt hätten. Zu diesem Zeitpunkt hatten sich in den Geheimakten zahlreiche Denunziationen über Maiski angesammelt, von denen dann aber nur ein geringer Teil einige Jahre später in den Gerichtsakten auftauchte. Diese Dokumente spiegeln die üble Atmosphäre in den «sowjetischen Kolonien» im Ausland wider, wo alle alle beobachteten und jeder jeden denunzierte. Nebenbei bemerkt hat sich diese Atmosphäre bis zum heutigen Tag im Grunde wenig verändert.

So lesen wir in einer «dienstlichen Information», die Alexander Bogomolow[4], Botschafter bei den verbündeten (Emigranten-)Regierungen in London, an Molotow schickte (d. h. ein Botschafter denunzierte einen anderen): «Maiskis Frau ist nicht einfach eine Ehefrau, sondern der eigentliche Leiter der Botschaft... Sie sagte mir selbst, daß Maiski die wichtigsten Anordnungen von ihr erhalte, und sie wiederum bekäme welche von den Ehefrauen Churchills, Edens und anderen. Die Situation der Botschaft unter Maiski ähnelt nicht einer normalen sowjetischen Einrichtung. Die Gewerkschaftsorganisation funktioniert nicht, erzieherische Arbeit wird nicht geleistet... In Maiskis Botschaft werden die englischen Weekend-Sitten, d. h. die Wochenenderholung, streng eingehalten. Von Sonnabend ein Uhr mittags bis Montag ruht die Arbeit. Es ging so weit, daß das hiesige Osterfest gefeiert wurde und die ganze Botschaft nicht arbeitete» (Archiv des Obersten Gerichts der UdSSR, Akte Maiski, Band 9, S. 198–199).

Eine gewisse Anna Goldfarb, die in den zwanziger Jahren zwei Jahre mit Maiski zusammengearbeitet hatte, erachtete es für notwendig, «die Aufmerksamkeit der entsprechenden Instanzen auf diesen zweifellos alarmierenden Fakt zu lenken: Maiski verehrt die englische Kultur... Er sagte mir oft, daß wir von der englischen Kultur lernen müssen» (Akte Maiski, Band 8, S. 165–166). Später unterstreicht ein Richter, der dieses «Verbrechen» Maiskis entlarvt, daß die Gewissenhaftigkeit der Denunziantin außer Zweifel stehe, denn der Botschafter habe in «engen guten Beziehungen» zu ihr gestanden. Und Maiski selbst bestätigte das.

Aber es gab auch schwererwiegende Denunziationen. Sie setzten nach dem tragischen Untergang des berühmten Geleitzugs PQ 17 ein, der für die Sowjetunion bestimmtes Kriegsgerät auf dem Seeweg von Island in die russischen Eismeerhäfen Murmansk und Archangelsk transportieren sollte. In der Barentsee wurde der Geleitzug von den Deutschen angegriffen. Die Engländer zogen daraufhin das Kreuzergeschwader, das als Geleitschutz diente, ab und überließen die Handelsschiffe ihrem Schicksal: 24 von 36 Schiffen wurden versenkt. Am 28. Juli 1942, genau vier Wochen nach dem Auslaufen des Geleitzugs PQ 17, setzten sich in London hochangesehene britische und sowjetische Fachleute zusammen, um die Tragödie im Polarmeer zu analysieren. Die Engländer vertraten die Auffassung, daß der nächste Geleitzug erst auslaufen könne, wenn seine Sicherheit garantiert sei. Die deutschen U-Boote, so räumten die Engländer ein, beherrschten das Nordmeer, und die Entsendung neuer Geleitzüge in die russischen Eismeerhäfen zu diesem Zeitpunkt käme einem Selbstmord gleich. Die sowjetischen Vertreter warfen den Engländern vor, von «den Deutschen verschreckt zu sein» und «die Gefahr zu übertreiben». Sie vertraten die Ansicht, alle britischen Argumente seien nichts weiter als ein Vorwand, um die alliierten Hilfsverpflichtungen nicht erfüllen zu müssen. Besonders scharf äußerte sich der Chef der sowjetischen Militärmission Nikolai Charlamow; Admiral Pound, der Erste Seelord, meinte daraufhin, er werde den König bitten, Charlamow zum Kommandeur der Flotte Seiner Majestät zu ernennen. Die Sitzung verlief in einer angespannten Atmosphäre und brachte keinerlei Resultate. Am selben Abend meldete Charlamow nach Moskau: Maiski «verhielt sich passiv», «leistete keinen Widerstand... unterstützte faktisch die Engländer» (Band 8, S. 183–184).

Die Denunziationen über Maiski im Zusammenhang mit dem Kampf für die Eröffnung der zweiten Front füllen fast einen ganzen Band. Agenten und Residenten, die um den Botschafter herumwimmelten, verleumdeten ihn und warfen ihm immer wieder vor, er verhalte sich passiv. Als besonders kriminell wurde eine Empfehlung dargestellt, die er den englischen Kommunisten gegeben hatte: Sie sollten den Ton ihrer Appelle für eine möglichst schnelle Landung auf dem Kontinent mäßigen. Die Diskussion um die zweite Front war eine komplizierte politische Materie, bei der nicht zuletzt auch innenpolitische Interessen auf dem Spiel standen. Der sowjetische Botschafter mußte diesen Punkt berücksichtigen, wenn er mehr am Resultat als am Wohlwollen der Lubjanka interessiert war.

Ein Botschafter muß zumindest in allgemeinen Zügen wissen, wer in seinem Apparat welche Rolle spielt. Maiski täuschte sich in der wahren Mission seiner Botschaftsräte und Attachés nicht. Und natürlich ahnte er auch, was sie ihm in die Schuhe schieben wollten. Seine Unbeirrbarkeit, die Sache über alles zu stellen, und seine hartnäckige Weigerung, die für die stalinschen Diplomaten zur Norm gewordenen Spielregeln zu akzeptieren, verdienen Achtung, ja Bewunderung. Ganz andere Gefühle riefen sie bei den Leuten hervor, von denen sein Schicksal abhing. Der ehemalige sowjetische Botschafter in Berlin, seit Anfang 1942 die rechte Hand Berijas und stellvertretender Volkskommissar für Auswärtige Angelegenheiten, Wladimir Dekanosow, sagte im Herbst 1953, als er in Untersuchungshaft saß: «Ich habe dem Volkskommissar für Auswärtige Angelegenheiten [Molotow] persönlich von meiner Vermutung erzählt, daß Maiski ein bezahlter englischer Agent ist, aber ich hatte keine direkten Beweise.»

«Direkte Beweise» fehlten nicht nur Dekanosow. Aber wen interessierten damals Beweise? Stalin hatte nur noch nicht die Entscheidung getroffen, sich Maiski vom Halse zu schaffen, sonst hätten sich auch «Beweise» gefunden. 1943 hielt Stalin es für ausreichend, den berühmten Mann durch den blassen und subalternen Gussew zu ersetzen. Später wurde Maiski dann vorgeworfen, daß die englischen Staatsmänner den neuen Botschafter nicht mit der gleichen Herzlichkeit behandelten, die ihm entgegengebracht worden war.

Maiski verlor zwar seinen Botschaftsposten, blieb aber stellvertretender Volkskommissar (Minister), wurde Akademiemitglied, veröffentlichte Bücher und publizierte Artikel. Aber kaum daß die nächste Woge neuer Massenrepressionen einsetzte – ein mir bekannter Jurist sagte, wenn diese Woge voll ins Rollen gekommen wäre, hätte es «ein Jahr 1937 im Quadrat» gegeben –, schaltete sich im Fall der ehemaligen Botschafter der Auslösungsmechanismus wie von selber ein. Anastas Mikojan, Mitglied des Politbüros – so berichtet zumindest Stalins Übersetzer, Valentin Bereshkow –, habe in einer vertraulichen Unterhaltung «unter dem Siegel der Verschwiegenheit» mitgeteilt, daß Litwinow Ende 1951 auf Befehl Stalins bei einem inszenierten Autounfall ums Leben gebracht worden sei. Nikita Chruschtschow und Lawrenti Berija drückten sich vorsichtiger aus: Man habe nur vorgehabt, Litwinow zu ermorden. Dieses dunkle und mysteriöse Kapitel der jüngsten Vergangenheit wurde von Historikern bislang noch nicht untersucht. Während der vier Jahre davor inszenierte «Autounfall», bei dem der Schauspieler Solomon Michoels umkam, weithin bekannt ist (vgl. S. 202), wurde über den geheimnisvollen Tod des in Ungnade gefallenen und berühmtesten Diplomaten der Stalin-Ära praktisch noch nichts veröffentlicht. Stalin verwischte geschickt die Spuren.

Maiski, der unter den Diplomaten nach Litwinow die Nummer zwei war, wurde nicht «beseitigt», er wurde abgeholt. Das geschah am 19. Februar 1953. Der Verhaftete stand bereits im 70. Lebensjahr. Er wurde festgenommen, weil man mit einer öffentlichen Gerichtsverhandlung rechnete. Kaum einer von denen, mit denen er vierzehn Jahre zuvor die Anklagebank hätte teilen sollen, war noch am Leben. Jetzt sollte er die ganze Wucht der Anklage allein aushalten. Wirklich nur er allein?

Es war wohl eher daran gedacht, den Kreis der Verschwörer so groß wie möglich zu gestalten. Maiski war für das geplante blutige Spektakel zwar wichtig, aber nicht als Hauptperson vorgesehen. Es war Molotow, der in Ungnade gefallen war und auf den die Hauptpfeile zielten. Nach Aussagen Alexander Nekritschs – er war vor seiner Emigration in die USA ein Schüler Maiskis, zu dem er engen Kontakt unterhielt – wurde Maiski bei der Untersuchung auch über Molotow befragt. Auch wenn sich in den Protokollen keine Fragen und Aussagen zu Molotow finden, so steht doch außer Zweifel, daß man Molotow und Maiski auf irgendeine Weise miteinander «verbinden» wollte. Stalins Tod machte diese Pläne zunichte.

Der kalte Krieg forderte seinen Tribut. Stalin konnte es offensichtlich nicht erwarten, eine öffentliche Beschimpfung führender westlicher Staatsmänner zu inszenieren, wobei er es vor allem auf Churchill abgesehen hatte. Dabei kam ihm Maiski wie gerufen. Dieser sträubte sich nicht unnötig und «gestand». Die erste Drohung des Untersuchungsrichters Oberst Rubljow – «Ich hoffe, Sie werden sich nicht widersetzen, denn Sie wissen, was Sie im gegenteiligen Falle erwartet» – veranlaßte ihn sofort auszusagen. Er zog ein schnelles Ende einem langwierigen, unausweichlichen Martyrium vor.

Maiski gestand alles, was die Befehlsempfänger von ihm wissen wollten. Die «Aussagen» des Verhafteten am 19., 20., 21. und 22. Februar 1953 decken daher weitgehend die Pläne des unsichtbaren Dirigenten auf. Sie belegen aber auch die Phantasielosigkeit der Mörder, die ganze Dürftigkeit dieser letzten Stalinschen Provokation. Trotzki war nicht mehr am Leben, also mußte jemand anderes von entsprechender Popularität gefunden werden, der zum Urheber allen Übels erklärt werden konnte.

Maiski gab dieser Absicht gemäß zu: «Ich gestehe vollständig, des Verrats schuldig zu sein, der darin zum Ausdruck kommt, daß ich Verbindungen zu Churchill und Eden hatte, die zweifellos Leiter der englischen Geheimdienste sind... Diese Verbindung wurde immer enger... Churchill brachte mich mit dem ständigen Stellvertreter des britischen Außenministers Sir Robert Vansittart, zusammen, über den meine Spionageinformation lief... An der Spitze der Spionageoperation... stand Churchill» (Band 3, S. 6). Churchill und Eden höchstpersönlich als Anwerber von Spionen darzustellen, einen größeren Unsinn konnte man sich wohl kaum ausdenken. Hätte man diese Beschuldigung öffentlich gemacht, wäre die ganze Welt darüber in Lachen ausgebrochen. Aber vielleicht auch nicht: schließlich hatte auch niemand gelacht, als Trotzki als primitiver Bandit angeprangert wurde.

Der Kreis von Maiskis «Spionagekontakten» wurde ständig größer. Auch bei den Untersuchungsrichtern der Lubjanka kam offensichtlich der Appetit beim Essen. Randolph Churchill, der Sohn des Premiers, Journalist und während des Krieges Offizier, wurde zu Maiskis «Verbindungsmann» erklärt. Am Rande ist zu vermerken, daß es in diesem Punkt vor Gericht zu einem Zwischenfall kam. Gegen die ihm angedichtete Freundschaft zu Randolph Churchill erhob Maiski Einspruch: «Von was für einer Freundschaft sollte hier die Rede sein? Schließlich war er ein blutjunger Mann, der mein Sohn hätte sein können.» Schnell schnitt der Militärrichter dem Angeklagten das Wort ab: «Genau, zwischen Ihnen konnte gar keine Freundschaft bestehen! Sie haben Freundschaft imitiert und dem wichtigen englischen Aufklärer Randolph Churchill unter diesem Deckmantel Spionageinformationen übermittelt.» Maiski versuchte zu widersprechen: «Ich habe Randolph aus Achtung vor seinem Vater empfangen, als Botschafter...», aber die Richter unterbrachen ihn wieder und ließen ihn seinen Satz nicht beenden.

Maiski wurde des weiteren beschuldigt, einen sowjetischen Orden für Clementine Churchill, die Frau des Premiers, «beschafft» und ihr während ihres Besuchs in Moskau im Frühjahr 1945 «Zeichen der Aufmerksamkeit erwiesen zu haben». Dabei habe er «den Gast als Kanal für Spionageverbindungen ausgenutzt». Die Lubjanka und ihre ehrenwerten Adepten sahen wirklich überall nur «Spionageverbindungen». Vergeblich erinnerte Maiski daran, daß Clementine

Churchill die Gattin des Premierministers eines verbündeten Staates war und Moskau am Vorabend des nahe bevorstehenden Sieges besucht habe, daß Stalin selbst ihr den Rotbannerorden als Anerkennung ihrer Tätigkeit im Roten Kreuz und bei der Geldsammlung für den Hilfsfonds der sowjetischen Armee überreichte und daß auf Befehl Stalins ein spezielles Komitee für die Organisation ihres Empfangs gebildet worden war. «Und Sie sind sehr geschickt sein Vorsitzender geworden», steht im Protokoll. «Aber ich habe mich schließlich nicht selbst ernannt», parierte Maiski. «Sie haben es geschafft, das durchzusetzen, um sich so zu bestimmten Zwecken häufiger mit ihr treffen zu können», mit diesem Diktum endet der entsprechende Abschnitt im Protokoll.

Der «Bergbewohner im Kreml» (wie Ossip Mandelstam Stalin einmal nannte) sah überall Spione. Mit Vorliebe dort, wo sie ihm politisch ins Konzept paßten. Am 21. Februar 1953 wurde Maiski gezwungen, folgenden Text zu unterschreiben: «Agentin des englischen Geheimdienstes war die Kollontai[5]... Als ich aus London abberufen wurde, schlug mir Churchill vor, die Informationen, zu denen ich als stellvertretender Volkskommissar für Auswärtige Angelegenheiten Zugang hätte, über die Kollontai nach London zu schicken.» Frau Kollontai, bis 1945 Botschafterin in Stockholm, war, als Maiski seine «Aussagen» machte, schon nicht mehr am Leben. Was die Herren der Lubjanka damit bezweckten, eine Tote zu belasten, ist nicht ganz deutlich.

Schließlich verlangte man von Maiski, zuzugeben, daß er eine «Verrätergruppe» innerhalb der sowjetischen Botschaft in London geleitet habe, zu der unter anderem Semjon Rostowski gehörte, eher bekannt als Auslandsberichterstatter Ernst Henri[6]. Zwei Wochen nach Maiskis Verhaftung, am Todestag des Diktators, holte der «schwarze Rabe» (so wurden die Wagen der Staatssicherheit im Volksmund genannt) auch ihn.

Der Tod Stalins wurde Maiski nicht mitgeteilt, aber der Ton der Verhöre änderte sich, und das mußte ihm auffallen. Seine am 31. März 1953 an das ZK adressierte Erklärung zeugt von aufkeimender Hoffnung: «In mir ist ein heißer Wunsch wachgeworden, wenigstens in geringem Maße die von mir begangenen Untaten wiedergutzumachen..., wenn es das Gericht für möglich erachten würde, mir das Leben zu lassen» (Band 3, S. 16–18).

Ganze anderthalb Monate erfolgte keine Antwort. Schließlich, am Abend des 14. Mai 1953, wurde Maiski in Berijas Arbeitszimmer gebracht: «Was spinnen Sie da gegen sich selbst zusammen?» fragte der Mann mit dem Kneifer in grobschlächtiger Herzlichkeit. «Was sind Sie, verdammt noch mal, für ein Spion? Wozu haben Sie das alles nötig?» Maiski wußte, man brauchte dieser «Herzlichkeit» nur zu erliegen, und schon würde die Prügelei wieder losgehen, um so mehr als neben dem Minister die Henkersknechte standen – sein Stellvertreter Bogdan Kobulow, die Generäle Pjotr Fedotow und Lew Nowobratski sowie Oberst Boris Pyrenkow. Ihre goldenen Schulterstücke hinderten sie nicht daran, im Notfall als gewöhnliche Folterknechte tätig zu werden. Aber diesmal hatte Maiski sich geirrt. Berija hatte weiterreichende Pläne. Es gibt eine Version, derzufolge er Maiski als Außenminister in seinem eigenen Kabinett vorgesehen hatte. Zunächst aber schlug er Maiski vor, in irgendein «Spiel mit Engländern» einzusteigen, und versprach ihm eine Begegnung mit seinen «Londoner Verbindungsleuten». Wo? Im Gefängnis der Lubjanka.

«Wir können Sie rehabilitieren», sagte Berija zu Maiski, «das ruft bei niemandem Verdacht hervor. Wir rehabilitieren jetzt viele. Wir suchen für Sie eine geeignete Organisation, Sie fangen mit der Arbeit an, wir helfen Ihnen, sich zu entfalten, schaffen Bedingungen für Kontakte zu Ausländern ... Sie werden für uns arbeiten zum beiderseitigen Nutzen» (Band 7, S. 41). Offenbar war der alte Mann nicht gerade begeistert, aber er griff nach diesem Strohhalm. Er sagte, daß er bereit sei, der «teuren» Partei und der «teuren» Regierung in Person des «teuren» Genossen Berija zu dienen.

Am nächsten Tag widerrief Maiski schriftlich viele seiner früheren Geständnisse, aber für alle Fälle (der Diplomat!) nicht vollständig, sondern teilweise: «Ich hatte *zu freundschaftliche* (Hervorhebung von mir – A. W.) Beziehungen zu Leuten wie Churchill, Eden, Beaverbrook, Lloyd George und anderen ... Objektiv, ohne meinen Willen, habe ich dadurch der UdSSR Schaden zugefügt» (Band 2, S. 201).[7] Am 18. Mai schrieb er für Berija auf dessen Anforderung ein vertrauliches Memorandum: «Einige Überlegungen zur Organisation des politischen Geheimdienstes in England». Dieses Gutachten geriet später, nach der Hinrichtung des Empfängers, in den 12. Band der umfänglichen Gerichtsdossiers zum Fall Maiski.

Dieses vertrauliche Schreiben war wohl der unverzeihlichste Fehler des erfahrenen Diplomaten. Es kostete ihn weitere zwei Jahre Einsamkeit. Aber wie sollte er auch ahnen, daß Berija wenige Wochen später endgültig aufflog? Jetzt wurde ihm die «Absprache» mit Berija zwar nicht direkt als Schuld angerechnet, aber sie stand seiner Freilassung im Wege. Chruschtschow wollte wissen, welche Rolle Maiski für den Fall zugedacht worden war, daß Berija im Machtkampf nach Stalins Tod den Sieg errungen hätte, und warum Berija gerade auf Maiski gesetzt hatte. Der Grund, der zur Verhaftung des alten Diplomaten geführt hatte, war längst weggefallen. Dafür gab es einen neuen, der ihn weiter zu Lubjanka-Rationen verdammte.

Alle Schreiben an Chruschtschow, Malenkow, Woroschilow und Rudenko[8] blieben unbeantwortet. Schließlich wurde Maiski im Mai 1955 wegen Vaterlandsverrat vor das Militärkollegium des Obersten Gerichts der UdSSR gestellt (Richter waren Borisoglebski, Daschin und Kowalenko). Der Prozeß fand hinter verschlossenen Türen und ohne Beteiligung eines Anklagevertreters und eines Verteidigers statt, obwohl das berüchtigte Stalinsche Gesetz, das derartige Verfahren zuließ, bereits abgeschafft worden war. Der mehrtägige Prozeß erinnerte eher an die Sitzung eines wissenschaftlichen Rates, auf der brennende Probleme der neuesten Geschichte diskutiert werden, als an eine Gerichtsverhandlung. Der Unterschied bestand darin, daß das Ergebnis der Diskussion nicht die Verleihung einer Doktorwürde, sondern ein Todesurteil sein konnte.

Mit ausgesprochener Würde und wiedergewonnenem Mut stand der 72jährige Angeklagte den Prozeß durch. Er stritt nicht nur den ganzen Unsinn der Anklage ab, sondern verlangte außerdem, daß man ihm jede Protokollseite sofort zur Korrektur und zum Abzeichnen vorlege. Zu den Richtern, die wegen dieser «unerhörten Dreistigkeit» empört waren, sagte Maiski: «Jedes Wort, das in diesem Saal gesprochen wird, gehört der Geschichte.» Und tatsächlich war dieser beispiellose Gerichtsprozeß im Grunde ein Disput über die sowjetisch-britischen Beziehungen vor und während des Krieges und ist schon deshalb von größtem Interesse. (Ich bin sicher, daß in nächster Zukunft alle Akten dieses Prozesses veröffentlicht werden. Versehen mit den notwendigen Kommentaren, werden sie eine spannende Lektüre abgeben.)

Einige Tage lang befaßte sich das Gericht mit Maiskis Biographie. Weil er als Menschewik von der zaristischen Regierung verfolgt wurde, emigrierte er nach Deutschland, wo er sich den deutschen Sozialdemokraten anschloß. Er studierte an der Universität München, machte dort 1912 sein Examen und zog danach weiter nach London. Die Richter interessierten sich dafür, weshalb er England Deutschland vorgezogen habe und ob das nicht das «Ergebnis von Spionageaufgaben war, die er bekommen hatte». – «Von wem?» fragte Maiski seinerseits. «Man wirft mir doch Spionage für England vor, aber spionieren kann man wohl besser auf fremdem Territorium.» Oberst Daschin blieb unerschütterlich: «Vielleicht waren Sie ein Doppelagent und haben auch für Deutschland spioniert? Sie haben die Möglichkeit, ein offenes Geständnis abzulegen.» – «Ach, nein», antwortete Maiski kühl. «Lassen Sie mich lieber nur englischer Spion sein.»

Das war die bittere Ironie eines dem Untergang geweihten Mannes, der noch auf den Stufen zum Schafott Geistesgegenwart bewies. Die Richter hingegen hatten nicht einmal ein Fünkchen schwarzen Humors. Sie nahmen Maiskis Bemerkung ernst und wollten ihn zwingen, die Aussagen zu bestätigen, die ihm der Untersuchungsrichter im Februar 1953 mit brutaler Gewalt abgepreßt hatte: «Also, Sie bestätigen, daß Sie MacDonald über die Baltische Werft informiert haben, Churchill über die Erfüllung des ersten Fünfjahrplans und Eden über den Stand der Elektrifizierung in der UdSSR?» Darauf Maiski: «Sammeln denn Leute wie Churchill und Eden derartige Informationen? Ich habe bei der Untersuchung absichtlich offenkundigen Unsinn gesagt, um später meine erzwungene Selbstverleumdung leichter bloßstellen zu können.»

Im Verlauf der Verhandlung wurde der Vorwurf der Spionage unmerklich durch den Vorwurf der «Anglophilie» ersetzt. Ein Richter (Oberst Kowalenko) fragte den Angeklagten ohne den geringsten Anflug von Ironie: «Wie soll man Ihren Hang zur englischen Küche auf Kosten der russischen verstehen?» Ein anderer Richter, Daschin, fragte Maiski ebenfalls in vollem Ernst, weshalb der Botschafter englische Romane auf englisch gelesen habe statt in der russischen Übersetzung. «Ist denn Anglophilie ein Verbrechen?» fragte Maiski. «Mir imponiert die enorme englische Kultur, warum soll das Patriotismus ausschließen? Ich liebe die englischen Parks, die Seen, den englischen Rationalismus, mir gefallen die Lakonie und die Selbstbeherrschung der Engländer, ihre Verbundenheit mit alten

Traditionen, mir gefällt überhaupt vieles in England. Welcher Paragraph des Strafgesetzbuches verbietet mir das?»

Maiski entwickelte das Thema weiter, wobei er sich in einigen Punkten nicht gerade schmeichelhaft über die Engländer äußerte. Ihr Hang zu Kompromissen mißfalle ihm ebenso wie die Arbeiterviertel – ein Klischee der sowjetischen Propaganda, das den Richtern vertraut war. Im übrigen seien die englischen Politiker ziemlich geschwätzig. Aber die Richter interessierten sich für ganz andere Dinge. Sie wollten von Maiski wissen, weshalb er sich mit englischen Politikern nicht nur in Dienstzimmern getroffen habe, sondern auch privat, in ihren Sommerhäusern und Restaurants. «Authentische geheimdienstliche Informationen besagen, daß Sie zum Beispiel Eden auch dann noch besuchten, als er gar nicht mehr Außenminister war.»

«Erstens», erklärte Maiski geduldig den Richtern, «braucht man dafür keine geheimdienstlichen Informationen. Wie es sich gehört, habe ich unseren Minister über jede Begegnung, ganz gleich, wo sie stattfand, informiert. Zweitens unterscheiden sich England und andere bürgerliche Länder von unserem. Dort kann ein Mann seinen Ministerposten verlassen und sich auf seinem Gut mit Blumenzucht befassen, einen Monat später jedoch wieder Minister und sogar mehr werden. Wie steht ein Botschafter da, der einen Tag nach dem Rücktritt einer Amtsperson langjährige und stabile Verbindungen abbricht? Kann er sie danach wieder aufnehmen?»

Bei allem Aberwitz wird dennoch sichtbar, daß sich Maiskis Prozeß erheblich von den Gerichtsverhandlungen unterschied, die noch kurze Zeit vorher üblich waren. Vor Stalins Tod wäre an einen derartigen Dialog nicht zu denken gewesen. Aber die «Zeugen» waren durchaus noch in den alten Vorstellungen befangen. Da sie durch die Bank Leute der Lubjanka waren, verhielten sie sich entsprechend. Konstantin Kukin, der kurz vorher noch als Resident des KGB in London tätig war, machte beispielsweise folgende Aussage: «Maiski wurde nicht umsonst als Ehrenmitglied in den Aristokratenclub ‹Athenaeum› aufgenommen, der im Grunde ein Spionagenest ist... Da Außenstehenden der Eintritt dort verwehrt ist, war das ein sehr bequemer Platz für vertrauliche Gespräche mit Churchill und für die Übergabe von Spionageinformationen.»[9]

Zur Erheiterung des Lesers zitiere ich im folgenden einen etwas längeren Abschnitt aus der Protokollmitschrift der Gerichtsverhandlung. Vielleicht wird der eine oder andere Leser den Eindruck gewinnen, es handle sich um eine Schmierenkomödie, es war jedoch pure Realität.

«*Richter Borisoglebski:* Als Sie aus England abreisten, schenkte Ihnen der König sein Foto mit einer Widmung. Halten Sie das für normal?

Maiski: Ja, es gibt einen Brauch: Wenn ein Botschafter sich in England fünf Jahre ohne Unterbrechung aufhält und in dieser Zeit die freundschaftlichen Beziehungen zwischen England und seinem Land erhalten bleiben, schenkt der König dem Botschafter bei der Abreise ein Foto.

Richter: Und Sie haben sich erniedrigt und sind wegen des Fotos in den königlichen Palast gefahren?

Maiski: Nein, ein Kurier brachte es.

Richter:: Und Sie haben es angenommen?

Maiski: Meinen Sie, ich hätte mich anders verhalten können?

Richter: Und waren noch viele Leute darauf aus, Ihnen ihr Foto zu schenken?

Maiski: Viele. Churchill und Eden zum Beispiel. Churchill hat mir das seine bei der Konferenz von Jalta im Februar 1945 geschenkt. Ich gehörte zur sowjetischen Delegation.

Richter: Man hat Sie einfach mit Fotos überhäuft.

Maiski: Das ist so Brauch. In England ist Fotografieren sehr verbreitet. Außerdem ist das ein Geschäft für Fotoreporter. Sie verschikken Abzüge, und wenn die Aufnahme Gefallen findet, kauft das Objekt viele Abzüge, um sie später zu verschenken.

Richter: Und Botschafter in Theatern mit Scheinwerfern anzustrahlen, ist das auch Brauch?

Maiski: Sie haben offenbar eine Geschichte aus dem Jahre 1943 vor Augen. Auf der Welle der besonderen Popularität der Sowjetunion, nach Stalingrad, inszenierte ein Londoner Theater Konstantin Simonows Stück «Russische Menschen». Bei der Premiere waren das gesamte diplomatische Korps und viele Regierungsmitglieder anwesend. Der Direktor gab bekannt, daß der sowjetische Botschafter anwesend sei, und ich wurde mit einem Scheinwerfer angestrahlt. Der ganze Saal erhob sich und begrüßte mit Applaus natürlich nicht mich, sondern mein Land. Ich sehe in diesem Umstand nichts anderes als Achtung gegenüber der Sowjetunion, ihrer Armee und ihrem Volk.

Richter: Sie können das sehen, wie es Ihnen beliebt, aber was das Gericht sieht, wird es im Urteil darlegen.»

Der wirkliche Ankläger, der beim Prozeß den abwesenden Staatsanwalt vertrat, war Professor Grigori Deborin, der Sohn des in der Presse vielfach beschimpften «menschewistischen Idealisten» Abram Deborin. Dieser Oberst a.D. der Staatssicherheit, der nach dem Krieg mit Sonderauftrag die Londoner Botschaftstelegramme von 1938 und 1939 analysiert hatte, kam zu der Schlußfolgerung, daß «Maiski im Sinne der imperialistischen Interessen Englands gehandelt hat» (Band 8, S. 107; Band 9, S. 106). Diese Verleumdung Maiskis durch Deborin stammte aus dem Jahre 1948, und jetzt, fast fünf Jahre später, setzte er noch einen drauf. Vor Gericht erklärte Deborin ohne Umschweife, daß «die Nähe zu Churchill, dessen Verbindung zum Intelligence Service allgemein bekannt ist, eines Sowjetbürgers unwürdig» sei. Er ergänzte seine Verleumdung mit der Mitteilung über «antisowjetische Gespräche», die Maiski mit ihm selbst geführt habe. Der Kommentar des Angeklagten war kurz: «Selbst wenn ich so denken würde, hätte ich diesem Mann wohl kaum meine Gedanken anvertraut.»

Sein Schlußwort sprach Maiski in Versen. Aus Furcht, der Protokollant könnte die Verse paraphrasieren, forderte er, das Autograph in die Akte aufzunehmen. Ich zitiere einige Zeilen:

Unterm Steingewölbe auf eiserner Pritsche
Da lieg ich einsam, vergessen, allein...
Bin eingekerkert... Von wem?... Nicht von Feinden!
Es sperrten die eigenen Freunde mich ein!
O Bürger Richter! Seht doch her klaren Blickes,
Die ganze Wahrheit, wie die Pflicht Euch gebot:
Denn vor Euch steht heute kein Feind, kein Verbrecher.
Nein, ein wahrer sowjetischer Patriot!

Die Situation für die «Bürger» Richter war nicht einfach. Alle begriffen, daß die Liebe des betagten Akademiemitglieds zur englischen Küche nichts mit Spionage zu tun hatte. Aber auf die Erlaubnis, den

Unschuldigen freizusprechen, warteten sie vergebens. Zwei Jahre später erläuterten der Vorsitzende des Obersten Gerichts der UdSSR Gorkin und der Militärrichter Borisoglebski in einem an das ZK der KPdSU gerichteten «erklärenden Schreiben» (das Dokument liegt ebenfalls der Akte bei): «Während eines Meinungsaustauschs im Präsidium des ZK der KPdSU wurde festgestellt, daß Maiskis Freilassung und sein Aufenthalt in Moskau unerwünscht seien.» Die Tatsache, daß während einer Haussuchung bei Maiski eine von ihm nicht ordnungsgemäß abgelieferte Filmkopie des «Weißbuchs» des Foreign Office über die Verhandlungen Englands, Frankreichs und der UdSSR im Jahr 1939 konfisziert worden war (den Film hatten englische Kommunisten für Maiski gestohlen), wurde dazu benutzt, gerichtlich festzustellen, der Angeklagte habe seine Dienststellung mißbraucht. Allein deswegen wurde er zu sechs Jahren Verbannung und Aberkennung der Bürgerrechte verurteilt. Die Urteilsverkündung erfolgte am 14. Juni 1955. Acht Tage später, am Morgen des 22. Juni, wurde Iwan Maiski begnadigt und am Abend desselben Tages um 17.45 Uhr freigelassen. Weitere fünf Jahre später, am 2. November 1960, erfolgte der formelle Akt seiner Rehabilitierung.

Iwan Michailowitsch Maiski war ein langes und nach sowjetischen Maßstäben im allgemeinen glückliches Leben beschieden. Er starb im 92. Lebensjahr. Er hat nicht wenige Bücher und Artikel geschrieben, darunter auch umfangreiche Memoiren. An die zweieinhalb Jahre, die er in Erwartung der tödlichen Kugel in den Kellern der Lubjanka zugebracht hatte, mochte er sich freilich nicht gern erinnern. Bis zur letzten Minute blieb der Diplomat Diplomat.

III

Eine Bombe, die nicht explodierte

Der Fall Marschall Shukow

Die Entscheidung, welchem der Armeekommandeure, die mit ihren Truppen kämpfend bis an Oder und Elbe gekommen waren, die Ehre zuteil werden sollte, im Namen der Sowjetunion die Urkunde über die Kapitulation Deutschlands zu unterzeichnen, lag selbstverständlich beim Oberkommandierenden. Stalin hatte die Wahl. Er konnte sich für Marschall Iwan Konew, für Marschall Konstantin Rokossowski oder für Marschall Alexander Wassilewski entscheiden. Er konnte aber auch – damit keiner der konkurrierenden Sieger gekränkt war – einen «neutralen» Marschall aus Moskau schicken. Was Recht ist, muß Recht bleiben – er gab demjenigen die Ehre, der sie am meisten verdient hatte.

Als Marschall Shukow am Siegertisch in Karlshorst Platz nahm, löste das bei niemandem Verwunderung oder Fragen aus. Shukow kam nach Berlin, nachdem er den gesamten Weg dorthin von Moskau und Stalingrad aus zurückgelegt hatte, und es war ganz natürlich, daß er den Sieg feierte. Anders konnte es gar nicht sein.

Natürlich hätte es anders sein können. Inzwischen ist bekannt, daß Stalin den Wert dieses großen Armeeführers zwar zu schätzen wußte, aber ihn gerade deshalb auch haßte und fürchtete. Völlig unbekannt dagegen ist, daß zehn Jahre lang «belastende» Materialien gegen Shukow gesammelt worden waren. Die Lubjanka sammelte fleißig unter Jagoda, unter Jeshow und schließlich auch unter Berija. Und Shukow selbst wußte davon, wenn er auch nicht alle Einzelheiten und natürlich auch nicht den ganzen Umfang der Anschuldigungen kannte. Davon zeugen seine Erinnerungen, deren Manuskript mit schamlosem Zynismus verändert wurde. Für die Leser, die zwischen den Zeilen lesen und der Intonation des Autors folgen können, enthalten diese Erinnerungen manche Einsichten, über die Shukow verfügte.

Es dürfte Shukow vor dem Krieg kaum verwundert haben, daß die Lubjanka ihn ständig im Visier hatte. Hochrangige Militärs waren umgebracht worden, Hunderte von hohen Offizieren saßen hinter Gittern, weshalb war er verschont geblieben? Nun aber, wo er diesem grauenvollen, alles erfassenden «Fleischwolf» unbeschadet entgangen war, als Sieger den blutigsten aller Kriege überstanden hatte, sich selbst als Retter seines Vaterlandes begriff und schließlich auch offizielle Anerkennung durch Stalin erfuhr – drei Goldene Sterne des «Helden der Sowjetunion»[1] –, durfte er wohl annehmen, daß das Gewitter endgültig an ihm vorbeigezogen sei. Aber Stalin war jedes Gefühl der Dankbarkeit fremd. Im Gegenteil, je größer und bedeutender die Verdienste eines Mannes waren, und erst recht eines Militärs, desto größer war die Gefahr, die über diesem Mann schwebte.

Bereits im Frühjahr 1942, unmittelbar nach dem siegreichen Abschluß der Operationen bei Moskau, wurde Generalmajor W. Goluschkewitsch, einer der engsten Kampfgefährten Shukows, der die operative Abteilung der Westfront befehligte, verhaftet. Den Haftbefehl hatte Viktor Abakumow, der Leiter der Hauptverwaltung Abwehr der Roten Armee («SMERSCH») unterzeichnet. Weder in der Anweisung zur Verhaftung noch in anderen offiziellen Dokumenten, die in einer sogar für diese Jahre beispiellosen Anzahl im Dossier des Generals zu finden sind, steht auch nur ein Wort darüber, was als Grund oder wenigstens als Anlaß für seine Verhaftung diente. Ganz verschwommen und ohne jede Präzisierung wird von «Verbindungen zum deutschen Geheimdienst» gesprochen, das heißt von Vaterlandsverrat und Begünstigung des Feindes.

Anhand der Materialien dieser «Akte» kann man begreifen, worin die Absicht derer bestand, die sie anlegten. Goluschkewitsch sollte «gestehen», mit Shukow ein «Komplott» geschmiedet und «für den deutschen Geheimdienst gearbeitet» zu haben. Der General blieb standhaft und legte trotz der Foltern ein Höchstmaß an Tapferkeit, Ausdauer und Prinzipienfestigkeit an den Tag. Wahrscheinlich hat er sich damit selbst gerettet. Und Shukow? Hätte der «Allerhöchste» vorgehabt, mit Shukow abzurechnen, dann hätte auch der Mut Goluschkewitschs ihn nicht retten können. Auf alle Fälle hat er kein Material gegen Shukow geliefert – und das war nicht wenig.

Der Fall Goluschkewitsch ist aber noch aus einem anderen Grund bemerkenswert. Jemand muß schließlich den Befehl für diese Provokation gegeben haben. Ich erinnere nochmals an das Datum: März 1942. Der Sieg bei Moskau wurde zwar zu einem großen Teil dank des militärischen Geschicks von Shukow errungen, aber der Ausgang des Krieges war überhaupt nicht klar, im Gegenteil, die Lage war noch immer ausgesprochen problematisch. Was trieb in dieser Situation die Leute vom «SMERSCH», den großen Feldmarschall aus dem Wege zu räumen? Wenn sie wenigstens irgend etwas gegen ihn in der Hand gehabt hätten, und seien es erfundene, gefälschte, unbedeutende Zeugnisse, die sie veranlaßt hätten, ihre Aufmerksamkeit ohne Ansehen der Person auf Shukow zu richten. Aber hier gab es eindeutig keinen einzigen Ansatzpunkt, denn sonst wären Spuren davon in der «Akte» zu finden. Also ging es allein darum, um jeden Preis «kompromittierendes Material» gegen den bereits berühmten Armeeführer zu sammeln. Wer konnte einen solchen Wunsch geäußert haben? Und warum?

Abakumow selbst konnte sich eine derartige Eigenmächtigkeit nicht erlauben. Shukow gehörte nicht zu seinem Kompetenzbereich. Eine entsprechende Anweisung hätte nur Berija erteilen können. Aber Shukow war ihm nie in die Quere gekommen. Zu keiner Zeit, schon gar nicht im Frühjahr 1942, war er sein Konkurrent. Die Initiative konnte nur von Stalin ausgehen. Stalin wird sich jedoch kaum direkt geäußert haben. Nach der übereinstimmenden Meinung von Leuten, die eng mit ihm zu tun hatten, verfügte der Führer über eine erstaunliche, mit der Zeit immer ausgefeiltere Fähigkeit, seine Wünsche so auszudrücken, daß sie keine *direkten* Weisungen darstellten. Berija aber mit seinem ausgeprägten Spürsinn schnappte Stalins Wünsche sofort auf und zog die nötigen Schlußfolgerungen. Auf diese Weise hatte Stalin immer die Möglichkeit, seinen engsten Mitstreiter zu «korrigieren», denn er, Stalin, hatte keine Entscheidung getroffen, folglich bestand auch keine Notwendigkeit für ihn, etwas zu revidieren.

Die Episode Goluschkewitsch – der General blieb am Leben und wurde später freigelassen – ermöglicht es uns, zu den Hintergründen des Falles Shukow vorzudringen und zu verstehen, warum dieser so begabte Militär für seine Verdienste so teuer bezahlen mußte. Stalin erkannte diese Verdienste sehr wohl, und er haßte sie. Er konnte den Krieg nicht *ohne* Shukow führen, aber er konnte auch nicht zulassen, daß dieser Lorbeeren erntete, auf die er, Stalin selbst, ein Monopol beanspruchte. Nur er und kein anderer. Der Sieg bei Moskau war der erste Akt dieses Dramas. Shukow hatte Moskau gerettet, aber offiziell durfte nur Stalin der Retter sein. In dieser Kollision wurde der Keim für die künftigen Erschütterungen gelegt.

Die Situation verschärfte sich noch dadurch, daß Shukow seinen Wert sehr wohl kannte. Ihm fehlten für die Stalinzeit so nützliche Eigenschaften wie Katzbuckelei, Unterwürfigkeit und demutsvolle Selbsterniedrigung. Er verhehlte seinen berechtigten Stolz auf das von ihm Vollbrachte nicht und betonte auch öffentlich, ohne mit seiner Meinung hinterm Berg zu halten, seine persönliche Leistung. Die allgegenwärtigen Lauscher registrierten jedes Wort, und die nicht weniger allgegenwärtigen Hände waren eifrig bemüht, Denunziationen zu schreiben und seine Worte in bestimmter Weise auszulegen. Auf diese Denunziationen wartete man in der Lubjanka, nach ihnen streckte man im Kreml gierig die Hände aus.

Stalin las die Denunziationen, aber er reagierte nicht. Das Ausbleiben einer Meinungsäußerung bedeutete jedoch in der Zeichensprache des Kremls und der Lubjanka auch eine Reaktion, nämlich die stille Weisung, mit dem Sammeln des «kompromittierenden Materials» fortzufahren. Die Informationen der zahlreichen anonymen Agenten wurden als «geheime Anlagen» den Akten jener Militärs beigefügt, die als eine geschlossene Gruppe, mit Shukow an der Spitze, in einem zweiten Militärprozeß angeklagt werden sollten. Dieser Prozeß wäre noch aufsehenerregender gewesen als der Fall Tuchatschewski, denn man hätte Marschälle und Generäle zu «Vaterlandsverrätern» gestempelt, die gerade erst siegreich den Krieg beendet hatten.

Die Vernichtungsmaschinerie, die sich während des Krieges etwas langsamer gedreht hatte, arbeitete gleich nach dem Sieg wieder schneller. Zu den Verhafteten der Nachkriegswelle gehörten: der Kommandierende der Luftstreitkräfte des Landes, Marschall Alexander Nowikow; sein Stellvertreter, Marschall der Luftstreitkräfte Grigori Woroshejkin; der stellvertretende Minister der Streitkräfte, Artilleriemarschall Nikolai Jakowlew; der wichtigste Marschall der Artillerie, Nikolai Woronow; der Marschall der Luftstreitkräfte Sergej Chudjakow (Armenak Chanferjanz), der Volkskommissar für Flugzeugindustrie, Generaloberst Alexej Schachurin; der Oberkommandierende der Seestreitkräfte, Admiral Nikolai Kusnezow; die Admiräle Lew Galler, Wladimir Alafusow und Georgi Stepanow; der Chef der Militärakademie «Frunse», Generaloberst Wjatscheslaw Zwetajew; der Kommandierende des Militärbezirks Wolga, Generaloberst Wassili Gordow und viele andere. Die vollständige Liste würde mehrere Seiten in Anspruch nehmen. Vergleicht man den Inhalt der von A bis Z erlogenen Akten der Ermittlungen gegen diese hohen Offiziere, so kann man unschwer erkennen, daß die Untersuchungen nur ein Ziel verfolgten: Shukow zu verleumden und ihn als Leiter einer allumfassenden militärischen Verschwörung zu brandmarken, die darauf zielte, Stalin zu beseitigen und einen «neuen Bonaparte» an die Spitze des Landes zu stellen.

Am erstaunlichsten war wohl, daß dieses Mal der wahre Grund, der den Zorn des Führers geweckt hatte, nicht verdeckt wurde und die Anklage nicht wie sonst auf Spionage oder Trotzkismus lautete. Schon Ende 1945 hatte Stalin auf einer stark besuchten Versammlung im Kreml Shukow ohne Umschweife einen «Marodeur» genannt, der «Lebende und Tote beklaut, um sich alle ihre Siege zuzuschreiben». Ich will mich hier nicht über die «Berechtigung» dieser Anschuldigung, nicht über die unverschämte grobe Form äußern, in der sie vorgetragen wurde. Wichtig und interessant ist hier vor allem das auslösende Motiv, von dem sich Stalin leiten und zu neuen wahnsinnigen Aktionen treiben ließ. Im Kopfe des Oberkommandierenden hatte sich der Gedanke festgehakt, daß andere um den Preis unzähliger Opfer den Sieg über den mächtigen Gegner errungen hatten, er selbst jedoch im Bewußtsein seiner Zeitgenossen und in der Erinnerung der Nachkommen lediglich als, gelinde gesagt, nicht sehr weitsichtiger Staatsführer figurieren würde, der sein Volk zu diesen Opfern verurteilt habe. Eine solche Interpretation war um so eher zu befürchten, als Millionen Soldaten und Offiziere wußten, wer diesen Sieg errungen hatte. In diesem Punkte konnte sie nicht einmal die aggressivste und aufdringlichste Propaganda irreführen.

1946 rief Stalin die führenden Generäle zur Sitzung des Obersten Militärrates. Sergej Schtemenko, der kurz davor zum stellvertretenden Leiter des Generalstabs berufen worden war, las mit der bei Stalin so beliebten «künstlerischen Ausdruckskraft» die Aussagen von Marschall Alexander Nowikow und General Konstantin Telegin vor. Nach der bereits in den dreißiger Jahren erprobten Methode hatten die Meister der Lubjanka genau die Aussagen aus ihnen herausgeprügelt, die der Generalissimus brauchte. Die Verhafteten warfen Shukow Grobheit, Eigensinn, Egoismus und ähnliche «moralische Fehler» vor, die man eigentlich nicht einmal zu Stalins Zeiten als Verbrechen qualifizieren konnte. Den Höhepunkt bildete aber immer ein und dasselbe Motiv: Aus Haß auf sein Land und seine Regierung schreibe sich Shukow alle Siege an der Front selbst zu!

Als Schtemenko mit dem Vorlesen der Zitate aus den Aussagen von Nowikow und Telegin fertig war, stieg der künftige Marschall Filipp Golikow, damals noch General, Leiter der Hauptverwaltung Kader im Kriegsministerium, auf die Tribüne. 1941 hatte er die militärische Abwehr befehligt. Um sich bei Stalin einzuschmeicheln, hatte er sämtliche Informationen sowjetischer Agenten über einen bevorstehenden deutschen Überfall auf die Sowjetunion als Provokationen deklariert. Auch dieses Mal wollte er sich bei Stalin lieb Kind machen und forderte den geliebten Führer auf, «entschiedene Maßnahmen zur Unterbindung der Tätigkeit des außer Rand und Band geratenen Marschalls zu unternehmen, dem die kommunistische Bescheidenheit abhanden gekommen ist». Die Situation war deshalb besonders heikel, weil Shukow persönlich (natürlich mit Stalins Einverständnis) während des Krieges den unfähigen Golikow als Kommandierenden der Woronesh-Front abgesetzt hatte. Stalin hielt eine knappe Rede, aus der hervorging, daß Shukow ein Verräter sei, ein «getarnter Feind», der verhaftet und verurteilt werden müsse. Nach Stalin sprachen Berija und Kaganowitsch, die «Öl ins Feuer gossen, dasselbe sagten und seine [Stalins] Gedanken weiterentwickelten», wie sich Marschall Iwan Konew erinnerte.

Diese Äußerungen Konews wurden von dem Schriftsteller Konstantin Simonow festgehalten. «Shukow saß erschüttert und blaß da», heißt es in diesen Aufzeichnungen. Wie auch nicht! Die beleidigenden Verleumdungen, das wußte er genau, konnten nur eine Konsequenz haben. Das Schicksal Tuchatschewskis und Hunderter anderer fähiger Militärs, die für nichts und wieder nichts eine Stalinkugel ins Genick bekommen hatten, war allen erinnerlich.

Konew sagte weiter: «Ich bat ums Wort. Nach dem, was Stalin gesagt hatte, war die Situation für eine Meinungsäußerung ungünstig. Aber ich habe dennoch gesagt, daß Shukow natürlich Fehler hat und Fehler hatte, daß es schwer ist, mit ihm zu arbeiten, daß er hart, intolerant, ehrgeizig ist. Aber, daß ich tief davon überzeugt bin, daß Shukow ein ehrlicher Mann ist... Er ist der Regierung ergeben, ist seinem Land ergeben... Ein Mann, der seinem Land nicht ergeben ist, wäre nicht unter Feuer im Krieg herumgekrochen, hätte nicht sein Leben riskiert, um Ihre Anweisungen zu erfüllen, das sagte ich an Stalin gewandt. Und am Ende wiederholte ich noch mal, daß ich zutiefst an Shukows Ehrlichkeit glaube.»

Stalin machte sofort eine Zwischenbemerkung, um den ungestillten Ehrgeiz der Generäle und Marschälle anzustacheln und sie dadurch gegeneinander aufzubringen. «Sie reden hier... Aber wissen Sie, daß Shukow versucht hat, sich Ihren Sieg bei Korssun-Schewtschenkowski[2] zuzuschreiben? Er hat gesagt, das sei ein Ergebnis *seines* Wirkens.»

«Weiß ich nicht, hab ich nicht gehört», antwortete Konew. «Die Geschichte wird alles an seinen Platz stellen.»

Zu Shukows Verteidigung sprachen mehr oder weniger temperamentvoll auch der Marschall der Panzertruppen Pawel Rybalko, Marschall Wassili Sokolowski, der gerade erst zum Oberkommandierenden der sowjetischen Besatzungstruppen in Deutschland ernannt worden war, und andere Militärs. Besonderen Eindruck hinterließ Rybalko: «Es wird Zeit, nicht mehr Aussagen Glauben zu schenken, die in den Gefängnissen gewaltsam erpreßt wurden.» Dabei richtete er seinen Blick unzweideutig direkt auf Berija. Berija schrie halb fragend, halb bestätigend los: «Sie verteidigen einen Feigling?!» – «Shukow – ein Feigling?» Rybalko explodierte: «Als meine Armee im Frühling 1944 eingekesselt war, brach Shukow unter Lebensgefahr durch das Sperrfeuer und kam zu uns geflogen, um uns zu helfen. Hat sich so ein Feigling verhalten?»

Während sich diese Farce einer Diskussion abspielte, nutzten Berijas Agenten die Abwesenheit des Marschalls, durchsuchten sein Sommerhaus in dem bei Moskau gelegenen Datschenort Sosnowka und stahlen zahlreiche Dokumente. Das war bereits der zweite Überfall auf die Wohnung des Marschalls. Der erste fand im Herbst 1945 statt. Damals hatte man aus dem Safe seine Korrespondenz sowie persönliche Aufzeichnungen und Tagebücher entwendet. Stalin machte keinen Hehl daraus, wer das und wozu getan hatte. Er rief Shukow an. «Sie haben also vor, Ihre Memoiren zu schreiben? Sollen sich doch die Historiker mit der Geschichte befassen, wenn wir tot sind.» Shukow zog es vor, den zweiten Überfall und die erniedrigende Durchsuchung «nicht zu bemerken». Eine «Reklamation» hätte nicht den geringsten Sinn gehabt.

Da Stalin auf einmütige Ablehnung gestoßen war, gab er seine ursprüngliche Idee offenbar auf, Shukow direkt aus der Sitzung des Obersten Militärrates heraus zu verhaften. Verhaftung und Gefängnis wurden durch eine weitaus mildere Sanktion ersetzt, eine in gewissem Sinne ehrenvolle Ungnade: Shukow wurde nach Odessa abkommandiert, um den Oberbefehl über diesen Militärbezirk zu übernehmen. Von Odessa führte sein Weg später in den Ural, nach Swerdlowsk.

Damit war jedoch die ursprünglich gestellte Aufgabe, mit Shukow abzurechnen, noch nicht von der Tagesordnung gestrichen. Die Bombe blieb liegen, nur der Zeitzünder wurde vergestellt. Die Lubjanka sammelte weiterhin belastendes Material gegen den Marschall.

Ich habe Materialien eines weiteren, relativ unwesentlichen Falls gefunden, der weder in der historischen noch in der Memoirenliteratur mit einem Wort erwähnt wird, der aber den überzeugendsten Beweis dafür erbringt, daß Stalin Shukow verhaften und beseitigen wollte. Ich bezeichne diesen Fall nur deshalb als relativ unwesentlich, weil der Name des Haupthelden weitaus weniger bekannt ist als die Namen der renommierten Marschälle und Admirale, die in Ungnade fielen oder erschossen wurden.

Im Grunde handelt es sich nicht um *ein* Verfahren, sondern um zwei, die zwar voneinander getrennt und eigenständig behandelt wurden, aber ihrer ganzen Anlage nach ein und dasselbe darstellten. Sie wurden nur deshalb voneinander abgetrennt, weil der Delinquent im einen Fall ein General war, also der Zuständigkeit der Militärgerichtsbarkeit unterlag, während es im anderen Fall um eine Zivilperson ging. Die Speerspitze des einen wie des anderen Falls war auf ein Ziel gerichtet, auf Marschall Shukow.

Am 18. September 1948 wurde der Held der Sowjetunion Generalleutnant Wladimir Krjukow verhaftet, der zu dieser Zeit den nicht sehr hohen Posten des stellvertretenden Kommandeurs des 36. Schützenkorps bekleidete. Fünf Tage später wurde seine Frau, Lidija Krjukowa-Ruslanowa, abgeholt. In der Kette der Massenverhaftungen, die nach dem Krieg einsetzten, hätte dieser Fall, der sich von anderen nicht weiter unterschied, keinen besonderen Eindruck gemacht, wäre da nicht die Persönlichkeit der beiden Inhaftierten gewesen, besonders der Frau.

Lidija Ruslanowa war tatsächlich im ganzen Land bekannt. Die kurze Information aus dem Enzyklopädischen Wörterbuch «Sängerin russischer Volkslieder» erfaßt nicht einmal annähernd ihre einzigartige Kunst als Solistin und vermittelt auch nicht einen Schimmer ihrer ungeheuren Popularität. Ihre Stimme zeichnete sich durch ein seltenes Timbre, durch Schönheit und Kraft aus. Sie hob die Folklore auf das Niveau wirklicher Kunst, ihrem Charme unterlagen sowohl die gestrengen Richter der Klassik als auch die breiten Volksmassen. Stand ihr Name auf einem Plakat, war der Erfolg eines Konzerts im voraus garantiert.

Während des Krieges erreichte ihr Ruhm seinen Höhepunkt, die Sängerin war fast schon Legende. In fast allen sowjetischen Büchern zur Geschichte des Krieges findet sich ein Hinweis darauf, daß Lidija Ruslanowa am 2. Mai 1945 im eroberten Berlin auf den Stufen des Reichstages vor den jubelnden Soldaten «Walenki», eines der bekanntesten russischen Volkslieder, sang; auf den von Kugeln durchlöcherten Säulen des historischen Bauwerks, das der sowjetischen Propaganda als «Zitadelle des Hitlerfaschismus» galt, hinterließ sie damals ihr Autogramm.

Als der Krieg begann, war die berühmte Sängerin schon über vierzig. Dennoch meldete sie sich sofort freiwillig an die Front, um mit ihrer Kunst die Moral der Soldaten zu heben. Nach einem Konzert kam der Kommandeur eines Kavalleriekorps, General Krjukow, auf sie zu und machte ihr den Vorschlag, während einer Feuerpause einen Spaziergang mit ihm zu machen. Es war Frühjahr 1942, die unruhige Zeit in Erwartung großer Ereignisse, die den Kriegsverlauf radikal veränderten. Plötzlich blieb der General stehen und unterbrach seine Begleiterin. Er lauschte. «Hören Sie?» – «Nein, ich höre nichts.» – «Ich bitte Sie... Da weint ein Kind... ein Mädchen...» Der General war Witwer, seine Tochter lebte in Taschkent, in der Evakuierung. Für die impulsive Ruslanowa war dieser Moment der Anfang einer großen Liebe. Ihr Ehemann, der Conferencier Michail Garkawi, für seine scharfsinnigen Improvisationen ebenso berühmt wie wegen seiner Körperfülle, hatte keine Ahnung, welche Wendung sein eheliches Schicksal damals nahm. Der General kniete vor der Sängerin nieder und küßte ihre Hand. Ein paar Tage später verkündeten sie offziziell ihre bevorstehende Heirat.

Natürlich war General Krjukow, der schon in der zaristischen Armee Offizier geworden war, nicht annähernd so populär wie seine neue Frau, aber in Militärkreisen kannte man ihn gut. Im Zweiten Weltkrieg wurde er Kommandeur des 2. Gardekavalleriekorps, erhielt den Stern des «Helden der Sowjetunion», drei Leninorden und weitere hohe militärische Auszeichnungen wie den Suworow- und den Kutusow-Orden. Die zahlreichen Orden verblüfften sogar die damaligen Frontkämpfer, die daran gewöhnt waren, daß Generäle mit Orden überschüttet wurden. Er war tatsächlich ein Protegé und enger Freund von Georgi Shukow. Kenner behaupten allerdings, daß Krjukow keine seiner Auszeichnungen durch Beziehung bekommen, sondern alle auf Grund persönlichen Mutes und hoher Professionalität erworben habe.

Daß er ein Protegé und Freund Shukows war, erklärt seine plötzliche Verhaftung. Wie üblich war der Festnahme zielgerichtetes Sammeln von Denunziationen durch formelle und informelle Agenten der Lubjanka vorausgegangen. Der erzwungene Verzicht auf eine Abrechnung mit Shukow nach der Niederlage Stalins beim Obersten Militärrat war, wie bereits gesagt, keinesfalls endgültig. Der taktische Rückzug bedeutete lediglich die Vorbereitung einer Revanche. Abakumow, als Chef der Lubjanka, erriet sehr genau den Wunsch des Führers oder, präziser gesagt, dessen unzweideutige Anweisung.

Shukow selbst wurde vorläufig nicht angerührt. Der dreifache «Held der Sowjetunion», der dem besiegten Gegner die Kapitulation diktiert hatte, saß nach wie vor auf einem untergeordneten Posten in der Provinz. Dafür fanden sich die Männer seiner näheren Umgebung im Gefängnis wieder. Niemand hielt vor ihnen geheim, worin ihre «Schuld» tatsächlich bestand.

Eigentlich wäre es am einfachsten gewesen, sie nach dem alten erprobten Schema als Spione zu denunzieren, denn Beweise für derartige Beschuldigungen wurden bekanntlich niemals verlangt. Tausende unschuldiger Opfer vor und nach ihnen hatte man nach diesem Schema behandelt. Was sich aber um Shukow herum abspielte, verblüfft durch seine Einzigartigkeit. Weder dem noch in Freiheit befindlichen Marschall selbst noch seinen inhaftierten ehemaligen Untergebenen warf man etwas anderes vor als ihr Beharren auf der wahrheitsgemäßen Einschätzung der Rolle Shukows in den Schlachten des Krieges und ihre Unzufriedenheit mit der anschließenden Behandlung des Marschalls. Es war die fixe Idee Stalins, vor dem sowjetischen Volk und der Welt als alleiniger Retter des Landes und der Menschheit in Erscheinung zu treten und das Monopol auf diesen Ruhm mit niemandem zu teilen.

Interessant ist, daß in den Akten der verhafteten Generäle aus Shukows Umgebung bei allen Verhören, Gegenüberstellungen und dergleichen Shukows Name offen genannt wird. In allen Dokumenten hingegen, die außerhalb des engen Kremlkreises publik werden konnten – die Anklageschrift, das Urteil, die Bescheinigungen für die Kontrollorgane u. ä. –, wird er zwar durchsichtig, aber lang und umständlich umschrieben als «ein Militär, der die führende Rolle in der Armee und im Land beansprucht».

Shukow war, wie ich glaube, der einzige Fall, wo Stalin die Gefahr witterte, er könne wirklich gestürzt werden, und sich dennoch nicht erlaubte, mit seinem «Konkurrenten» skrupellos abzurechnen. Er haßte ihn, fürchtete ihn, aber er schätzte ihn auch.

Ich zitiere im folgenden aus der protokollarischen Mitschrift des ersten Verhörs von General Krjukow:

«*Frage:* Bekennen Sie sich schuldig?

Antwort: Ja, voll und ganz.

Frage: Erklären Sie der Ermittlung, worin Sie sich schuldig bekennen.

Antwort: Als Shukow 1947 als Komandierender der Landstreitkräfte abgesetzt und zum Kommandierenden des Militärbezirks Odessa ernannt wurde, haben ich und General Menjuk Unzufriedenheit geäußert. Wir kannten die wirklichen Gründe der Absetzung nicht, aber haben uns erlaubt, uns wie folgt zu äußern: ‹So ein verdienter Mann, und auf einmal abgesetzt.› Wir fühlten mit Shukow und haben somit Unzufriedenheit mit der Politik der Partei und Regierung geäußert, was einen feindlichen Angriff auf den Sowjetstaat darstellt. Als Bulganin[3] Minister der Streitkräfte der UdSSR wurde, habe ich des weiteren gesagt: ‹Jetzt kommen die Politfunktionäre hoch.› Das bedeutete Zweifel an der Richtigkeit der Entscheidung von Partei und Regierung und war verleumderisch hinsichtlich Bulganins. Diese Äußerung betrachte ich als schweres konterrevolutionäres Verbrechen.

Frage: Können Sie von Äußerungen Shukows berichten, die gegen Partei und Regierung gerichtet waren?

Antwort: Ja, das kann ich. General Menjuk hat mir einmal gesagt, daß eines Abends ein Offizier schlecht über Shukow gesprochen habe, was dem nicht gefallen hat. Er reagierte so: ‹Der also auch...› Außerdem hielt es Shukow für möglich, skeptisch zu lächeln – sogar wenn er Befehle von Budjonny hörte –, und er sagte ständig: ‹Ich! Ich! Ich!› 1946 lud ich Shukow zu mir ein, es waren nicht nur Generäle anwesend, sondern auch Schauspieler mit ihren Frauen sowie Schriftsteller. Shukow wurde gebeten, etwas über die Zerschlagung der Deutschen bei Moskau zu erzählen. Er begann damit, daß Genosse Stalin ihn aus Leningrad herbeordert und ihm befohlen hatte, Moskau zu verteidigen. Dabei soll Stalin ihn gefragt haben: ‹Moskau gibst du nicht her?› – ‹Gebe ich nicht her›, soll Shukow geantwortet haben. ‹Und ich habe es nicht hergegeben›, gab er an und fügte hinzu, daß die Deutschen sehr starke Generäle und Feldmarschälle hatten und daß der Gegner überhaupt sehr stark war. Dabei wertete er sich selbst auf, sagte jedoch kein Wort über die Rolle des Genossen Stalin bei der Zerschlagung der Deutschen vor Moskau.

Frage: Wie können Sie ein solches Auftreten Shukows qualifizieren?

Antwort: Feindlich und verräterisch.»

Ein schockierender Dialog, der seine Absicht gar nicht erst zu vertuschen sucht. Die Aufgabe, die der Ermittlung gestellt worden war, nämlich Shukow zu kompromittieren, wird mit beinahe parodistischer Direktheit erfüllt. Man muß kein Jurist sein, um zu verstehen, daß das nicht einmal formal das Verhör eines Angeklagten ist, sondern das Verhör eines Zeugen im Fall Shukow. Wohl nicht einmal eines Zeugen, sondern irgendeines merkwürdigen Experten, der die harmlosesten und natürlichsten Bemerkungen Shukows, die dieser im Kreise der Familie und unter Freunden gemacht hatte, «juristisch zu qualifizieren» versucht. Hier die Fortsetzung des Dialogs:

«*Frage:* Können Sie noch weitere Beispiele für die feindlichen und verräterischen Äußerungen Shukows anführen?

Antwort: Ja, das kann ich. Einmal bin ich vor einem Feiertag bei Shukow vorbeigegangen und habe ihn gefragt, ob für die Parade Pferde vorbereitet werden sollen. ‹Nicht nötig›, antwortete Shukow, ‹denn ich werde nicht das Kommando über die Parade haben.› Das wunderte mich. Shukow erläuterte: ‹Jetzt werden alle Marschälle der Reihe nach das Kommando haben. Mal sehen, was daraus wird.›

Frage: Wie faßten Sie diese Erläuterung auf?

Antwort: Ich verstand, daß Shukow mit dem Befehl des Oberkommandierenden, die Parade der Reihe nach auf dem Roten Platz abzunehmen, unzufrieden war. Natürlich kann man das nicht anders bewerten als einen feindlichen Angriff auf die Partei, die Regierung und den Genossen Stalin persönlich. Leider habe ich damals keine politischen Schlußfolgerungen aus diesen Gesprächen gezogen, habe die bonapartistischen Bestrebungen Shukows, die Führung der Sowjetarmee vollständig in die eigene Hand zu nehmen und der erste Mann im Staate zu werden, nicht durchschaut. Erst im Gefängnis, als ich viel Zeit zum Nachdenken hatte, habe ich die richtigen Schlußfolgerungen gezogen. Davor aber trugen meine Gedanken ausgesprochen feindlichen Charakter.»

Hier sollte man wohl den Punkt setzen, obwohl der umfängliche Dialog zwischen dem Untersuchungsrichter und dem General in jeder Hinsicht aufschlußreich ist. Die fixe Idee, «Bonaparte» zu beseitigen, wird von niemandem verschleiert. Warum aber griff Stalin bei der Lösung dieses Falles zu keiner der erprobten und hundertprozentig sicheren Methoden? Gewiß war es unmöglich, heimlich, in den Kellern der Lubjanka, den ersten Soldaten des Landes, den Abgott von Millionen Frontkämpfern, die einen derartig gewaltigen Sieg errungen hatten, zu «beseitigen». Aber weshalb ihn nicht zum englisch-amerikanischen Spion machen? Damit hätte man zwei Fliegen mit einer Klappe geschlagen: Man hätte Shukow aus dem Wege geräumt und gleichzeitig die gestrigen Verbündeten, die plötzlich erbitterte Feinde geworden waren, in Mißkredit bringen können.

Oder noch einfacher wäre gewesen: ein Autounfall, ein plötzlicher Tod im Krankenhaus... Es gab ausreichend Varianten! Warum wurden diese banalen Lösungen verworfen? Warum der Versuch, mit dem Kopf durch die Wand zu gehen? Ob das der Weiseste aller Weisen selbst verstand? Faktisch machte er sich damit jedenfalls lächerlich.

Für mich ist offensichtlich, daß Stalin sich zum ersten und einzigen Mal in den dreißig Jahren seines Daseins auf dem russischen Olymp mit einer Situation konfrontiert sah, in der die kriminelle Beseitigung des Konkurrenten einerseits unmöglich war – das hätte tatsächlich unvorhersehbare Folgen haben können, denn Shukow war nicht Trotzki, seine Autorität und Popularität war in breitesten Schichten der Bevölkerung ungeheuer groß – und andererseits auch nicht wünschenswert. Stalin wußte, wie wichtig dieser Marschall für das Land war; ihn in der komplizierten internationalen Situation zu verlieren, konnte er sich nicht leisten. Immerhin hat er zumindest diese Lehre aus dem «Fehler» bei der Beseitigung Tuchatschewskis und Hunderter erstklassiger Militärs in der Vorkriegszeit gezogen. Aber ihn in die Schranken weisen, ihn erniedrigen, ihn auf Abstand halten und ihm klarmachen, wer hier der «Lehrer» war und wer der «Schüler» – das mußte sein.

Shukow selbst war der Auffassung, daß Berija die Schuld an der Hetzkampagne gegen ihn trug. Viel später sagte Shukow in einem Gespräch mit dem Schriftsteller Konstantin Simonow, daß er von der Intrige gewußt habe, die gegen ihn gesponnen wurde, auch davon, daß Berija Stalin den Vorschlag gemacht habe, ihn zu verhaften. Stalin sei aber dem Henker in den Arm gefallen und habe gesagt: «Shukow lasse ich nicht verhaften ... In den vier Kriegsjahren habe ich ihn besser kennengelernt als mich selbst.» Kann es sein, daß Shukow selbst, nach alldem, was mit ihm passiert war, an dieses rührende Weihnachtsmärchen glaubte, an die Legende vom guten und weisen Väterchen Stalin? Oder hatte ihn die bittere Erfahrung gelehrt, sogar nach dem Tod des Diktators noch, im hohen Alter, beim Gespräch mit einem Schriftsteller und nicht mit einem Offizier der Lubjanka, sich so zu äußern, daß ihm keiner hinterher eine neue Geschichte anhängen konnte?

Als der Fall des Generals Krjukow ans Gericht weitergegeben wurde, wiederholte sich dort das gleiche Spektakel, das bei der Ermittlung stattgefunden hatte. Drei Militärrichter (die Generalmajore der Justiz Sarjanow, Sjuldin und Dmitrijew) verhandelten am 2. November 1951 gegen Krjukow (er war aus unerfindlichen Gründen länger als drei Jahre in Untersuchungshaft gehalten worden). Sie stellten dem Angeklagten genau die gleichen Fragen, im gleichen Ton und mit gleicher Zielrichtung wie seinerzeit die Untersuchungsrichter. Also hatte sich in drei Jahren nichts geändert: Shukow war nach wie vor nicht einfach nur in Ungnade, sondern ein Todeskandidat. Denn weshalb sonst mußten die Leute, die den Richtern die Befehle erteilten, einem tapferen Offizier, aus dem ein erbärmlicher Feigling geworden war, all den Unsinn abringen, der die Grundlage für die mögliche Abrechnung mit dem ersten Armeeführer des Landes bilden konnte?

«Bei der Votermittlung, Aktenblatt 177», fragte General Sarjanow, «haben Sie ausgesagt, daß Sie in Berlin im Jahre 1945 gehört haben, wie Shukow sagte, daß er der Retter der Heimat sei, die ihm in allem verpflichtet sei. Ist das richtig so zu verstehen, daß Shukow in seiner schamlosen Selbstüberschätzung so weit ging, zu behaupten, nicht dem großen Stalin, sondern ihm gebühre das Verdienst, die Feinde zerschlagen zu haben?»

«Ja, Shukow unterstrich sein ‹Ich› so, daß man das wie einen Vergleich mit dem Oberkommandierenden verstehen konnte.»

«Auf Aktenblatt 179 haben Sie ausgesagt, daß Sie sich sehr schämen, Shukows ‹Talent›, das er angeblich hat, gepriesen zu haben, wo dieser Mensch durch und durch von Feindseligkeit gegenüber Partei und Regierung durchdrungen ist.»

«Ja, nach den Unterhaltungen mit den Untersuchungsrichtern habe ich verstanden, daß Shukows Worte über seine angeblichen Verdienste als feindliche Äußerung gegen die Partei, die Regierung und den Genossen Stalin interpretiert werden müssen.»

Die idiotische Aufdringlichkeit, mit der Richter und Angeklagter ein und dasselbe aufsagen und darin wetteifern, wer von ihnen dem abwesenden «Verräter» den kräftigeren Seitenhieb versetzt, ist nicht verwunderlich. Alle trieb die blanke Angst. Verwunderlich ist etwas anderes. Diese Beschuldigungen richteten sich gegen einen Mann, der nach wie vor den Marschallstern, eine Vielzahl von Orden und das rotemaillierte Abzeichen eines Abgeordneten des Obersten Sowjets der UdSSR trug, einen Militärbezirk befehligte und noch immer Mitglied des Obersten Militärrates war. Folglich konnten sie dazu nur spezielle Anweisungen haben. Die Zeitbombe konnte offensichtlich jede Minute in die Luft gehen.

In der Zwischenzeit ging auch der Fall der russischen Volkssängerin weiter seinen Gang. Mit ihm war ein junger Untersuchungsrichter betraut, dessen Name in diesem Buch mehrfach vorkommt: der Oberstleutnant der Staatssicherheit Pawel Grischajew, später Professor für Rechtswissenschaft, der heute noch lebt. Er war zweifellos gebildeter als seine Kollegen und legte die gleichen Anschuldigungen deshalb unter korrekter Berücksichtigung der grammatischen Regeln dar. In der Anklageschrift schrieb er: «L. A. Krjukowa-Ruslanowa stellte über ihren Mann eine verbrecherische Verbindung zu einem hohen Militär her, der die führende Rolle in der Armee und im Land beanspruchte... L. A. Krjukowa-Ruslanowa war über die bonapartistischen Ambitionen des letzteren informiert. Da sie eine enge Beziehung zu ihm hatte, popularisierte sie ihn auf jede erdenkliche Weise und schrieb ihm einen unverdienten Ruhm zu.»

Wie wir sehen, hatte die Ermittlung keinerlei Interesse an der Schauspielerin selbst. An ihrem Mann übrigens auch nicht. Es entstand eine paradoxe Situation. Derjenige, der «eine feindliche Haltung zu Partei, Regierung und zum Genossen Stalin persönlich hatte», war zwar weit weg von der Hauptstadt, in einem zweitrangigen Militärbezirk, aber er lebte immerhin wohlbehalten und kommandierte seine Truppen. Diejenigen aber, die seine Feindseligkeit «nicht bemerkt» hatten, litten im Gefängnis in Erwartung eines Todesurteils. Übrigens sollte uns auch dieser Umstand nicht allzusehr verwundern. Schließlich blieben noch viele Jahre später der Autor «konterrevolutionärer» Bücher Alexander Solschenizyn und viele andere Autoren, beispielsweise der Dissident Roy Medwedew[4], in Freiheit, während Leser, allein deshalb, weil sie diese Bücher lasen, auf direktem Weg in den GULAG wanderten. Natürlich kann man diesen Nonsens in jedem einzelnen Fall erklären, stellten doch die leidenschaftlichen Leser und Verehrer der «konterrevolutionären» Autoren zweifellos eine Gefahr für das Regime dar. Die Autoren selbst aber waren entweder durch ihren weltweiten Ruhm (wie im Fall Solschenizyn) oder durch ihre freiwillige beziehungsweise unfreiwillige Nützlichkeit für den KGB (wie Roy Medwedew) abgesichert.

Abgesehen davon, daß Shukow noch einmal von Nutzen sein konnte, hätte eine Abrechnung mit ihm nur die weitverbreitete Meinung bestärkt, daß Stalin sich Shukows militärische Verdienste zuschreiben wolle. Die Vertrauten des Marschalls wiederum, sogar die Generäle, die Stalin nicht besonders schätzte, wußten, wie schnell er aus Leutnants Generäle machen konnte und aus Generälen Leichen von «Volksfeinden». Sie mußten für ihre unvorsichtige und zu euphorische Treue zu Shukow bezahlen.

Bulganin spielte besonders geschickt auf der sensiblen Klaviatur der Empfindlichkeiten des Führers. Wie alle grauen, mittelmäßigen Menschen hatte er eine tödliche Angst vor Talenten in seiner näheren

Umgebung. Er begriff, daß der in Ungnade gefallene Marschall jederzeit auf eine Laune Stalins hin aus dem politischen Nichts zurückgeholt werden konnte. Das hätte für den emporgestiegenen Parteifunktionär das Ende bedeutet. Immer wenn das totalitäre Regime aus dem einen oder anderen Grund eine Übergangsfigur auf Schlüsselpositionen setzte, spürte der jeweilige Glückspilz, wie gefährdet er war, und unternahm sofort heroische Anstrengungen, um sich zu halten. Da er die Spielregeln der Nomenklatura beherrschte, sammelte er seine Anhänger um sich und festigte geschickt seine zufällig erworbene Stellung. So war es mit dem Chefideologen der Partei Michail Suslow, so war es auch mit Leonid Breschnew. Keiner hatte im Oktober 1964 mit mehr als ein paar Monaten «Regentschaft» gerechnet, und dann saß er ganze achtzehn Jahre auf dem Thron. So war es auch mit Bulganin, der die Verhaftung vieler hoher Militärs – geschickt und konsequent hetzte er den pathologisch mißtrauischen Stalin gegen sie auf – und die hartnäckige Verunglimpfung Shukows auf dem Gewissen hat. Geflissentlich brachte er dem Führer selten wahrheitsgetreue und häufiger erfundene Berichte über Shukows Zorn gegen den Vater und Wohltäter zu Ohren. Stalin glaubte diesen Berichten, weil er ihnen glauben wollte.

Alle Versetzungen, Verhaftungen, Gerichtsfarcen und ähnliche Maßnahmen der Diktatur wurden streng geheimgehalten. Aber für wen konnte es ein Geheimnis bleiben, wenn der eine General «abgeholt» wurde und ein anderer spurlos verschwand? Die Abreise des legendären Marschalls in seine Odessaer «Verbannung» blieb erst recht nicht unbemerkt. In Windeseile verbreitete sich auch die Nachricht, welches Schicksal die beliebte Volkssängerin Lidija Ruslanowa ereilt hatte. Ihre Stimme war nicht mehr im Radio zu hören, die Schallplatten mit ihren Liedern wurden aus dem Verkauf gezogen. Es sind sogar Fälle bekannt, wo man völlig ahnungslose Leute, die absolut nichts mit Politik zu tun hatten, zur gerichtlichen Verantwortung zog, weil sie auf einem alten, heiseren Pathefon ihre Schallplatten «öffentlich» abgespielt hatten, das heißt bei einer Geburtstagsfeier oder einem Jubiläum. In der Sprache jener Jahre hieß das «einen Volksfeind propagieren».

Es war üblich, in solchen Fällen keinerlei Erklärungen abzugeben; bisweilen hielt man es jedoch für angebracht, den Vorfall zu erläutern, um ungute Aufregungen zu vermeiden. Wenn nötig, setzte der Apparat der Lubjanka ein Gerücht in die Welt, das für den Kreml von Nutzen war. Es war charakteristisch für den Stalin-Terror nach dem Krieg, daß diese Gerüchte nicht einfach aus der Luft gegriffen schienen, sondern eine reale Grundlage hatten. Mehr noch, sie befriedigten die niedrigen Interessen der Masse, ihre Neugier, ihr gieriges Bedürfnis, etwas über das für sie so ferne Leben berühmter Leute zu erfahren, die sicher abgeschirmt hinter den unüberwindbar hohen Zäunen ihrer Villen lebten und in Autos mit kugelsicheren Scheiben fuhren.

Sowohl Krjukow als auch Ruslanowa und indirekt Shukow wurden beschuldigt, sich im besetzten Deutschland eine ungeheure Menge Wertsachen (vor allem Kunstgegenstände) angeeignet zu haben. Eben darüber wurde im ganzen Land geredet, und dies rief durchaus aufrichtige Empörung hervor. Nicht, weil diese Generation so hohe moralische Kriterien gehabt hätte, nein! Den besiegten Feind aus Rache für die von ihm den eigenen Leuten zugefügten Leiden auszuplündern galt im Grunde als berechtigt. Aber eine zu großzügige Bereicherung verzieh die Masse nicht einmal denen, die sie zu ihren Götzen gemacht hatte. Über die dunklen Kanäle der Lubjanka wurde die Bevölkerung fleißig mit Informationen versorgt: Was alles und wieviel die in Ungnade Gefallenen aus Deutschland herausgeschleppt haben. Derartige Informationen wurden gierig aufgegriffen und von Mund zu Mund weitergegeben.

Die massenhafte Ausplünderung der deutschen Bevölkerung und ihrer zerstörten, leerstehenden Häuser in den Jahren 1945 und 1946 ist unstrittig und hinreichend bekannt. Ich erinnere nur an die Augenzeugenberichte von Persönlichkeiten wie Alexander Solschenizyn und Lew Kopelew. Wenn sich auch nicht alle dazu haben hinreißen lassen, so doch leider sehr viele. Aber niemand hätte es gewagt, über solche Heldentaten ein Wort zu verlieren, wenn sie von regimetreuen und gehätschelten Leuten begangen worden wären. Sobald jedoch einer aus irgendeinem Grund in Ungnade fiel, wurden ihm sofort auch schmutzige Geschäfte mit «deutschem Trödel» in die Schuhe geschoben. Dies funktionierte immer, und so war jeder, der sich auf dem Territorium des besiegten Deutschlands aufgehalten hatte, eine potentielle Geisel, die man jederzeit wegen Plünderung anklagen konnte, wenn sich kein Material für eine schwerere Anklage finden ließ oder man zu faul war, solches Material zusammenzutragen. Im konkreten Fall aber hatte das Ehepaar Krjukow-Ruslanowa tatsächlich einiges auf dem Kerbholz.

General Krjukow hatte vier Beutewagen aus Deutschland mitgebracht: einen Horch, zwei Mercedes und einen Volkswagen. Außerdem mehr als dreißig wertvolle alte Teppiche, eine ungeheure Menge Gold, Brillanten, Smaragde, antikes Service, Antiquitäten, Bettwäsche, Pelze, Gemälde, Plastiken, Ziervasen und so weiter. Krjukow behauptete, er habe das alles für einen Spottpreis gekauft, aber höchstwahrscheinlich wurde es größtenteils der schutzlosen Bevölkerung weggenommen. Um die Sängerin Ruslanowa zumindest ein wenig zu rehabilitieren, möchte ich anmerken, daß die 132 Originalgemälde, die sie sich in Deutschland aneignete, größtenteils von erstrangigen russischen Malern stammten (Repin, Lewitan, Aiwasowski, Schischkin u. a.). Sie waren von den deutschen Besatzern aus Rußland und der Ukraine weggeschleppt worden.

Wenn man nach den Materialien der Ermittlung und des Gerichtsdossiers urteilt, haben sich die Initiatoren des Falls herzlich wenig für die Beute Krjukows und seiner Frau interessiert. Alle Anstrengungen waren einzig und allein darauf gerichtet, Marschall Shukow so schwerwiegend wie möglich zu diskreditieren. Hier ein kurzer, bezeichnender Dialog aus dem Protokoll eines Verhörs Krjukows vom 1. Oktober 1948:

«*Frage:* Sie haben gesagt, daß Sie moralisch immer tiefer fielen und im Grunde genommen ein Marodeur und Räuber geworden sind. Kann man sagen, daß Shukow, der von Ihnen Geschenke erhielt, deren Herkunft er erahnte, genauso ein Marodeur und Räuber war?

Antwort: Ja, das kann man sagen... Von den Gegenständen, die mein Korps erbeutet hatte, habe ich meinen Vorgesetzten Geschenke gemacht, darunter auch Shukow, dem ich wertvolle Stoffe, Teppiche, Service und alles mögliche zukommen ließ. Auch noch vielen anderen Generälen.

Frage: Präzisieren Sie, was für Geschenke hat Shukow genau von Ihnen erhalten? [Die Namen der «vielen anderen Generäle» interessierten offenbar niemanden.]

Antwort: Es waren so viele, daß ich mich nicht genau erinnern kann.

Frage: Sie waren Stammgast auf Shukows Datsche. Was ist Ihnen aufgefallen?

Antwort: Viele Kostbarkeiten und riesige Packen, da waren wahrscheinlich [!] die erbeuteten Wertgegenstände drin, Koffer mit Geschenken u. ä.

Frage: Unter welchen Umständen hat Ruslanowa Shukows Frau die Brillantbrosche überreicht, die sie sich in Deutschland angeeignet hatte?

Antwort: Im Juni 1945, einen Tag nach der Siegesparade, hat Shukow auf seiner Datsche bei Moskau ein Bankett gegeben. Anwesend waren Marschall Budjonny, Admiral Kusnezow, die Generäle Tschuikow, Antonow, Telegin und noch viele andere. Außerdem Ruslanowa und ich. Sie brachte einen Toast auf die treuen Ehefrauen aus, lobte Shukows Frau und überreichte ihr die Brosche. Dabei sagte sie: Die Regierung habe sich für die Kampfgefährtinnen keine Orden ausgedacht, und anstelle eines Ordens schenke sie die Brosche.

Frage: Also kommt heraus, die Regierung zeichnet nicht aus, und sie hat anstelle der Regierung die Auszeichnung vorgenommen?

Antwort: Genauso kam es heraus.

Frage: Das heißt, wenn man die richtige politische Schlußfolgerung zieht, hat sich Ruslanowa einen feindlichen Angriff gegen die Sowjetregierung und den Genossen Stalin persönlich erlaubt?

Antwort: Natürlich kann man zu so einem Schluß kommen, aber ich bin sicher, daß Ruslanowa keine feindliche Absicht hatte.

Frage: Ihre Sicherheit wird durch nichts bestätigt, zumal Shukow die politische Bedeutung dieses Angriffs verstehen mußte und seiner Frau dennoch erlaubt hat, ein Geschenk von eindeutig verleumderischem feindlichem Charakter anzunehmen. Stimmen Sie dem zu?

Antwort: Ich stimme dem voll zu.»

Auch bei den Verhören von Lidija Ruslanowa begegnen wir dem gleichen Ton der «Fragen», die bereits die Antworten beinhalten und der gleichen Zielrichtung unterliegen:

«*Frage:* Können Sie erzählen, wofür Sie Shukow mit einem Orden ausgezeichnet hat?

Antwort: Als der vierte Jahrestag des Kavalleriekorps gefeiert wurde, fand eine Parade statt. Auf der Tribüne war auch Shukow... Die «Katjuscha»-Batterie zog vorüber, und auf einem Geschütz stand «Geschenk der Künstlerin Ruslanowa». Shukow fragte: ‹Wann hat das die Ruslanowa geschenkt?› Man sagte ihm: ‹Eine 1942, die andere 1943.› Da hat Shukow sofort befohlen, mich für die Auszeichnung mit dem Orden des Vaterländischen Krieges 1. Klasse vorzuschlagen.

Frage: Meinen Sie, daß er sich richtig verhalten hat?

Antwort: Das habe ich nicht zu beurteilen.

Frage: Sie haben vor Shukow auf den Knien gelegen, kannten seine Schwäche für Schmeicheleien und haben ihn bei jeder passenden Gelegenheit als ‹unübertroffenen› Feldherrn in den Himmel gehoben. Sie haben die Bezeichnung ‹Georgi der Siegreiche› in die Welt gesetzt. War Ihnen nicht bewußt, daß Sie mit Ihrer Unterstützung der schändlichen Hochnäsigkeit Shukows selber feindliche Aktivitäten gegen die Sowjetregierung und den Genossen Stalin persönlich betrieben?

Antwort: Nein, das war mir nicht bewußt.»[5]

Ich weiß nicht, ob man die Aufgabe, vor der die Ermittler und das Gericht standen, noch ungeschminkter ausdrücken kann. Hier, auf den Seiten des strenggeheimen Dossiers, das nur einem kleinen Personenkreis zugänglich war, genierten sie sich nicht im geringsten und nannten alle Dinge beim Namen. In der Anklageschrift und im Urteil wird dann alles umschrieben, durchsichtig zwar, aber dennoch verschlüsselt: «Verbreitete Verleumdungen über die sowjetische Wirklichkeit und verurteilte von antisowjetischen Positionen aus Maßnahmen von Partei und Regierung, die im Lande durchgeführt wurden ... Stellte über ihren Mann eine verbrecherische Verbindung zu einem hohen Militär her, der die führende Rolle in der Armee und im Land beanspruchte ... War über die bonapartistischen Ambitionen des letzteren informiert ... Da sie eine enge Beziehung zu ihm hatte, popularisierte sie ihn in jeder erdenklichen Weise und schrieb ihm einen unverdienten Ruhm zu ...»

Diese letzten Worte spiegeln wohl am genauesten die Hauptsorge des Großen Führers wider. Eigentlich hatte er alles erreicht. Er hatte sämtliche Gegner und Konkurrenten umgebracht. Die echten und die eingebildeten. Er hatte Freunde nur deshalb ermordet, weil diese sich an mehr als nötig erinnern konnten. Er hatte Millionen treuer Sklaven umgebracht und hatte dabei nach dem alten, aber ewigen Prinzip gehandelt: «Schlage die eigenen Leute, damit die Fremden Angst haben.» Er hatte nicht nur im eigenen Land, sondern in der ganzen Welt für einen Kult um seine Person gesorgt. Er hatte den Aggressor in die Knie gezwungen. Er hatte die Grenzen des Imperiums erweitert, hatte ihm nicht nur die Gebiete angegliedert, die Zar Nikolai II. und Wladimir Uljanow-Lenin verloren hatten, sondern auch Territorien hinzugenommen, die nie zum Imperium gehört hatten.

Aber durch keinen noch so strengen Befehl, durch keine noch so flammende Rede konnte er Millionen Soldaten glauben machen, daß Marschall Shukow seinen Ruhm unverdient genoß und daß der einzige Feldherr, der den Ausgang aller Schlachten genial entschieden hatte, er, Stalin selbst, war. Wer Shukow war und was er geleistet hatte, daran konnten sich alle erinnern. Diese Erinnerung konnte man nur um den Preis jahrelanger Anstrengungen auslöschen. Und nur mit Hilfe der Lubjanka. Natürlich mußte man mit den hohen Militärs beginnen, um dann allmählich auch zu den niederen Dienstgraden übergehen zu können.

Das war der Grund, weshalb sehr viele Marschälle, Generäle und Admirale nach dem Krieg Stalins Ärger und manchmal auch seine Wut weckten. Ich will hinzufügen, daß er selber genau wußte, wieviel unverzeihliche, verhängnisvolle Fehler er vor und während des Krieges gemacht hatte. Fehler, die zu gigantischen, nicht zu rechtfertigenden Verlusten geführt hatten. Es war ihm zuwenig, alle Erfolge für sich zu verbuchen, er mußte auch noch alle laut oder nicht laut ausgesprochenen Vorwürfe von sich ablenken und die Schuld anderen zuschieben. Außerdem war ihm sehr wohl bewußt, daß die Militärs eine Kraft darstellen, eine reale Kraft. Er hatte Angst, gestürzt zu werden. Die Angst, die ihn ständig verfolgte – seit der Zeit, in der er sich die Aufgabe gestellt hatte, der Erste und Einzige im Lande zu werden, und erst recht, nachdem er dies realisiert hatte –, nahm tatsächlich nach dem Krieg, als er eigentlich unerreichbar geworden war und auf dem Höhepunkt der Macht stand, unfaßbare pathologische Ausmaße an. Wieder einmal benötigte er unzählige «Feinde» und den erbarmungslosen Kampf gegen sie. Die Lubjanka war und blieb dafür das einzige reibungslos funktionierende Instrument.

Es war wohl eher Shukows Beliebtheit im Volk als sein Ruhm im Ausland, was ihn immer wieder vor der endgültigen Abrechnung rettete. Mit anderen machte Stalin nicht viel Federlesens. Auf die noch lauthals verkündete Hinrichtung von Marschall Michail Tuchatschewski folgte die klammheimliche Ermordung von Marschall Alexander Jegorow. Nun war die Reihe an einem dritten Heerführer.

Es handelte sich um den ausgesprochen unpopulären, man kann sogar sagen, fast unbekannten ehemaligen Marschall Grigori Kulik. An diesem äußerst ungebildeten Mann hielt sich Stalin schon 1942 für seine katastrophalen Niederlagen in der ersten Zeit des schnellen Vorrükkens der Deutschen schadlos.

Nachdem kurz vor dem Krieg die Creme der sowjetischen Generalität von der Lubjanka umgebracht worden war, nahmen ungebildete und hilflose Haudegen aus der Zeit des Bürgerkriegs viele Führungspositionen beim Militär ein. Durch diese Welle wurde auch der einfache Bauernjunge Grigori Kulik hochgespült, den Stalin seit 1918 wegen seiner treuen Ergebenheit und seiner Schlichtheit in Erinnerung hatte. 1939 wird Kulik plötzlich stellvertretender Volkskommissar für Verteidigung und Chef der Artilleriehauptverwaltung, 1940 Marschall. Zu dieser Zeit war Stalin von der Treue ungebildeter Emporkömmlinge mehr angetan als vom Talent kritisch denkender Menschen. In dem Moment aber, als der Krieg begann und von hohen Militärs außer Liebesbeteuerungen reale Taten verlangt wurden, mußte Stalin seine Kriterien revidieren. Aus noch nicht bekannten Gründen reagierte Stalin auf die Aufgabe der Hafenstadt Kertsch auf der Ostkrim mit besonderer Wut. Gewiß, der Fall von Kertsch machte Hitlers Armee den Weg zum Nordkaukasus frei, aber in den ersten Kriegsmonaten waren so viele strategisch wichtige Städte geräumt worden, daß Stalins Wut wegen Kertsch nicht unbedingt gerechtfertigt erschien. Möglicherweise spielten die mündlichen und schriftlichen Denunziationen des Vertreters des Hauptquartiers Lew Mechlis eine Rolle. Dieser bei den professionellen Militärs zutiefst verhaßte Flegel und Dummkopf rechtfertigte sich temperamentvoll vor dem Oberkommandierenden und schob seine Schuld auf Kulik, den Stalin zur Rettung des Nordkaukasus abkommandiert hatte.

Kulik und General Gordej Lewtschenko wurde vorgeworfen, sie seien defätistischen Stimmungen erlegen und hätten sich «dem Einfluß der Nazipropaganda über die Stärke der deutschen Technik ergeben». Beiden wurden die militärischen Ränge aberkannt, wobei Kulik in den Rang eines Generalmajors zurückversetzt wurde. Im Vergleich zu denen, die zwischen die Räder des blutigen Terrors gerieten, war er ein Glückspilz und bekam zunächst das volle Ausmaß Stalinscher «Barmherzigkeit» zu spüren. Aber nur drei Jahre später setzte eine neue Hetzjagd gegen ihn ein, die mit seiner Verhaftung im

Jahre 1947 endete. Nach drei Jahren Folter, in deren Ergebnis Grigori Kulik, Generaloberst Wassili Gordow und Generalmajor Filipp Rybaltschenko bereit waren, «alles zuzugeben», wurden alle drei auf Grund eines Urteils des Militärkollegiums des Obersten Gerichts der UdSSR erschossen.

Dieses Urteil zeichnet sich durch eine sogar für die Stalinsche Geheimjustiz ungewöhnliche Verschwommenheit aus: «Haben sich gegenseitig verleumderische Meinungen über die Maßnahmen der Partei und der Sowjetregierung erzählt»; «hatten terroristische Pläne gegen das Oberhaupt der Sowjetregierung» und «die Absicht, die Heimat zu verraten». Was steckt hinter alldem, und warum ging Stalin so eifrig gegen einen Mann vor, der ihm in nichts gefährlich werden konnte? Warum mußte man gerade auf diese drei Generäle die höchsten Lubjanka-Mörder ansetzen? Immerhin wurde die Ermittlung vom Minister für Staatssicherheit, Viktor Abakumow, persönlich geleitet. Und seine engsten Mitstreiter Leonow und Komarow folterten die Generäle.

Das Studium der Prozeßakten scheint auf alle diese Fragen Antworten zu geben. In den Meldungen der Geheiminformanten befindet sich ein Bericht, der Stalin mehr als alles andere erzürnte. Wenn man den Denunzianten Glauben schenkt (und in manchen Punkten kann man das wahrscheinlich), so schütteten Kulik und die beiden anderen Generäle ihr Herz über die Launen des Schicksals aus, erlaubten sich Zweifel an der Unfehlbarkeit des strategischen Genies des Generalissimus und schätzten die Verdienste anderer Armeeführer entsprechend höher ein. Sie verurteilten die Umbesetzungen im Kommandobereich nach dem Krieg, die ihrer Auffassung nach nicht dem realen Beitrag des einen oder anderen hohen Militärs zum gemeinsamen Sieg entsprachen und den Interessen des Landes zuwiderliefen. Schließlich hatten sie darüber nachgedacht, was *nach* Stalin passieren würde. Das allein war schon Ketzerei, weil sich gewissermaßen von selbst verstand, daß Stalin *ewig* war. *Nach* ihm bedeutete in jedem Fall nach seiner Ermordung. Das unheilvolle Wort konnte gar nicht anders interpretiert werden. Die Vorstellung eines natürlichen Todes kam offenbar weder Stalin selbst noch den Lubjanka-Mördern in den Sinn. Obwohl Gerüchte darüber kursierten, daß Stalin Gespräche über mögliche Nachfolger für seine Partei- und Staatsfunktionen geführt habe, gibt es nicht einen einzigen Beweis, der belegt, daß er sich um das Schicksal des Landes nach seinem Tod ernsthaft Sorgen gemacht oder überhaupt irgendwelche Schritte für diesen Fall unternommen hätte. Deshalb war es natürlich, daß jedes Gespräch, ganz gleich von wem, darüber, wie die Situation *nach* Stalin aussehen könnte, völlig eindeutig aufgefaßt wurde: *Nach* Stalin hieß: nach Stalins *Ermordung*...

Bereits in den dreißiger Jahren wurde gegen Kulik sowie gegen viele Partei-, Staats- und Armeefunktionäre unterschiedlichen Rangs umfangreiches kompromittierendes Material gesammelt. Im Archiv des KGB befinden sich irrwitzige Aussagen von Militärs, nach denen Kulik angeblich nicht Ukrainer aus dem Gebiet Poltawa war, wie in seinen Papieren stand, sondern ein Deutscher aus Sachsen, der in Deutschland auf einer Militärschule ausgebildet und als Spion in die UdSSR geschickt worden sei. Ganz zu Beginn des Krieges (Ende Juni/ Anfang Juli 1941) war Kulik zusammen mit Teilen der 10. Armee eingekesselt worden und hatte sich kämpfend zu den eigenen Leuten durchgeschlagen. Aber in den Meldungen der informellen Mitarbeiter stand, daß er in deutscher Gefangenschaft gewesen und danach von den Deutschen über die Frontlinie geschickt worden sei, um für die Wehrmacht zu spionieren. Auch ein Bruchteil dieser Anschuldigungen hätte eigentlich ausgereicht, um den «Spion» zum Tode zu verurteilen. Aber Stalin wußte genau, wieviel er von derartigen Informationen zu halten hatte, und schenkte ihnen in diesem Fall keine Beachtung. Was er aber um nichts in der Welt verzeihen konnte, das waren Zweifel an seinem militärischen Führungsgenie und eine Schmälerung seiner Rolle beim Sieg.

Die Dokumente aus den Archiven des ZK der KPdSU und des KGB belegen unbestreitbar: Die Information, daß Kulik ein deutscher Spion sei, beeindruckte Stalin nicht im geringsten. Aber auf die Mitteilung, daß Kulik «Gespräche über eine ungeschickte Führung der Kampfoperationen und eine falsche Personalpolitik in den obersten Rängen der Armee seitens des Hauptquartiers führt», reagierte er unverzüglich. Das geschah bereits unmittelbar vor Kriegsende. Zwei Armeegeneräle, Iwan Petrow (am 10. April 1945) und Georgi Sacharow (am 17. April 1945), schrieben an Stalin adressierte Erklärungen, General Kulik führe «unwürdige Gespräche, die die Rolle des Oberkommandierenden im Großen Vaterländischen Krieg herabsetzen». Die Überprüfung der Angelegenheit, die von der Staatsanwaltschaft und der Parteikontrollkommission 1956 durchgeführt wurde (ihre Resultate wurden 35 Jahre lang geheimgehalten!), ergab, daß der Chef der SMERSCH, Viktor Abakumow, die beiden Generäle beauftragt hatte, diese Denunziation zu schreiben. Er selbst handelte auf eine direkte Anweisung von «oben», und die Generäle fügten sich. Besonders schmerzlich berührt die Unterschrift von Iwan Petrow, einem verdienten und tapferen Kämpfer, der selbst mehr als einmal Opfer verleumderischer Anklagen wurde und Stalins Zorn voll zu spüren bekommen hatte. Natürlich war ihm klar, daß Kulik unbegabt und als militärischer Führungskader eine Null war. Aber kann das eine Verleumdung rechtfertigen, deren Folge nichts anderes als Repressalien bedeutete?

Dieses Mal waren die Repressalien, die Kulik erleiden mußte, noch milde. Ein paar Tage später wurde ihm lediglich das Parteibuch abgenommen, und im Juli wurde er auf den bescheidenen Posten des stellvertretenden Kommandierenden des Militärbezirks Wolga versetzt. Ich erinnere daran, daß Stalin Marschall Tuchatschewski wenige Tage vor dessen Verhaftung den Befehl gerade über diesen Militärbezirk übertrug. Kulik hielt sich länger auf diesem Posten, ganze anderthalb Jahre.

Diese anderthalb Jahre und noch ganze dreieinhalb Jahre im Gefängnis, in sogenannter Untersuchungshaft, verbrachte er letztendlich in Erwartung der Hinrichtung. Weshalb hatte einer der unbedeutendsten Repräsentanten der Sowjetarmee, auch wenn er es fertiggebracht hatte, ein paar Monate lang die Schulterstücke eines Marschalls zu tragen, ein so seltsames Schicksal? Wenn man die Fragen analysiert, die die Untersuchungsrichter Kulik stellten, und die verschiedenen Aussagen miteinander vergleicht, die man ihm unter Schlägen, Beleidigungen und Erpressungen abverlangte (die Anwendung raffinierter Foltern wurde bei der Überprüfung in den fünfziger Jahren nachgewiesen), kommt man zu folgendem Schluß: Stalin wollte herausbekommen, wer auch nur im mindesten an seinem militärischen Genie zweifelte, wer auch nur irgendein militärisches Verdienst jemand anderem außer ihm selbst zuschrieb, und schließlich, welche Personalpolitik den Generälen wohl gerechter erschienen wäre als die, die er betrieben hatte?

Die Geschichte der Revolution hatte er bereits neu geschrieben. Dafür mußten Hunderttausende Revolutionsteilnehmer und Augenzeugen der Ereignisse sowie noch ein paar Millionen Mitbürger hingerichtet werden. Jetzt war die Zeit gekommen, auf frischen Spuren auch die Geschichte des gerade beendeten Krieges umzuschreiben. In dieser Geschichtsschreibung sollten nur er selbst und die Generäle, die bereit waren, als willige Anführer seiner Weisungen zu gelten, einen Platz haben. Das war im Vergleich mit der Revolutionsgeschichte eine weitaus schwerere und praktisch nicht zu realisierende Aufgabe. Schließlich waren ungeheuer viele Menschen Zeugen dieser historischen Epopöe gewesen. Sie kannten die wirklichen Geschehnisse ausgezeichnet und hatten die Möglichkeit, ihre Kenntnisse und Beobachtungen mit dem zu vergleichen, was ihnen die offizielle Propaganda nun anbot.

Im Grunde fand der versteckte Kampf um den Platz in der Kriegsgeschichte aber nur zwischen zwei Großen statt – zwischen Stalin und Shukow. Der politische Konkurrent Trotzki hatte einst noch unter Beihilfe «treuer Mitstreiter» mit Schimpf und Schande bedeckt und ermordet werden können, aber bei Shukow stand die Sache völlig anders. Es war unmöglich, ihm politische, ideologische oder andere Abweichungen vorzuwerfen. Ihm Spionage in die Schuhe zu schieben, getrauten sich nicht einmal solche Virtuosen der Verleumdung wie Stalin und Berija. So blieben nur noch «Bonapartismus» und «moralische Verkommenheit» als Vergehen, und an deren Nachweis arbeitete die Lubjanka eifrig. Diese Anschuldigungen konnten jedoch die Rolle, die Shukow im Krieg gespielt hatte, nicht auslöschen. Stalin wollte aber nur das.

Es gab noch einen psychologischen Faktor bei dieser Auseinandersetzung, den man nicht unterschätzen darf. Die beiden Antipoden waren ein und derselbe Menschentyp. Sie hatten viele gemeinsame Charakterzüge. Shukows Härte und Strenge, die manch einer (offenbar nicht ohne Grund) auch als Grausamkeit bezeichnete, waren allgemein bekannt. Herrschsucht, autoritäres Auftreten, Entschlossenheit, Unbedenklichkeit bei der Wahl der Mittel, all das und noch vieles andere mehr machte die beiden Männer einander ähnlich und zwang Stalin, mit seinem Gegenspieler ernsthaft zu rechnen. Stalin, der als Diktator im Vollbesitz der Macht war, hätte natürlich alles, was er wollte, mit Shukow machen können, aber er zögerte.

Die Lubjanka hatte alles getan, um das Material für die große Abrechnung vorzubereiten. Die Zeitbombe lag bereit. Es hing nur noch von Stalin ab, auf den Kopf zu drücken und das Uhrwerk in Gang zu setzen. Aber dazu konnte er sich offensichtlich nicht durchringen. Die Menschen jedoch, die Shukow den Weg auf die Anklagebank bereiten sollten, mußten den bitteren Kelch bis zur Neige leeren.

Am 2. November 1951 wurde Krjukow vor das Militärkollegium des Obersten Gerichts der UdSSR gestellt. Drei Jahre mußte General Kulik warten, etwas länger als drei Jahre nun General Krjukow. Ihre eigentlich so unterschiedlichen Fälle entwuchsen der gleichen Wurzel, die Methodik der «Ermittlung» und sogar die zeitlichen Abläufe waren gleich. Immer wieder wurde die Verhandlung verschoben, auf neue Anweisungen gewartet.

Es ist bitter, die kriecherischen, selbst erniedrigenden «Geständnisse» des Generals zu lesen, der voller Wollust seinen verehrten Kommandeur und seine von ihm zweifellos geliebte Frau moralisch mit Füßen tritt. «Ich bin bereit, jede Strafe für meine Verbrechen hinzunehmen... Ich bitte darum, mir die Möglichkeit zu geben, meine Schuld wiedergutzumachen.» Nur das konnte er in seinem Schlußwort aus sich herauspressen. Was für ein Verbrechen? Was für eine Schuld?

Natürlich wissen wir, wie einfach es war, jedes Protokoll zu fälschen. Aber wenn jemand sich vor Gericht weigerte, seine Schuld einzugestehen, wurde das sogar in den schlimmsten Jeshow-Zeiten so im Protokoll festgehalten. Die Weigerung hatte zwar keinerlei Einfluß auf das Schicksal des Verdammten, aber sie wurde immerhin nicht in ein Geständnis umgewandelt. Und auch bei diesem Prozeß hat das Gericht natürlich keine prinzipielle Verdrehung der Position des Angeklagten zugelassen.

Der Monolog des Inhaftierten und die Antworten auf die höhnischen Fragen der Richter dauerten dreieinhalb Stunden. Im Vergleich zu den zwanzig Minuten in der Zeit der großen Schauprozesse war das ein gewaltiger Fortschritt. Krjukow hatte unheimliches Glück. Sein Fall wurde behandelt, kurz nachdem dem «großen Humanisten» eingefallen war, die Todesstrafe abzuschaffen. Nur deshalb kam Krjukow mit einem «milden» Urteil davon: 25 Jahre Lager. Die Ruslanowa wurde zu acht Jahren Lager verurteilt.

Sie verbüßten ihre Strafe in derselben Gegend, in Sibirien. Krjukow arbeitete in der Nähe der Stadt Taischet als Zehnergruppenleiter beim Bau eines Gemüsesilos für einen Forstwirtschaftsbetrieb. Ruslanowa kam in eine Brigade von verhafteten Schauspielern und Musikern, die durch die Lager reiste, um die Bewacher zu amüsieren. Ganz selten wurde gestattet, auch für Häftlinge Konzerte zu geben. Auf diese Weise wurden sie gelegentlich für «Aktivistenarbeit» belohnt. Bei einem dieser Konzerte kam es zu einer von der Obrigkeit nicht geplanten Begegnung zwischen dem Ehemann und der Ehefrau. Ob Krjukow ihr von seinem Kleinmut erzählt hat? Ob er wieder vor ihr kniete, wie damals, an dem Abend, als sie sich kennenlernten? Wir werden es nie erfahren. Und wer von uns wagt es heute, den Stein auf diese Unglücklichen zu werfen?

Auch Shukow wird kaum gewußt haben, mit welchen Worten der gemarterte General ihn im Kerker bedacht hat. Und auch wenn er es gewußt hätte, er würde sich kaum anders verhalten haben. Sofort nach Stalins Tod setzte er sich in Bewegung, um seinen General zu retten. Gleichzeitig ging am 25. April 1953 Krjukows Gnadengesuch im ZK ein. Das Gesuch war kurz, aber klar: «Alle Aussagen habe ich infolge der Anwendung... perverser Ermittlungsmethoden gemacht.» Das ist ein fast wörtliches Zitat aus der offiziellen TASS-Mitteilung über die Freilassung der «Mörder-Ärzte» (vgl. S. 228/29): Offensichtlich hat das den General veranlaßt, diese für damalige Zeiten ganz unübliche Formulierung zu benutzen.

Berija, auf dessen Tisch sowohl Shukows Fürbitte als auch Krjukows Gesuch kamen, gab den Befehl zu bremsen. Im schicksalsschweren Duell, das sich hinter den Kremlmauern anbahnte, war das Auftauchen von Personen mit einer derartigen Biographie völlig unpassend. Erst nach Berijas Sturz kam die Maschinerie ins Rollen. Noch vor der Rehabilitierung wurde Krjukow «auf Befehl der Instanz» (d. h. eines Politbüromitglieds) aus Taischet nach Moskau gebracht; Ruslanowa wurde aus dem Gefängnis von Wladimir entlassen. Beide waren ohne Gerichtsverhandlung verurteilt worden, und nun wurden sie ohne Gericht begnadigt – diese Sitten änderten sich nie.

Einige Tage später, am 27. Juli 1953, wurde eilig eine staatsanwaltschaftliche Vorlage zur Rehabilitierung des Generals formuliert. Kurz darauf auch für die Sängerin. Der entwaffnende Zynismus bestand darin, daß unter dem Schriftstück über die «Unschuld W. W. Krjukows, der widerrechtlich auf Grund einer gefälschten Anklage verurteilt worden war» (1953), und unter dem Gutachten über die «begründete und bewiesene Anklage W. W. Krjukows wegen antisowjetischer, konterrevolutionärer Agitation» (1951) dieselbe Unterschrift stand: Militärstaatsanwalt, Hauptmann der Justiz Nikolai Koshura. Natürlich wäre es ein leichtes gewesen, für das zweite Schriftstück einen anderen Hauptmann der Justiz zu finden. Diejenigen aber, die diese Kreml-Lubjanka-Spiele spielten, hielten solche Formalitäten nicht für nötig. Schließlich war alles streng geheim! Nur sie selbst wußten, wer wem was diktiert hatte, wer von wem abhing und wer die Befehle von oben in die richtige Form bringen mußte. Darüber, was die Nachkommen sagen würden, zerbrachen sich die Herren nicht den Kopf. In ihrer Gedankenkette war Zukunft überhaupt nicht vorgesehen. Sie hatten recht, und wenn sie heute recht hatten, dann hatten sie für immer recht.

Alle Schallplattenmatrizen mit den Aufnahmen der «Volksfeindin» Ruslanowa waren vernichtet worden. Es ist reiner Zufall, daß einige Sammler ihre alten abgespielten Platten noch aufgehoben haben. Das ist alles, was von dem fast legendären Gesangstalent der Volkssängerin aus der Zeit ihres Ruhmes geblieben ist. Alle übrigen Aufnahmen wurden nach ihrer Rückkehr aus dem GULAG gemacht, als die Sängerin schon weit über fünfzig war. 1981 erschien eine Anthologie «Lidija Ruslanowa in den Erinnerungen von Zeitgenossen». Von ihrem und dem Schicksal ihres Mannes in den fünf Jahren zwischen 1948 und 1953 steht kein Wort in diesem Buch.

Und dennoch: Wie dramatisch sich auch das Leben von Marschall Shukow gefügt hatte, man kann sagen, daß es seinesgleichen sucht – wenn man es mit den Augen der Mitarbeiter der Lubjanka betrachtet. Mehrere Jahrzehnte konzentrierter Verfolgung und Beobachtung eines jeden Schritts, den Shukow tat, eines jeden Wortes, das er sprach, ganze Bände zielgerichtet gesammelter Denunziationen, ein vollständig vorbereitetes Dossier für einen Gerichtsprozeß, unzweideutige Anweisungen des Herrn, der alle Entscheidungen traf. Shukow wurde nicht nur von Stalin, sondern auch von Chruschtschow und von Breschnew gefürchtet. Sie fürchteten seine Stärke, seine Popularität, sein Talent, aber sie fürchteten auch, ihn den Knochenbrechern der Lubjanka zu überlassen. Sie haben ihnen so viele ausgeliefert, aber sie hüteten sich davor, ihnen auch Shukow zu überantworten.

Die Bombe explodierte also nicht. Keiner konnte sich letztendlich entscheiden, auf den Knopf zu drücken.

Schrecklich in der Liebe wie im Zorn

Stalin und die Künste

Im Unterschied zu seinen Nachfolgern Chruschtschow und Breschnew – so meine Behauptung am Anfang dieses Kapitels – konnte Stalin wahre Talente von Scheintalenten unterscheiden, er schätzte begabte Menschen und liebte sie bisweilen sogar. Treue, unbedingte Ergebenheit und, nach einem Wort Puschkins, die Bereitschaft, nicht nur zu dienen, sondern auch dienstbar zu sein, waren die Voraussetzung für sein Wohlwollen und trugen einem jenen Schutzbrief ein, der einen am Leben ließ. Ergebenheit und sklavische Treue eines Unbegabten freilich weckten bei Stalin nicht unbedingt Sympathie, er wollte echte Brillanten in seiner Krone blitzen lassen. Ihm zu Ehren sollten begnadete Dichter, deren Talent allgemein anerkannt war, Oden und Hymnen verfassen, und so finden wir in dem Kreis von Künstlern, denen er zugetan war, kaum einen durchschnittlichen Schriftsteller, Schauspieler oder Maler. Was für ein Kontrast im Vergleich zu denen, die nach ihm den Platz im Kreml einnahmen: Ihr Geschmack entsprach vollkommen ihrer geistigen Bedürfnislosigkeit.

Stalin dagegen konnte noch im Zorn ein echtes Talent vom Mittelmaß unterscheiden. Es waren denn auch die Talentiertesten, die im Mittelpunkt seiner Hetze und Verleumdungen standen, jener «Bearbeitungskampagnen», die auf seine direkte Anweisung oder mit seinem Einverständnis organisiert wurden. Denken wir nur an Anna Achmatowa und Michail Sostschenko, Dmitri Schostakowitsch und Sergej Prokofjew, Wassili Grossman und Sergej Eisenstein. Und abgeschirmt hinter den dicken Vorhängen der Direktionsloge, hat er sich fast zwanzig Mal im Künstlertheater nicht etwa die Stücke solcher Schreiberlinge wie Surow oder Sofronow angesehen, sondern Michail Bulgakows «Die Tage der Turbins».

Aus diesem Grund wundere ich mich nicht über die Lubjanka-Liste von Schriftstellern und Künstlern, mit denen abgerechnet werden sollte (vgl. oben S. 45). Die Namen auf dieser Liste sind die Namen großer, echter Talente, kein einziger mittelmäßiger Künstler findet sich darunter. Einige von denen, die zum Opfertod verdammt schienen, konnten sich retten und hielten dem erbarmungslosen Wind der Epoche stand. Andere, wie beispielsweise der hochbegabte Schriftsteller Konstantin Fedin, wurden nicht nur treue Diener des Regimes, sondern beteiligten sich schließlich auch aktiv an der Hetze gegen Kollegen. So hatte Fedin seine Hand im Spiel bei der Hetzjagd gegen Pasternak und besonders gegen Solschenizyn. Das Schicksal derer, die in den dreißiger Jahren dem bereits über ihrem Haupt schwebenden Beil entkamen, ist ein gesondertes Thema, das noch erforscht werden muß. Mir schien es zunächst wichtig zu sein, die Aufmerksamkeit auf Stalins besondere Vorliebe für «begabte Vertreter aus dem künstlerischen Bereich» (so die offizielle sowjetische Terminologie) zu lenken.

Über das tragische Schicksal Marina Zwetajewas ist inzwischen viel geschrieben worden, sowohl bei uns als auch im Ausland. Das postume Schicksal dieser großen russischen Dichterin ist wahrscheinlich nicht weniger tragisch als das, das sie zu ihren Lebzeiten erleiden mußte. Ich meine nicht nur die zahlreichen, zum Teil unüberwindbaren Hindernisse, die der Verbreitung ihrer Werke im Weg standen – unter Stalin war nicht nur ihre Lyrik, sondern selbst ihr Name verboten –, sondern vor allem die Tatsache, daß ihr Name im Bewußtsein der Leser weniger mit ihren Gedichten in Verbindung gebracht wird als vielmehr mit den blutigen letzten Seiten ihrer Biographie. Genauer, eigentlich nicht *ihrer* Biographie, sondern der Biographien ihrer Familie.

Es ist noch gar nicht allzu lange her, da fügte man, wenn von Sergej Efron gesprochen wurde, unweigerlich hinzu: «der Mann von Marina Zwetajewa». In den letzten Jahren habe ich in verschiedenen Ländern Europas und in den USA von Leuten, die sich für die jüngste Geschichte der Sowjetunion interessieren, mehrfach gehört: «Marina Zwetajewa – die Frau von Sergej Efron». Gewiß ist das überflüssig, aber die Umkehrung bedeutet dennoch keinerlei Erniedrigung für die Zwetajewa. Der Grund ist der, daß sich der Vorhang über einer der widerwärtigsten und blutigsten Operationen des NKWD in den dreißiger Jahren immer mehr öffnet. Und deshalb kann man den Namen

Sergej Efron heute fast häufiger in der Presse lesen als den Namen der Dichterin, deren Schicksal unzertrennlich mit dem seinen verbunden war.

Es geht um die Ermordung des sowjetischen Agenten und Überläufers Ignati Stanislawowitsch Porezki, der unter dem Pseudonym «Reiss» in die Geschichte eingegangen ist. Heute wäre dieser ungewöhnliche Mann über neunzig Jahre alt. Er wurde in Polen in einer kleinbürgerlichen jüdischen Familie geboren, studierte an der juristischen Fakultät der Universität Wien, begeisterte sich, wie viele junge Leute aus seinem Milieu, für die sozialistischen Ideale und schloß sich der revolutionären Bewegung an. Bereits zu Beginn der zwanziger Jahre gehörte er zu denen, die die «Weltrevolution» vorbereiteten. Einfacher gesagt, er wurde Agent der Lubjanka, zunächst im Ruhrgebiet, dann in verschiedenen Ländern Zentral- und Osteuropas. Von 1929 bis 1932 arbeitete Porezki unter Leitung führender Tschekisten in Moskau; versehen mit Pässen verschiedener Länder (als er ermordet wurde, fand man in seiner Tasche einen tschechoslowakischen Paß auf den Namen Herman Eberhard), zählte er bald zu den Topagenten der Lubjanka in Europa. Er wußte sehr viel, und schon aus diesem Grund war seine Chance zu überleben gering.

Hinzu kam, daß er Stalin nicht die Treue hielt. Porezki war ein Mann, der bisweilen die finstersten Geschäfte bewerkstelligte und dabei doch aufrichtig seinen romantischen Anschauungen huldigte. Die Lubjanka, die schon längst allen Idealen zynisch abgeschworen hatte und in der ganzen Welt unverhohlen der Räuberei nachging, warb Einfaltspinsel mit den hehren Prinzipien von Gleichheit, Freiheit und Gerechtigkeit. Es bedurfte nicht der skrupellosen Ermordung und öffentlichen Verleumdung Sinowjews und Kamenews, danach Pjatakows und Radeks, Tuchatschewskis und anderer, um Porezki die Augen zu öffnen – er hatte bereits den «Durchblick» –, aber diese Kampagnen veranlaßten ihn, mit Moskau zu brechen. Dabei hätte er als erfahrener Tschekist, der die Küche der Lubjanka sehr wohl kannte, wissen müssen, worauf er sich einließ. Im übrigen, wiederhole ich, wäre er in jedem Fall irgendwann liquidiert worden, und so bedeutete sein Bruch mit Moskau für ihn zumindest Läuterung seiner Seele und Buße. Denn er sagte sich von Moskau los, weil er sich für einen wahrhaftigen, Leninschen Kommunisten hielt, während er in Stalin den Verräter des Leninismus und des proletarischen Internationalismus sah.

Kurz nach der Hinrichtung Tuchatschewskis übergab I. Porezki den Brief, mit dem er sich lossagte und der mit einem seiner zahlreichen Pseudonyme, «Ludwig», unterzeichnet war, der sowjetischen Botschaft in Paris, die ihn an das ZK der RKP (B) weiterleitete. Vielleicht hat die chiffrierte Aufforderung seiner Vorgesetzten in der Lubjanka, zu «Konsultationen» nach Moskau zu kommen, den Anstoß für seine Entscheidung gegeben. Er wußte sehr gut, was sich hinter diesem Terminus verbarg, deshalb zog er es vor, diese Reise nicht zu unternehmen; er schickte statt dessen einen langen Brief, der zu den Ruhmesblättern der revolutionären Publizistik des 20. Jahrhunderts gehört: «Bis hierher bin ich mit Euch gegangen – und keinen Schritt weiter. Unsere Wege trennen sich. Wer jetzt noch schweigt, wird zum Komplizen Stalins und zum Verräter an der Sache der Arbeiterklasse und des Sozialismus. Seit meinem zwanzigsten Lebensjahr führe ich den Kampf für den Sozialismus. Jetzt, an der Schwelle des fünften Jahrzehnts, will ich nicht von Jeshows Gnaden leben...

Die Wahrheit bahnt sich ihren Weg, der Tag des Gerichts ist näher, viel näher, als die Herrschaften im Kreml meinen... Nichts wird vergessen, und nichts wird verziehen werden. Die Geschichte ist eine gestrenge Dame, und der ‹geniale Führer, der Vater der Völker, die Sonne des Sozialismus› wird sich für alle seine Taten zu verantworten haben... Dieser Prozeß wird öffentlich stattfinden, mit Zeugen, mit vielen Zeugen, lebenden und toten. Sie werden alle reden, aber diesmal werden sie die Wahrheit sprechen, die ganze Wahrheit. Sie werden alle erscheinen – die unschuldig Ermordeten und Verleumdeten –, und die internationale Arbeiterbewegung wird sie rehabilitieren, alle diese ‹Spione und Diversanten, Agenten der Gestapo und Saboteure›. Damit die Sowjetunion und mit ihr zusammen die ganze internationale Arbeiterbewegung nicht endgültig Opfer der offenen Konterrevolution und des Faschismus werden, muß die Arbeiterbewegung ihre Stalins und den Stalinismus beseitigen. Diese Mischung von schlimmstem, weil prinzipienlosem Opportunismus mit Blut und Lüge droht die ganze Welt zu vergiften... Die Proletarier verrichten die Henkersarbeit gegenüber den eigenen Genossen selbst... Stalin ist ihr Führer und Feuchtwanger ihr Homer.

Nein, ich kann nicht mehr. Ich gebe mir die Freiheit zurück. Zurück zu Lenin, zu seiner Lehre und seiner Sache... Im Jahre 1928 wurde ich für meine Verdienste vor der proletarischen Revolution mit dem Rotbannerorden ausgezeichnet. Ich gebe Euch diese Auszeichnung zurück. Sie zu tragen, wo sie auch von denen getragen wird, die die besten Vertreter der russischen Arbeiterklasse hingerichtet haben, ist unter meiner Würde. In den letzten vierzehn Tagen wurden in der ‹Iswestija› die Namen der Ausgezeichneten veröffentlicht, ohne Angabe, wodurch sie sich ausgezeichnet haben. Diese Leute wurden ausgezeichnet, weil sie Todesurteile vollstreckt haben.[1]

Ludwig.»

Als er den Brief abschickte, unterschrieb Porezki sein Todesurteil. Und Moskau hatte Anlaß zur Eile, da die Agenten, die den ehemaligen Residenten beobachteten und über seine Pläne bestens informiert waren, berichteten, er wolle in die USA fahren und an öffentlichen Hearings teilnehmen, die amerikanische Sozialisten und Anhänger Trotzkis vorbereiteten. Er war bereit, vernichtende Zeugenaussagen zu machen.

In aller Eile wurde eine Gruppe von Mördern gedungen, die von Moskau den Auftrag erhielten, den «Verräter» aus dem Weg zu räumen. Stalin maß der Operation große Bedeutung bei, und einer der erfahrensten Mordspezialisten, Michail Spiegelglas[2], übernahm das Kommando. Spiegelglas, der mehrfach seine gefälschten Pässe wechselte, bereitete die Operation von der Schweiz aus vor, und dort sollte sie auch ausgeführt werden. Entsprechend dem bewährten Schema spielte die Lubjanka auch diesmal die «Liebeskarte» aus. Der gedungene Mörder, Rolland François Rossi (Abiat) aus Monaco, ein junger und schöner Eroberer von Frauenherzen, machte zwei Damen den Hof und versprach der einen wie der anderen die Ehe.[3] Beide waren «zufällig» enge Freundinnen Porezkis und ehemalige Gesinnungsgenossinnen: die junge Renate Steiner und die ältere Gertrude Schildbach, eine langjährige Agentin des NKWD. Sie sollten das Opfer in eine Falle locken und den Mördern damit Gelegenheit geben, den Befehl Moskaus auszuführen.

Zur Beobachtungs- und Sicherungsgruppe gehörten gehorsame Agenten der Lubjanka aus dem Pariser «Verband zur Rückkehr in die Heimat». In diesem Verband hatten sich sehr unterschiedliche Leute zusammengefunden. Gemeinsam war ihnen nur eins: der Wunsch, sich das Wohlwollen Moskaus zu verdienen, damit man ihnen gestattete, nach Hause zurückzukehren. Sie waren alle mit einem Schuldkomplex belastet: die einen, weil sie die Heimat in einer schweren Zeit «im Stich gelassen» und die Emigration gewählt hatten, die anderen wegen ihrer direkten Beteiligung am Kampf gegen die Rote Armee und die Bolschewiki. Zu letzteren gehörte der ehemalige weiße Offizier Sergej Efron, der Ehemann Marina Zwetajewas, ein Mann, der, nach zahlreichen Erinnerungen von Zeitgenossen zu urteilen, von außergewöhnlichem Charme war, vielseitig gebildet, ausgesprochen begabt, der aber nie seinen Platz gefunden hatte und im Grunde ohne Beruf blieb. Seine fixe Idee, koste es, was es wolle, nach Rußland zurückzukehren, verdrängte für ihn alles übrige. Nach den Dokumenten zu urteilen, die ich in den Geheimarchiven des KGB aufgespürt habe, war Efron im Jahre 1931 von der sowjetischen Aufklärung angeworben worden, diente seit dieser Zeit brav der Lubjanka und erfüllte für sie diffizilste Aufträge. Auch wenn diese Aufträge oft schmutzig und widerwärtig waren, so war doch Efron selbst zweifellos davon überzeugt, Heldentaten im Namen einer gerechten Sache zu vollbringen, seine Schuld vor Rußland zu sühnen und sich und seiner Familie eine ehrenvolle Rückkehr in die Heimat zu sichern.

Es fällt mir schwer zu verstehen, woran Efron glaubte und welche Ideale er eines anständigen Menschen für würdig empfand. Angenommen, er wäre tatsächlich der Auffassung gewesen, Trotzki füge Rußland Unheil zu. Konkret wurde er jedoch beauftragt, jede Bewegung von Trotzkis Sohn, Lew Sedow, zu beobachten; diese Beobachtung endete mit dem plötzlichen Tod Sedows (nach einer leichten Operation in einer Pariser Klinik). Außerdem führte Sergej Efron der NKWD-Agentur in Paris Emigranten zu, die bereit waren, für die Rückkehr in die Heimat um jeden Preis «ihre Schuld zu sühnen». Sie fuhren nach Spanien, um den Republikanern zu helfen, tatsächlich aber halfen sie der Lubjanka bei der Erfüllung von Sonderaufträgen, deren Endresultat fast immer Leichen irgendwelcher «Verräter» waren.

Porezkis Frau Elsa, die ihren mit sieben Kugeln viehisch niedergeschossenen Mann identifizierte, sagte der Polizei, daß der wirkliche Name des Ermordeten nicht Hans Eberhard, sondern Ignati Reiss sei, was die Eheleute im voraus, für den Fall eines von ihnen erwarteten Racheaktes, abgesprochen hatten. So ist dieser kühne Mann unter dem Namen Reiss in die Geschichte eingegangen. Inzwischen war

Efron auf der Flucht vor der schweizerischen und französischen Polizei und kam bald darauf mit einem sowjetischen Paß auf den Namen Sergej Andrejew in der Heimat an.

Die Schweizer Polizei bekam nur Renate Steiner zu fassen und kam dadurch auf die Spur der Mörder, aber weitere Leute konnte sie nicht dingfest machen. Das Schicksal der verschollenen Rossi (Abiat) und Gertrude Schildbach ist bis heute unbekannt. Es gibt eine durchaus authentische, aber nicht belegte Version, wonach beide als gefährliche Zeugen liquidiert wurden. Dagegen wissen wir genau, was mit Sergej Efron geschah, mit seiner Tochter Ariadna, die ihm in allem half und über seine Tätigkeit vollständig informiert war, und mit seinen engsten Freunden, die zu derselben Gruppe gehörten und ebenfalls in die Sowjetunion flohen, dem Ehepaar Nikolai und Nina Klepinin, die sowjetische Pässe auf den Namen Lwow bei sich trugen. Es ist wichtig, all das zu verfolgen, denn alle Ereignisse, von denen hier berichtet wird, stehen in direktem Bezug zum Schicksal der großen russischen Dichterin Marina Zwetajewa.

Als Marina Zwetajewa von der französischen Polizei verhört wurde, versuchte sie, ihrem Mann ein Alibi zu geben, und behauptete, daß sie sich beide am Tag der Ermordung von Reiss einen Kurzurlaub an der Atlantikküste geleistet hätten. Obwohl keinerlei Beweise dafür vorgelegt wurden, ist es möglich, daß ihre Aussagen der Wahrheit entsprachen. Efron gehörte nur zur Beobachtungsgruppe, am Mord selbst war er nicht beteiligt, und jeder nur halbwegs vernünftige Verbrecher kümmert sich um ein Alibi. Die Geständnisse, die die verschreckte Renate Steiner der Polizei machte, und der Inhalt des Koffers von Gertrude Schildbach, den sie vor lauter Eile im Hotelzimmer zurückgelassen hatte, brachten jedoch die Gefahr mit sich, daß auch die übrigen am Mord Beteiligten verhaftet werden könnten. Deshalb mußte Spiegelglas – wenn auch offenbar nicht sofort und wahrscheinlich mit knirschenden Zähnen – den Plan in Anwendung bringen, der für den Fall, daß die Sache schiefging, die Flucht vorsah.

Jedenfalls waren Sergej Efron und Nikolai Klepinin, zwei der Beteiligten an der Ermordung von Reiss, kurz darauf in Moskau. Sie wurden heimlich mit einem der sowjetischen Frachtschiffe, die sich zum Löschen in Le Havre befanden, außer Landes gebracht. Zwetajewa, die wußte, wohin ihr Mann geflohen war, hat die Polizei, zweifellos nach vorheriger Absprache mit ihm, auf eine falsche Spur gelenkt, als sie aussagte, er sei nach Spanien gefahren. Mehr noch, in ihren Zeugenaussagen vor der französischen Polizei findet sich noch eine weitere Unwahrheit: «Ich persönlich befasse mich nicht mit Politik, aber mir scheint, daß sich mein Mann nun schon zwei oder drei Jahre über das heutige Regime in Rußland lustig macht.» Natürlich wußte sie, daß das ganz und gar nicht der Fall war.

Bereits ein halbes Jahr zuvor, am 18. März 1937, auf dem Höhepunkt des Terrors, war Marina Zwetajewas und Efrons Tochter Ariadna – Alja, wie sie in der Familie genannt wurde – freiwillig, legal und mit dem Gefühl des endlich verwirklichten Traums nach Moskau zurückgekehrt.

Über die Beteiligung der Familie Efron – und indirekt also auch der Zwetajewa, weil sie die Frau ihres Mannes und die Mutter ihrer Tochter war – an der Ermordung von Reiss schrieben die französischen Zeitungen sofort, besonders detailliert die russischsprachigen. Die Sensation war um so ungeheuerlicher, als genau drei Wochen nach der Ermordung von Reiss ein weiteres skandalöses Verbrechen in Paris geschah. Am hellichten Tage wurde der General Miller, der den «Russischen allgemeinen Kampfbund» leitete, gekidnappt. Gertrude Schildbachs Rolle spielte diesmal der ehemalige Taxifahrer Wadim Kondratjew, natürlich auch ein Mitarbeiter der Lubjanka, der an der Liquidierung von Reiss ebenfalls beteiligt gewesen war. Das unverschämt zynische und demonstrativ provokante zweite Verbrechen, begangen auf dem Höhepunkt der polizeilichen Untersuchungen gegen die Beteiligten der ersten Untat, belegt, wie frei sich der NKWD in den europäischen Metropolen fühlte.

Kondratjew war enger Gehilfe eines anderen, einflußreicheren und wichtigeren Agenten der Lubjanka, des weißen Generals Skoblin. Kondratjew war es, der Miller zu dem Treff lockte, von dem er nie wiederkehrte. Miller konnte lediglich eine Notiz hinterlassen, aus der hervorging, daß Skoblin an der Entführung beteiligt war. Skoblin paßte den rechten Moment ab, verließ seine Frau, die bereits vor der Revolution und dann in Emigrationskreisen sehr populäre Sängerin Nadeshda Plewizkaja (die ebenfalls für die Lubjanka arbeitete), und machte sich aus dem Staub. Vor Gericht kam nur die Plewizkaja. Bei der Verhandlung stellte sich heraus, daß Skoblin und Kondratjew Doppelagenten waren, die nicht nur zu Moskau Verbindung unterhielten, sondern auch zu Berlin. Sie arbeiteten Hand in Hand mit dem deutschen Generalstab. Bei Gericht wurde auch der Grund deutlich, der die Lubjanka zu einem so waghalsigen Schritt wie der Entführung Millers getrieben hatte. Miller wußte, daß die Nazis zusammen mit Skoblin jene Dokumente vorbereitet hatten, die Tuchatschewski und andere hohe sowjetische Militärs des Verrrats überführten und die Moskau geschickt zugespielt worden waren.

Der Lärm, der sich um Marina Zwetajewa erhob, machte ihren Aufenthalt nicht nur in Frankreich, sondern auch in jedem anderen Land völlig unmöglich.[4] Außerdem waren ihre liebsten und einzigen Verwandten, ihr Mann und ihre Tochter, nicht mehr in ihrer Nähe. Marina Zwetajewa begriff, daß sie sich in einer Sackgasse befand: «Hier bin ich nicht nötig», schrieb sie, «dort bin ich unmöglich.» Sie mußte jedoch zwischen zwei Übeln wählen. Und sie wählte: zurück, nach Rußland. Am 12. Juni 1939 trat die Zwetajewa gemeinsam mit ihrem Sohn Georgi – die Familie nannte ihn «Mur» – ihren Weg nach Golgatha an. Am 19. Juni war die Familie endlich wieder beieinander.

Sie trafen sich nicht in Moskau, sondern in dem Datschenvorort Bolschewo. Ein geringfügiges Detail, aber ein wesentliches. Alle «geretteten» Beteiligten an der Operation mußten an einem Ort versammelt werden, so war es leichter, sie unter Kontrolle zu halten. Der NKWD stellte seinen Mitarbeitern, die ihre «Kampfaufgabe» in Ehren erfüllt hatten, ein Haus zur Verfügung. Das Haus befand sich in einer Straße mit dem idiotischen Namen «Novyj byt» (Neue Lebensweise). Dort ließen sich die Klepinins und die Efrons nieder sowie ihre ebenfalls aus Europa geflohene Freundin, die Lubjanka-Agentin Emilia Litauer.

Einer der wenigen am Leben gebliebenen Augenzeugen, Nina Klepininas Sohn aus erster Ehe, der Journalist und Übersetzer Dmitri Seseman, der heute bei Paris lebt, übergab mir unlängst das Manuskript seiner Erinnerungen. Darin heißt es: «Konnte Marina Iwanowna etwa wissen, daß ihr Mann... ein sowjetischer Agent war? Die Antwort ist einem richtig peinlich. Marina Zwetajewa war eine Dichterin, sie war keine Verrückte. Was konnte sie schon von Serjoshas Tätigkeit ahnen, der nirgendwo offiziell angestellt war, hin und wieder mal kleine Artikel in Zeitschriften unterbrachte, die noch nie irgendwelche Honorare gezahlt hatten, der aber allmonatlich ein Gehalt von mehreren tausend Francs nach Hause brachte? Nach Rußland zurückgekehrt... wohnten alle kostenlos in der Datsche in Bolschewo, und wiederum machte Serjosha praktisch nicht einen Schritt aus dem Haus, bekam aber regelmäßig Gehalt... Sie hat nichts gewußt?... Wozu brauchen wir auch noch diese Lüge? Und was ändert dieses ‹sie wußte nichts› an ihrer Kunst?»

Ein Auszug aus diesen Erinnerungen wurde in der «Literaturnaja gaseta» veröffentlicht und löste eine heftige Reaktion einer anderen Zeugin aus, der heute ebenfalls in Paris lebenden Schriftstellerin Sinaida Schachowskaja, die die Zwetajewa gut kannte. Als Frau eines belgischen Diplomaten hatte sie zwei Jahre in Moskau gelebt. Im Gespräch mit einem Korrespondenten der «Iswestija» sagte S. Schachowskaja: «Ich bin überzeugt, wenn sie [die Zwetajewa] gewußt hätte, daß ihr Mann ein Agent des NKWD war, dann hätte sie womöglich mit ihm gebrochen.»

Daß Marina Zwetajewa von der Tätigkeit ihres Mannes in den letzten drei bis vier Jahren ihres gemeinsamen Pariser Lebens wußte – natürlich ohne Details zu kennen – und auch über den streng geheimen Charakter seiner Arbeit im Bilde war, ist über jeden Zweifel erhaben.

Gewiß gehen diejenigen, die die Zwetajewa als unwissend, blind, und irrend darzustellen trachten, von den lautersten Bestrebungen aus. «Ich möchte Marina Zwetajewa vor allen Verleumdungen schützen», so steht es in der Erklärung von S. Schachowskaja. Nach Auffassung der «Beschützer» adelt die Unkenntnis, Wissen jedoch macht die Dichterin zur Mitbeteiligten an dem Verbrechen. Dabei haben die Verbindungen ihres Mannes zu den sowjetischen Geheimdiensten die seelische Krise der Dichterin verstärkt und ihr tragisches Schicksal nur noch auswegloser gestaltet. «Wenn Serjosha nicht ist, bin auch ich nicht», schrieb die Zwetajewa. Und an einer anderen Stelle (in einem Brief an ihre tschechische Freundin Anna Teskowa): «S. J. denkt nur an Sowjetrußland, etwas anderes sieht er nicht, und in ihm sieht er nur das, was er möchte.» Klarer und genauer kann man es wohl nicht sagen. Mit ihm brechen – etwas Unwahrscheinlicheres ist für Marina schwer vorstellbar. Und sollte sie ihn für einen bezahlten Mörder halten? Es blieb nur eins: Sich mit dem Gedanken zu trösten, daß er getäuscht worden war, daß jemand seine Gutgläubigkeit ausgenutzt hatte. Ob sie selbst an diesen Mythos geglaubt hat? Wir werden wohl kaum jemals eine Antwort darauf bekommen.

«Das Leben auf der Datsche in Bolschewo», lese ich in den Erinnerungen von Dmitri Seseman, «verlief merkwürdig, aber ruhig. Merkwürdig, weil ihre Bewohner keine Not litten, obwohl von uns allen nur Alja arbeitete: in der Redaktion der Moskauer Zeitschrift ‹Revue de Moscou›. Serjosha führte ein genüßliches Faulenzerdasein, das so gar nicht zu dem damaligen sowjetischen Lebensstil paßte. Er las Bücher und Zeitschriften, die Alja aus Moskau mitbrachte, erläuterte mir das Stanislawski-System, klagte manchmal über seine Gesundheit, ohne zu erklären, was ihm eigentlich wehtat, und wartete auf Gäste. Nicht gerade, daß sich die Gäste bei uns die Türklinke in die Hand gaben, aber wir hatten schon Besuch... In solchen Tagen, genauer, an solchen Abenden klinkte sich das Haus in Bolschewo sozusagen aus; während draußen in der Welt Angst, Denunziation und Tod herrschten, entstand um den Kamin herum für wenige Stunden das frühere herrliche Leben... Serjosha Efron verwandelte sich aus einem nervösen ältlichen Mann in einen liebenswerten, talentierten, intelligenten idealistischen Jungen, der er irgendwann einmal, vor mehr als zwanzig Jahren gewesen war. Dabei kam es vor, daß am selben Tag, nur einige Stunden vorher, aus Serjoshas Zimmer hinter der hölzernen Trennwand plötzlich lautes, verzweifeltes Schluchzen zu hören war und Mama zu Serjosha stürzte, um ihn zu beruhigen. Ich stelle mir jetzt oft die Frage: Gab es denn irgend etwas, womit sie ihn trösten konnte?»

Serjosha hat nicht grundlos geweint. Zuerst wurde Ariadna abgeholt. Das geschah am 27. August 1939. Die Order für ihre Verhaftung und die Initiierung des Gerichtsverfahrens war ganz oben sanktioniert worden. Sie trägt die Unterschriften von Berija und dem damaligen Leiter der Untersuchungsabteilung des NKWD Bogdan Kobulow. Das allein zeugt davon, welche Bedeutung dieser Terroristengruppe beigemessen wurde, wer jeden Schritt von ihnen beobachtete und über ihr Schicksal waltete. Die Untersuchung führte ein Monster von einer Frau, die ungebildete und allmächtige Sofja Orschazkaja (in einigen Dokumenten fängt ihr Name mit «A» an). In den Erinnerungen vieler Opfer finden sich Aussagen über ihren beispiellosen Sadismus, so daß man sich vorstellen kann, welche Qualen Ariadna Sergejewna erleiden mußte. Man warf ihr Verbindung zum französischen Geheimdienst vor, in dessen Auftrag sie Ende 1936 das Einreisevisum für die Sowjetunion beantragt habe. Bei der Spionage sollen ihr die in Moskau akkreditierten französischen Journalisten sowie ihr Vater Sergej Efron, ebenfalls seit Urzeiten ein französischer «Spion», geholfen haben.

Das war das plumpe Szenario, das man sich ausgedacht hatte. Mit Folter und Erpressung ein «Geständnis» zu erzwingen machte keine Mühe. Der Fall der Arrestantin des inneren Gefängnisses der Lubjanka wurde an das Sonderkollegium beim NKWD übergeben, das sie am 2. Juli 1940 zu acht Jahren Lager verurteilte. Für jemanden, der mit der «Gerichtspraxis» jener Zeit ein wenig vertraut ist, wird klar, daß gegen die Verurteilte überhaupt nichts vorlag außer dem Befehl von oben – «einsperren»!

Anderthalb Monate nach der Verhaftung von Alja, am 10. Oktober 1939, wurde auch der Vater abgeholt. Sergej Efron war nach seinem Fiasko nicht nur in dem Bewußtsein, seine Pflicht erfüllt zu haben, in die Heimat zurückgekehrt, sondern auch mit der Erwartung, für die Beseitigung eines besonders gefährlichen Feindes zumindest mit einem Orden ausgezeichnet zu werden.[5] Und was hat er bekommen? Er wurde in das schlimmste aller Gefängnisse, nach Lefortowo, verbracht. Das bedeutete bekanntlich, daß die Anwendung von Folter erlaubt war. In der Nacht vom 6. zum 7. November desselben Jahres wurden auch die beiden Klepinins und Emilia Litauer verhaftet.

In den Untersuchungsdokumenten für diese Gruppe gibt es ein Thema, das hartnäckig herausgestrichen wird: Sie waren alle informelle Mitarbeiter des NKWD. Sie waren jedoch nicht angeworben worden, sondern sie hatten selbst «Arbeitskontakt zu den in Paris befindlichen NKWD-Organen aufgenommen, um in die Sowjetunion einzudringen. Gleichzeitig waren sie für den französischen Geheimdienst tätig und informierten letzteren über den Charakter der ihnen vom NKWD gestellten Aufgaben.» Danach haben sie ihr Fiasko angeblich provoziert, um in die Sowjetunion zu gelangen.

Dieser ganze Unsinn zeugt nicht nur von der armseligen Phantasie ungebildeter NKWD-Leute, sondern auch davon, daß die Vorgaben, um jeden Preis Mitwisser zu beseitigen, von ganz oben kamen. Den Inhaftierten wurde des weiteren Verbindung zur Gestapo sowie zu englischen, österreichischen, belgischen, polnischen und amerikanischen Geheimdiensten vorgeworfen, wobei unter den zahlreichen (mehr als siebzig werden genannt) «Verbindungsleuten», die ihnen den Kontakt zu den «feindlichen Aufklärungszentren» sicherten, auch die «deutsche Spionin Maria Osten» genannt wird – die Welt ist klein (vgl. S. 30). Zu alldem kam noch, daß S. Efron, wie sich herausstellte, «gegen die Herstellung freundschaftlicher Beziehungen mit Deutschland kämpfte». Efron und seine Freunde wurden im Herbst 1939 verhaftet; es war die Zeit der Kumpanei zwischen Hitler und Stalin.

Efron hatte keinerlei Kraft, sich zu widersetzen. Er «gestand» alles, was man von ihm wollte, und machte keine Versuche, sich von diesen «Geständnissen» zu distanzieren. Das Fließband rollte pausenlos, aber es waren zu viele, die auf eine «Gerichtsverhandlung» warteten. Die Richter kamen nicht nach. Unsere Helden waren erst am 6. Juli 1941 an der Reihe. Sie hatten keine Ahnung, daß der Krieg schon zwei Wochen im Gang war. Die Mitglieder des Militärkollegiums des Obersten Gerichts der UdSSR, die sich den Fall vornahmen, hielten es nicht für notwendig, sie darüber zu informieren, und warfen ihnen seelenruhig vor, so als ob nichts geschehen wäre, daß sie versucht hätten, die Sowjetunion bei der Aufnahme freundschaftlicher Beziehungen zu Hitlerdeutschland zu behindern. Alle Mitglieder der Gruppe wurden zu Erschießung verurteilt.

Nikolai Klepinin wurde sofort erschossen, am 28. Juli, Efron saß weiter, ohne zu wissen, worauf er wartete. Nur zwei Männer hätten die Hinrichtung zurücknehmen können: Stalin und Berija. Es ist kaum anzunehmen, daß Stalin zu diesem Zeitpunkt an Efron dachte. Berija aber wußte zweifellos um die besondere Beziehung des Führers zu dieser Familie. Am 16. Oktober verschärfte sich die Lage an der Front drastisch. Die Deutschen durchbrachen die Verteidigungslinie, und ihre Truppen standen bereits vor den Toren Moskaus. Die Hauptstadt wurde von Panik ergriffen. Zehntausende bewegten sich in Autos oder zu Fuß nach Osten. Die wichtigsten Häftlinge wurden eilig in das Landesinnere evakuiert. Darunter auch der zum Tode verurteilte große Genetiker Nikolai Wawilow, der ebenfalls im Lubjanka-Gefängnis auf die Vollstreckung seines Urteils wartete. Noch am Vorabend, am 25. Oktober, führte Berija selbst ein freundliches Gespräch mit ihm, wie man Wawilows Fähigkeiten zum Wohle des Staates nutzen könne. Aber wie sollte man für Efron Verwendung finden? An diesem Tag setzte eine mörderische Kugel seinem ungewöhnlichen und tragischen Leben ein Ende.

Ariadna Efron saß ihre Lagerstrafe bis zum August 1947 ab, wurde freigelassen, aber bald darauf erneut verhaftet – nicht wegen neuer Sünden, sondern für dieselben, die sie bereits gebüßt hatte. Diesmal wurde sie zu «lebenslänglicher Ansiedlung in entfernten Gebieten der Sowjetunion» verurteilt. Als Ort der Ansiedlung wurde das berühmte Turuchansk bestimmt, berühmt dadurch, weil dort, in der Nähe des Polarkreises, am Ufer des Jenissej, auch mal der Genosse Stalin verbannt gewesen war.

Gleich nach dessen Tod nahm Ariadna Sergejewna den Kampf um ihre Freilassung und die Rehabilitierung ihres Vaters auf. Die Untersuchung zog sich zwei Jahre hin. In einem ihrer vielen Anträge an den Generalstaatsanwalt der UdSSR vom 20. November 1954 schrieb A. S. Efron: «Mein Vater Sergej Jakowlewitsch Efron war lange Jahre Mitarbeiter des sowjetischen Geheimdienstes im Ausland, konkret in Frankreich.» Soviel zu der Frage, wer was wußte oder nicht wußte.

Erst am 19. Februar 1955 sprach das Militärkollegium des Obersten Gerichts der UdSSR die vollständige Rehabilitierung für Ariadna aus, worauf sie mit folgendem Brief vom 10. April 1955 reagierte: «Ich spreche der Militärstaatsanwaltschaft und dem Militärkollegium, die meinen Fall behandelt haben, meine tiefste Dankbarkeit aus und wünsche ihnen Glück und Erfolge in ihrer ehrenvollen Tätigkeit. Ich versichere ihnen, daß ich mich mein ganzes mir verbleibendes Leben anstrengen werde, das mir erwiesene Vertrauen zu rechtfertigen. Dank der sowjetischen Justiz. A. Efron.» Es sei angemerkt, daß zu denjenigen, denen die unglückselige Alja «Erfolge in ihrer ehrenvollen Tätigkeit» wünschte, fast sämtliche Richter aus der Epoche des Großen Terrors gehörten, an deren Händen das Blut von Zehntausenden klebte.

Die Rehabilitierung von Sergej Efron aber zog sich weiter hin, bis zum September 1956. Die beunruhigte Ariadna beeilte sich, neue Argumente vorzulegen. Sie nannte Zeugen, die die Unschuld des Vaters bestätigen konnten. Über einen, Kirill Chenkin[6], schreibt sie, daß er «sich gut erinnert, wer und wie die Aufgabe realisiert wurde, die Spiegelglas der von meinem Vater geleiteten Gruppe übertragen hatte, wie und durch wessen Schuld diese Sache schiefging». Und Ariadna fährt fort: «Der zweite Mensch, der meinen Vater etwa seit 1924 kannte, möglicherweise auch früher, ist Vera Tryle, die ebenfalls umfangreich und aktiv an unserer Auslandstätigkeit beteiligt war... Gegenwärtig ist sie in England.»

Vera Tryle, Tochter des Kriegsministers der Provisorischen Regierung Alexander Gutschkow, erwarb dank ihres zweiten Mannes, des schottischen Linguisten Robert Tryle, der in Spanien ums Leben gekommen war, die britische Staatsbürgerschaft (das war ihre Rettung, als sie später in ein deutsches Konzentrationslager kam). 1937 war es Vera Tryle gelungen, nach Moskau zu reisen. In einem kürzlich aufgefundenen Brief von ihr stehen folgende Zeilen: «Jeshow hatte mich seinerzeit vergöttert. Er hatte ein kleines, aber feingeschnittenes Gesicht, wie bei einer Ikone oder einer Statuette, ein gutmütiges Lächeln, einen aufrichtigen und offenen Blick, dunkle Augen... Und er hat mir das Leben gerettet.»

Wenn es stimmt – und offenbar stimmt es –, daß zu der von Efron geleiteten Gruppe auch Jeshows Geliebte gehörte, dann kann man sich vorstellen, in welchem Ausmaß und wie umfassend sie operierte. Vera Tryle starb 1986 in England, ohne je etwas von ihrem Abenteuer erzählt zu haben. Hinter ihrem Sarg gingen drei oder vier Leute, darunter Swetlana Allilujewas Tochter, die Enkelin Stalins. Der Kreis hatte sich geschlossen.

Natürlich kann das kein Zufall sein. Es spricht für sich, daß Marina Zwetajewa offenbar absichtlich aus den Machenschaften der Lubjanka herausgehalten wurde. Das läßt sich nur so erklären: Stalin wußte um Marina Zwetajewa, um ihren Platz in der Literatur. Er wird kaum ihre Lyrik verstanden haben, aber er hatte, wie gesagt, ein sicheres Gespür, echte Brillanten von falschen unterscheiden zu können. Zu diesem Zeitpunkt waren bereits einige große Schriftsteller aus der Emigration heimgekehrt und flochten mit ihren Namen neue Blätter in den Lorbeerkranz des Diktators: Alexej Tolstoi, Ilja Ehrenburg, Maxim Gorki, Alexander Kuprin. Warum sollte man nicht auch noch den Namen Marina Zwetajewas hinzufügen können? Schließlich erwartete er den lyrischen Treueschwur auch von Anna Achmatowa – und das, nachdem ihr Mann durch Henkershand umgekommen und ihr Sohn in den GULAG verfrachtet worden war – und von Ossip Mandelstam; von ihm bekam er das bekannte Gedicht «Ich will nicht Stalin sagen, Dschugaschwili...» Auch kam Bulgakow dem höchsten Wunsch nach und schrieb das Stück «Batum», das nach den Vorstellungen des Führers eine Ode an ihn sein sollte, die Ode eines Genies. Es ist hier nicht der Platz, von den Versuchen zu reden, Anna

Achmatowa, Mandelstam, Bulgakow und Pasternak zu zähmen. Wichtig ist, daß Stalins Wahl unfehlbar auf die ersten Schriftsteller des Landes fiel. Sie und nicht die zu allem bereiten Schreiberlinge wollte er in seiner literarischen Suite sehen. Die Zwetajewa hätte sich in dieser Gesellschaft gut ausgenommen.

Aber nicht einmal Stalin vermochte es, sich Genies untertan zu machen. «Ich, unfähig eine Grußadresse an den großen Stalin zu unterschreiben, denn nicht ich habe ihn groß genannt...» Hätte er diese Zeilen aus Zwetajewas Brief an Anna Teskowa gekannt, hätte er wohl erst gar nicht den Traum gehegt, die Zwetajewa in seiner Krone blitzen zu sehen. Die Vorsehung hatte eine andere Dramaturgie verfügt, tragischer, aber natürlicher und gesetzmäßiger, wenn man berücksichtigt, unter welchen Bedingungen Genies in der Sowjetunion gelebt haben. Am 31. August 1941, anderthalb Monate vor der Hinrichtung Efrons, im fernen, gottverlassenen Jelabuga, einer winzigen tatarischen Stadt am Fluß Kama, einem Nebenlauf der Wolga, wohin sie evakuiert worden war, steckte Marina den Kopf in die Schlinge. Das Grab der Zwetajewa wurde bis heute nicht ausfindig gemacht.

Das Schicksal wollte es, daß ich in der Wohnung wohne, in der Marinas Tochter, Ariadna Efron, die letzten 15 Jahre ihres Lebens gewohnt hat. Nach Gefängnis und Verbannung, den Unterkünften bei fremden Leuten hatte sie hier, im Schriftstellerhaus, endlich ein eigenes Dach überm Kopf gefunden. Mein Tisch steht auf dem Fleck, wo der Tisch der unglückseligen Alja stand; daran sitze ich jetzt und schreibe diese Zeilen. Dieser Umstand, der für mich und niemand anderen von Bedeutung ist, zieht einen Schlußstrich unter eine der tragischsten Geschichten, an denen unsere Epoche so reich ist. Das Gefühl des persönlichen Beteiligtseins hat mich zu einem weiteren Geheimnis vordringen lassen, das mit Ariadna Efrons Namen und dem ihrer Mutter in Verbindung steht.

Aus zahlreichen Erinnerungen an die kurze Bolschewo-Periode Marina Zwetajewas (nur 45 Tage!) ist bekannt, daß der Journalist Samuil Gurewitsch, den Alja mal als ihren Bräutigam, mal als ihren Mann vorstellte, in der Datsche Stammgast war. Ein Mann, den sie zweifellos sehr liebte. «Im Frühjahr 1938», schreibt Ariadna Efrons Freundin, die Biographin Marina Zwetajewas, Maria Belkina, «wußte er bereits, daß SIE es war, und sie begriff, daß das ewig so sein würde... Für sie war es tatsächlich ewig, fürs ganze Leben... Ihr

Mulja, Samuil Dawydowitsch Gurewitsch, gefiel der Zwetajewa... Alja und Mulja kamen oft zusammen auf die Datsche, er blieb über Nacht, und am Morgen fuhren sie gemeinsam zur Arbeit.» Ariadna selbst schrieb später: «Ich war richtig glücklich, und mir war bewußt, daß ich glücklich bin.»

Gurewitsch arbeitete wie Alja bei Michail Kolzow, in der von ihm geleiteten Zeitschriften- und Zeitungsvereinigung Shurgas. «Ein junger, hübscher, kluger und glänzender Mitarbeiter», so hat ihn Kolzows Sekretärin Nina Gordon in Erinnerung. Obwohl Gurewitsch mit einer anderen verheiratet war, lebte er in der Datsche von Bolschewo wie ein Familienmitglied.

Nach Ariadnas Verhaftung verschwand er aus ihrem Gesichtskreis, in der kurzen Zeit der Freiheit zwischen dem GULAG und der sibirischen Verbannung machte Ariadna ihn ausfindig. Aber bei der Begegnung waren sie sich fremd, die Scherben konnten nicht gekittet werden. Ariadna schrieb an ihre Freundin: «Mit meinem ehemaligen Mann hatte ich eine herzliche und freundschaftliche Begegnung, aber an ein gemeinsames Leben ist nicht zu denken. Er ist durch seine Arbeit und über die Partei an Moskau gebunden, während ich – usw. Wenn ich mich mit ihm treffe, ist es sehr lieb und sehr traurig.» Wahrscheinlich wußte Ariadna nicht, daß in Gurewitschs Leben inzwischen eine andere Frau aufgetaucht war, die junge Philologin Jewgenija T. (ich nenne den Namen nicht, da diese Frau für den russischen Leser keine Unbekannte und noch am Leben ist).

Ariadnas Verbannung trennte die beiden erneut, diesmal tatsächlich für immer. Kurz darauf, am 20. Juni 1951, wurde Gurewitsch verhaftet und in der Neujahrsnacht, am 31. Dezember desselben Jahres, erschossen. Ariadna erfuhr davon erst mit großer Verspätung, zweieinhalb Jahre danach. Gleich darauf schrieb sie an Boris Pasternak, mit dem schon ihre Mutter befreundet gewesen war: «Mit diesen Verlusten konnte ich mich nicht, kann ich mich nicht und werde ich mich nicht abfinden. Es ist so, als würde man jedesmal ein Stück von mir abhauen, und da helfen auch keine Prothesen. Ich lebe, als sei ich gevierteilt, jetzt muß man mir nur noch den Kopf abschlagen, dann ist Schluß!... Übrigens hat seine Frau bereits geheiratet. Wahrscheinlich kann sie nicht ohne Prothese, oder vielleicht ist sie selbst eine Prothese?»

Samuil Dawydowitsch Gurewitschs Geheimakte bestätigt die trübe

Ahnung, die bei mir sofort aufkam, als ich seinen Namen in Erinnerungen rund um die Zwetajewa las. Ein englischer oder amerikanischer Spion? Nein, das macht keinen Eindruck; mit demselben Erfolg hätte man ihn als brasilianischen, ceylonesischen oder isländischen Spion bezeichnen können. Wichtiger ist etwas anderes: «Die Untersuchung hat ergeben, daß Gurewitsch seit 1937 informeller Mitarbeiter der Staatssicherheitsorgane war.»

Seit 1937 also. Gerade zu dieser Zeit lernten sie sich kennen und lieben. Dann Bolschewo, wo er nicht nur Stammgast ist, sondern ein enger Freund aller Datschenbewohner: Efrons, der Klepinins, später auch Marinas. Aber in Gurewitschs Akte steht nicht ein Wort über diesen Freundeskreis. Über Jewgenija T. – soviel man will. Über die Ausländer, mit denen er in Kontakt zu treten hatte und die man ihm nachher als «verbrecherische Verbindung» vorwarf – ebenfalls, soviel man will. Über die Efrons, über die Zwetajewa – nichts. Wie das? Schließlich war er mit ihnen eng befreundet und gehörte zur großen Familien der «Volksfeinde», von denen viele als Agenten aller möglichen Geheimdienste erschossen wurden. Wenn man den Materialien seines Prozesses folgt, wurde er jedoch nicht ein einziges Mal darüber befragt. Diese Episode wurde völlig aus seinem Leben gestrichen. Während die flüchtigste Begegnung mit irgendeinem vermaledeiten Ausländer zu kosmischen Ausmaßen aufgebläht wird, findet man über dieses «Spionagenest» kein Sterbenswort.

Es ist ganz offensichtlich, daß Gurewitsch eigens für die verdammten Gefangenen der Datsche abgestellt worden war. Auch die «Liebe», zumindest am Anfang, war bei den operativen Sitzungen der NKWD-Bonzen erfunden und ausgearbeitet worden. Diese Psychologen waren der Meinung, daß der einfachste und sicherste Weg zu den «Volksfeinden» über ein willfähriges Frauenherz führt. Die beiden Geliebten von Gurewitsch kamen in den Kerker, er aber setzte seine nützliche Tätigkeit fort, als sei nichts geschehen.

Es ist leicht nachzuvollziehen, an welchem wunden Punkt sie Gurewitsch erwischten: In der Jugend war er mit Trotzkis Söhnen Lew und Sergej befreundet gewesen. Das allein war bereits ausreichend, um ins Jenseits befördert zu werden. Die Lubjanka bot Rettung an. Wer hätte da abgelehnt? Und wahrscheinlich hat ihm Kolzow, der selbst mit der Lubjanka in Verbindung stand, ein passendes Leumundszeugnis ausgestellt.

Mich läßt der Gedanke nicht los, daß Gurewitsch mit dem direkten Ziel angeworben wurde, in den Kreis von Zwetajewa und Efron einzudringen. Was aber war der Grund seiner Verhaftung? Vor Gericht gab Gurewitsch zu Protokoll: «Ich gestehe, meine geheime Mitarbeit beim MGB an meine Frau und andere Personen verraten und falsche Informationen an die Organe des MGB gegeben zu haben. Ich war... ein Doppelzüngler.»

Wer waren sie, diese «anderen Personen»? Und warum wurden sie nicht genannt? So wurde immer verfahren, wenn ein Name, der aus besonderen Gründen nur einem engen Kreis bekannt sein sollte, nicht einmal in streng geheimen Untersuchungs- und Gerichtsdokumenten erwähnt werden durfte. In Gurewitschs Biographie gibt es keine «anderen Personen», denen er dieses selbstmörderische Geständnis hätte machen können, außer Ariadna, vielleicht auch ihrem Vater und ihrer Mutter (Jewgenija T. wird in den Untersuchungsmaterialien genannt, also bestand keinerlei Notwendigkeit, ihren Namen zu unterdrücken). Am wahrscheinlichsten ist wohl, daß sich zwischen Ariadna und Gurewitsch tatsächlich freundschaftliche Beziehungen entwickelten, so daß sie sich gegenseitig das größte Geheimnis ihres Lebens anvertrauten. Schließlich dienten sie beide demselben Herrn.[7]

Nur elf Tage nach ihrer Ankunft in Jelabuga nahm sich Marina Zwetajewa das Leben. Sie hatte alles verloren. Sie war in eine gottverlassene Einöde verschlagen worden. Sie hatte keine Mittel; man hatte es sogar abgelehnt, sie als Tellerwäscherin in der örtlichen Kantine einzustellen. Auch mit ihrem heißgeliebten Sohn Mur hatte sie sich völlig entzweit.

Die Frage ist, warum die Zwetajewa aus Moskau evakuiert und mit einem Schriftstellertransport nach Jelabuga gebracht wurde. Sie war nicht Mitglied des Schriftstellerverbandes, und auch für Mitglieder des Verbandes war die Evakuierung nicht selbstverständlich. Die organisatorischen Schwierigkeiten nahm der Verband auf sich, um denen zu helfen, die Moskau verlassen wollten und ein konkretes Reiseziel hatten. Die Anzahl der Plätze war äußerst begrenzt. Wie also erklärt es sich, daß ein Nichtmitglied des Schriftstellerverbands, eine «Weißgardistin», eine Frau und Mutter von «Volksfeinden» und «ausländischen Spionen» Vorrang erhält vor loyalen sowjetischen Autoren? Es ist schwer vorstellbar, daß Marina Zwetajewa, die von den Funktionären des Verbands abgelehnt wurde und trotz inständiger Bitten nie einen literarischen Auftrag erhielt, selbst um einen Platz im Transportzug nachgesucht hat. Sie stand andererseits auf keiner Liste, hat also auch keine Aufforderung des Verbands bekommen. Ist nicht die Schlußfolgerung zulässig, daß es sich um eine Zwangsevakuierung handelte, genauer um Verbannung? Weitab von der Hauptstadt, die sehr bald Frontstadt wurde, stand Marina Zwetajewa von nun an unter Aufsicht von Tschekisten. Ganz gleich, in welcher Form ihr das «Angebot» unterbreitet wurde, sie konnte sich nicht entziehen.

Eine indirekte Bestätigung dafür ist ein hartnäckiges Gerücht, das sich auf Aussagen von Leuten in Jelabuga stützt. Dieses Gerücht besagt, daß man Marina Zwetajewa gleich nach ihrer Ankunft angeboten habe, informelle Mitarbeiterin des NKWD zu werden. Eine an sich wahnwitzige, irrsinnige Idee: Zwetajewa als Denunziantin und Dienstmädchen bei den Tschekisten von Jelabuga! Aber je absurder, desto realer. Ganz sicher wurde bei der Abreise der Dichterin aus Moskau schleunigst eine Depesche nach Jelabuga geschickt, sie sei unter besondere Beobachtung zu stellen. Gewiß wurde in dieser Depesche nicht genauer erklärt, wer Marina Zwetajewa war, und die ortsansässigen Hüter der Staatssicherheit konnten das natürlich nicht wissen. Es sind Dutzende von Fällen bekannt, wo diese «operativen Mitarbeiter» sich anstrengten, zunächst einmal die aus der Hauptstadt ankommenden und unter Aufsicht stehenden Personen als informelle Mitarbeiter anzuwerben, damit sie sich faktisch selbst denunzierten und den Aufsehern die Beobachtung erleichterten. Es ist klar, daß die Zwetajewa dieses Angebot ablehnte. Welche Bedrohungen sie sich daraufhin anhören mußte und welche Perspektive ihr blieb, läßt sich leicht ausmalen.

Ein anderes Gerücht hingegen, das sich hartnäckig hält, entbehrt meines Erachtens jeglicher Grundlage. Ich meine das Gerücht, wonach die Zwetajewa ihrem Leben nicht selbst ein Ende gesetzt hat, sondern ermordet wurde. Sie habe ihren Kopf nicht selbst in die Schlinge gesteckt, sondern ein paar Genossen hätten «nachgeholfen». Als Bestätigung dafür wird angeführt, daß die Zwetajewa keinerlei Abschiedsnotiz hinterlassen habe. Müssen Selbstmörder unbedingt etwas hinterlassen? Lügen, sich verstellen – dazu war Marina Zwetajewa nicht in der Lage, erst recht nicht in einem letzten Brief.

Im übrigen hegte sie die Hoffnung, daß ihre Lieben und Nächsten am Leben waren – und sie waren tatsächlich noch am Leben –, wie konnte sie sie irgendeiner Gefahr aussetzen?

Wir werden nie die Wahrheit erfahren. Die offiziellen Materialien und Zeugenaussagen, über die wir verfügen, lassen breiten Raum für alle möglichen Versionen. Ich denke, daß im wörtlichen, wenn man so will, im kriminalistischen Sinne keiner die Zwetajewa umgebracht hat. Die örtlichen Funktionäre, die die Instruktion aus Moskau hatten, sie zu beobachten, hätten sich dazu von alleine nicht entschlossen. Moskau aber hatte Dutzende Möglichkeiten, sie zu beseitigen, und mußte eine so heikle Aktion nicht dummen Provinzfunktionären überantworten. Und dennoch können wir mit Fug und Recht sagen: Sie waren es, der Kreml und die Lubjanka, die die Zwetajewa umbrachten, indem sie sie in den Selbstmord trieben.

Es sei hier angemerkt, daß ein Selbstmord, wenn er nicht vor den Augen mehrerer objektiver Zeugen stattgefunden hat (was fast niemals vorkommt), immer ein Gefühl von Unverständnis hervorruft und mit einer verständlichen Rätselhaftigkeit umwoben ist. Das menschliche Bedürfnis, zu finsteren Geheimnissen vorzudringen, wird in diesem Fall noch durch das Bestreben ergänzt, den Schleier von den Bluttaten des NKWD zu reißen, in dessen Auftrag tatsächlich zahlreiche gut getarnte Morde begangen wurden. Die Legende von einer direkten Beteiligung der Geheimdienste am Tod bedeutender Dichter und Schriftsteller impliziert per se nichts Unwahrscheinliches, a priori Unmögliches. Die Frage ist, ob es im konkreten Fall Gründe gab. Und ob es irgendwelche Beweise gibt.

Im folgenden wende ich mich dem Fall Wladimir Majakowski zu, über dessen Tod in letzter Zeit viel spekuliert wird. Durch neuere Archivuntersuchungen – die ergiebigsten Resultate erzielten der schwedische Slawist Bengt Jangfeldt und der Moskauer Literaturwissenschaftler Valentin Skurlatow – wurde zweifelsfrei festgestellt, daß Majakowskis engste Freunde, Lilja und Ossip Brik, mit dem NKWD zusammenarbeiteten. Sie übernahmen diffizile, bislang noch nicht genau festgestellte Aufträge, auch im Ausland – in Lettland, Deutschland, Frankreich und England. Lilja Brik, die Schwester der französischen Schriftstellerin Elsa Triolet, die sich bis zu seinem Tode nicht von Ossip Brik hat scheiden lassen, galt (und gilt nach der neueren

Literatur noch immer) gleichzeitig als Ehefrau mehrerer anderer Männer, zu denen Majakowski und der damals angesehene hohe Offizier Vitali Primakow gehörten, der zusammen mit Tuchatschewski 1937 erschossen wurde. In ihrem «Salon», über den sich Anna Achmatowa mit unverhohlener Verachtung äußerte, verkehrten nicht nur bedeutende Literaten und Künstler, sondern auch hochrangige Tschekisten, keine Geheimagenten, sondern offizielle, bei der Lubjanka angestellte Mitarbeiter, die auf die Zugehörigkeit zum NKWD stolz waren.

Hier ist es wichtig zu präzisieren: Die Haltung zum Dienst bei der OGPU bzw. dem NKWD in jenen Jahren ist nicht mit unserer Haltung heute zu vergleichen. Schon deshalb nicht, weil die Verbrechen der Tschekisten in den zwanziger Jahren zwar beachtlich waren, aber die Epoche des Großen Terrors war noch nicht angebrochen. Das Land hatte die Jeshow-Barbarei noch nicht durchgemacht und war noch weit entfernt von den Greueln Berijas. Noch herrschte das Pathos revolutionärer Romantik, das damals alle Teile der Gesellschaft durchdrang; die Taten der «ruhmreichen Tschekisten» unter Führung des «eisernen Feliks» – wie der erste Chef der erbarmungslosen Straforgane, Feliks Dzierzynski, offiziell genannt wurde – brachte man in direkte Verbindung mit der Revolution. Wenn man damals einem Bekannten einen Mitarbeiter der OGPU vorstellte, konnte man sicher sein, daß dies beifällig aufgenommen wurde.

Es gab in jener Zeit wohl kaum einen zweiten Künstler, der von den Tschekisten so allseitig gekreist war wie Majakowski. Mit Lilja Briks Empfängen konnte in dieser Hinsicht nur der Salon von Sinaida Raich konkurrieren, wo Meyerhold, der Freund Majakowskis, ebenfalls scharenweise von Tschekisten umlagert war. Von den siebenundzwanzig Personen, die den in der «Prawda» veröffentlichten Nekrolog unterzeichneten und die Majakowski ihren engen Freund nannten, waren zumindest drei Tschekisten im Generalsrang: Jakow Agranow, Moissej Gorb und Lew Elbert. Der vierte Tschekist, Sachar Wolowitsch, unterschrieb den Nekrolog nur deshalb nicht, weil er zu dieser Zeit unter falschem Namen im «diplomatischen» Dienst in Paris tätig war.[8]

Zu den guten Freunden Majakowskis gehörten noch andere hohe Funktionäre des NKWD, wie Valeri Goroshanin (ein gebildeter Mann, der ein gutes Buch über Anatole France geschrieben hat) und

Jewgeni Jewdokimow (ein persönlicher Freund Stalins, hat in den dreißiger Jahren kurzzeitig die Leningrader Verwaltung des NKWD geleitet). Die Leute von der Lubjanka waren ständig um Majakowski herum, und die Forscher haben nicht einen einzigen Konfliktfall entdeckt, obwohl der explosive Charakter des Dichters allgemein bekannt war.

Obwohl die Namen der Tschekisten in verschiedenen Biographien auftauchen, ist uns bisher nicht in vollem Umfang bewußt geworden, in welcher Gesellschaft sich Majakowski jeden Tag und jede Nacht befand. Ja, auch jede Nacht. Als beispielsweise Lilja und Ossip Brik im Februar 1930 nach Deutschland und England fuhren und Majakowski in einer tiefen Krise zurückblieb, zog nicht irgendwer, ein Dichter, Maler oder Schauspieler zu ihm, sondern der Tschekist Lew Elbert, der Snob.

Aber die Hauptfigur war natürlich Jakow Saulowitsch Agranow. Ein Mann, den das halbe Schriftsteller- und Schauspieler-Moskau familiär «Janja» nannte. Eine grauenhafte Figur, die gut in einen psychologischen Kriminalroman paßt. Bislang hat noch niemand die Biographie dieses Monsters zu Papier gebracht. Ich möchte an dieser Stelle nur vermerken, daß er bereits in den ersten Monaten der Sowjetmacht als Sekretär des sogenannten Kleinen Rats der Volkskommissare (d. h. des engsten Kreises der Regierung) seinen Dienst versah, fast täglich (zumindest zwei- bis dreimal in der Woche) mit Lenin zusammenkam, dann in die Allrussische Tscheka zu Dzierzynski überwechselte und dort sofort eine Schlüsselrolle übernahm.

Die sensationellsten Prozesse gegen «konterrevolutionäre Verschwörungen», die zu Beginn der zwanziger Jahre von den Bolschewiki initiiert wurden, wurden von Agranow abgewickelt, und man kann getrost sagen, daß er der Erfinder solcher Szenarien war. Seinem Namen begegnen wir auch in Solschenizyns «Archipel GULAG», aus dem ich hier ein sehr beredtes Zitat anführen möchte. Es geht um eine der ersten großangelegten Fälschungen, den Fall der «Petrograder Kampforganisation», einer erfundenen antibolschewistischen Verschwörung (1921), an deren Spitze angeblich Wladimir Taganzew, Professor an der Petrograder Universität und am Bergbau-Institut, gestanden haben soll: «Professor Taganzew schwieg heldenhaft fünfundvierzig Tage lang. Und dann überzeugte ihn Agranow, ein Abkommen mit ihm zu unterzeichnen:

Ich, Taganzew, werde bewußt Aussagen über unsere Organisation machen, ohne etwas zu verheimlichen... All das tue ich, um das Schicksal der Beteiligten an unserem Prozeß zu erleichtern.

Ich, Bevollmächtigter der Allrussischen Tscheka Jakow Saulowitsch Agranow, verpflichte mich, mit Hilfe des Bürgers Taganzew die Ermittlung schnell zu beenden und nach der Beendigung dem *öffentlichen Gericht* zu übergeben... Ich verpflichte mich, daß gegen keinen der Angeklagten das Höchststrafmaß in Anwendung gebracht wird.»

«Gegen keinen der Angeklagten...» In der Nacht vom 24. zum 25. August 1921 wurden im Zusammenhang mit diesem Fall 60 Personen (darunter 15 Frauen) erschossen. Zu den Erschossenen gehörte auch der Dichter Nikolai Gumiljow, der erste Mann Anna Achmatowas, der sich nicht nur durch ein enormes Talent auszeichnete, sondern auch durch große persönliche Tapferkeit. Er hatte dem Tod mehrfach ins Auge gesehen und trat ihm nun mit bewundernswertem Stolz und mit Würde entgegen. Sechs Jahre vor seiner Hinrichtung hatte er in einem seiner bekanntesten Gedichte seinen Tod von Henkershand prophetisch vorausgesehen.

Auf Jakow Agranows langer Liste steht unter anderem der Fall des linken Sozialrevolutionärs Jakow Bljumkin, der den deutschen Botschafter Graf Mirbach ermordet hatte (bekanntlich wurde Bljumkin *dieser* Mord verziehen; hingerichtet wurde er wegen seiner Beziehungen zu Trotzki). Agranow «erforschte» auch den Fall der von der Lubjanka erfundenen «Werktätigen Bauernpartei», der den bedeutenden Ökonom und Agrarwissenschaftler Alexander Tschajanow das Leben kostete. Vor allem aber oblag Agranow die Untersuchung der Ermordung Sergej Kirows. Agranow wurde zusammen mit dem Staatsanwalt Wyschinski und dem Untersuchungsrichter Lew Scheinin (vgl. S. 161) von Stalin nach Leningrad geholt, kaum daß die Nachricht von dem verhängnisvollen Schuß bekannt geworden war. Stalin muß gewußt haben, wen er sich da holte, und Agranow rechtfertigte in glänzender Weise das Vertrauen seines Führers und Lehrers: Er prügelte aus Nikolajew, dem Mann, der auf Kirow geschossen hatte, und aus den anderen Häftlingen die Aussagen heraus, die Stalin brauchte. Für ein paar Tage leitete er die Leningrader Verwaltung des NKWD. Kurz darauf wurde er erster Stellvertreter Genrich Jagodas, des Volkskommissars für Inneres.

Dieser trockenen Aufzählung einiger Stationen in der stürmischen Karriere eines Sekretärs von Lenin soll noch ein bemerkenswerter Umstand hinzugefügt werden: Unmittelbar nach seiner Ernennung zum Stellvertreter Jagodas bekommt Agranow jene Wohnung im Kreml, in der der inzwischen abgesetzte und verhaftete «Freund» Stalins Awel Jenukidse gewohnt hatte. Den Platz des alten nahm nun der neue «Freund» ein. Immer in der Nähe, immer zur Hand. Agranow erhielt auch sofort eine Datsche – gleich neben der von Stalin – im Moskauer Vorort Subalowo, von dem Swetlana Allilujewa in ihren «Zwanzig Briefen an einen Freund» so schwelgerisch erzählt.

Wenn Majakowski gewußt hätte, welche Höhen sein Freund noch erklimmen, wessen Fälle er noch «untersuchen» würde! Agranow kontrolliert zum Beispiel die Untersuchung im Falle Vitali Primakows, des Lebensgefährten von Lilja Brik, die zugleich seine gute Freundin und Mitarbeiterin ist. Primakow schreibt aus der Gefängniszelle an den ersten Stellvertreter des Volkskommissars, den guten Bekannten und Freund seiner Frau: «Ich bitte Sie persönlich sehr darum, mich zum Verhör zu rufen... Ich werde immer mehr in etwas hineinverstrickt, und einige Dinge kann ich überhaupt nicht verstehen... Ich bin völlig... unschuldig. Ich habe täglich Herzanfälle.» Agranow gibt dem Flehen nach, ruft den Verhafteten zu sich, und dieser «gesteht» alles. Bei dem sogenannten Gerichtsprozeß war er dann neben anderen «Geständigen» der wichtigste Entlarver seiner selbst und anderer. Und er bekam eine Kugel ins Genick.

Einen so großartigen Freund hatte Majakowski. Aber es dauerte nicht lange, da schlug auch seine Stunde. Jagodas Sturz bedeutete auch das Ende für Agranow. Kurz vor seiner Verhaftung war Jagoda zum Volkskommissar für Fernmeldewesen ernannt worden. Nach dem gleichen Modell, in Form einer Farce, verfuhr man auch mit Agranow. Am 27. März 1937 wurde Jagoda verhaftet. Und am 1. Juni wurde sein ehemaliger erster Stellvertreter als Leiter der Verwaltung für Inneres nach Saratow geschickt, um «Nester des deutschen Geheimdienstes in der Autonomen Republik der Wolgadeutschen» aufzuspüren. Agranow war wohl ein kluger Mann, aber er begriff nicht, was diese «verantwortungsvolle Aufgabe» zu bedeuten hatte. Oder hat er die finsteren Gedanken einfach verjagt?

Agranow machte sich mit einem solchen Eifer an die Arbeit, daß seinen in Sachen Tscheka-Provokationen abgehärteten Provinzkollegen vom Wüten des neuen Vorgesetzten der Kopf schwindelte. In wenigen Tagen stampfte seine zügellose Phantasie in dem ihm unterstellten Territorium Dutzende «Spionage-, Verschwörer-, Terror- und Diversionsgruppen» aus dem Boden. Die Menschen wurden zu Hunderten, Tausenden eingesperrt, das Gefängnis von Saratow platzte aus den Nähten. Sie alle gestanden. Agranow strengte sich ungeheuer an, sein Leben auf diese Weise zu retten. Er wollte sich nicht nur anbiedern, sondern zeigen, daß er hier, im fernen Saratow, Feinde ausfindig gemacht hatte, die in Moskau saßen. So «rutschte» Lenins Witwe, Nadeshda Krupskaja, unter die «deutschen Spione» (Stalin haßte sie blindwütig, was Agranow natürlich wußte, aber eine derartige Eigenmächtigkeit konnte ihm Stalin nicht durchgehen lassen). Ebenso wurde auch Georgi Malenkow verdächtigt, der gerade erst seine Partei- und Staatskarriere begonnen hatte. Agranow legte sich eindeutig zu sehr ins Zeug. In der Agonie gingen ihm die glänzenden Qualitäten eines erfahrenen und gerissenen Intriganten verloren. Sein wahnwitziger Brief an Jeshow mit dem Vorschlag, die Krupskaja und Malenkow zu verhaften, spricht für sich.

Schon am 16. Juli wurde Agranow nach Moskau zurückbeordert. Er dachte wohl, man werde ihm für seinen Eifer gebührend danken. Aber Jeshow kanzelte ihn grob und schonungslos ab. Jetzt blieb ihm nur noch, auf das Unabwendbare zu warten. In der Kremlwohnung lebten bereits andere Mieter. Aber in dem finsteren zehnstöckigen Wohnklotz der Tschekisten in der Marchlewski-Straße 9, wo kurz zuvor Jagoda verhaftet worden war, hatte Agranow eine Ausweichwohnung. Dort nahmen sie ihn dann auch fest. Er wußte genau, was er zu erwarten hatte, widersetzte sich nicht und unterschrieb ohne eine einzige Entgegnung alles, was seine (vorläufig) erfolgreicheren Kollegen vorbereitet hatten (Archivakte des KGB Nr. 957826, Archivakte der Hauptmilitärstaatsanwaltschaft Nr. 54480–54). Ein Jahr später, am 1. August 1938, setzte die Kugel seinem Leben ein Ende. Am 26. August wurde seine Frau, Valentina Agranowa, erschossen. Auch sie war mit Majakowski befreundet gewesen. 1957 wurde sie rehabilitiert. Trotz der Bemühungen der Tochter – sie schrieb an Woroschilow, Kaganowitsch und andere, die den Vater gut gekannt hatten – wurde Agranows Rehabilitierung abgelehnt. Er gilt nach wie vor als Agent des deutschen und polnischen Geheimdienstes, in deren Auftrag er geplant haben soll, den Genossen Stalin umzubringen.

Was verband nun diesen Henker, dessen Arme bis zu den Ellenbogen in Blut steckten, mit Wladimir Majakowski? Ihr ausgesprochen enger und herzlicher Kontakt erstreckte sich über mehrere Jahre. Zeitweise sahen sie sich täglich. Verständlich ist das dienstliche, professionelle Interesse Agranows und seinesgleichen an freidenkenden Künstlern, die sich von der staatlichen Routine und dem Parteidogmatismus nicht eingeengt fühlten. Agranow wurde halb im Scherz als NKWD-Repräsentant in der Literatur bezeichnet, worauf er sehr stolz war. Aber was konnten er und Majakowski miteinander gemein haben? Was bewog den Dichter, solche Beziehungen zu unterhalten, die nach Aussagen vieler tatsächlich nicht nur formalen Charakter trugen? Die Herzlichkeit kam niemandem unecht vor. Bei aller Unterschiedlichkeit in den Details, bei aller Verschiedenheit der Biographien, der persönlichen Eigenschaften und literarischen Gruppierungen, die sie vertraten, erinnert das Trio Majakowski – Lilja Brik – Agranow an eine andere Dreiergruppe: Babel – Jewgenija Jeshowa – Nikolai Jeshow. Genau das gleiche «Spiel mit dem Teufel» in der für die Öffentlichkeit unzugänglichen Küche der Lubjanka. War es nicht das, was Pasternak im Auge hatte, als er Majakowski seine rätselhaften, traurigen und schonungslosen Verse widmete: «Ich weiß Ihr Vers ist unverfälscht, wie konnten Sie aber auf Ihrem aufrichtigen Weg unter die Dächer solcher Armenhäuser geraten?» Diese Zeilen meinen nicht nur die Dächer der Lubjanka, nicht nur das «Armenhaus» Agranows, sondern den ganzen «Salon» der Briks.

Die merkwürdige Freundschaft Majakowskis zur oberen Garde der Lubjanka, die jeder Analogie entbehrt, mußte in unserer Zeit zu zahlreichen Vermutungen führen. Eine davon, die wesentlichste, lautet: Majakowski hat sich nicht selbst umgebracht, sondern wurde von einem seiner Tschekisten-Freunde oder zumindest auf deren Befehl ermordet. Die Entlarvungslawine, die in der Gorbatschow-Ära und besonders in der Zeit danach über die Bürger der ehemaligen Sowjetunion hereinstürzte, die Aufdeckung zahlreicher Verbrechen des früheren Regimes, von denen niemand (oder fast niemand) etwas wußte, all das erzeugte einen günstigen Nährboden für alle denkbaren Sensationen und Spekulationen.

Leider untergräbt die offensichtliche Operettenhaftigkeit des Sujets die Glaubwürdigkeit der Hypothese zum Tod Majakowskis. Der bereits erwähnte Lew Elbert soll sich in der Toilette oder in einem

Nachbarzimmer versteckt gehalten haben (wenn Majakowski nicht bei den Briks war, wohnte er in der Nähe der Lubjanka im Zimmer einer Gemeinschaftswohnung). Er habe gewartet, bis die junge Schauspielerin des Künstlertheaters Veronika Polonskaja – die letzte Liebe des Dichters – verschwand, dann auf Majakowski geschossen und sich über den Hinterausgang davongemacht. Weshalb aber die Lubjanka einen so bekannten Dichter umbringen ließ, noch dazu auf diese Art und Weise, darauf bleiben die Gerüchte die Antwort schuldig.

Immerhin war der Lärm, den die Mitarbeiter der Lubjanka um die «Ermordung» des großen Dichters machten, so groß, daß man postum ein gerichtsmedizinisches Gutachten anfertigen lassen mußte. Nach Untersuchung des Oberhemds, das Majakowski zum Zeitpunkt der Erschießung trug, der Fotos und der übrigen Dokumente kamen drei anerkannte Gerichtsmediziner Moskaus zu der Schlußfolgerung, daß der Tod im Ergebnis eines Schusses aus nächster Nähe eingetreten war und daß der Verstorbene den Schuß selbst abgegeben hatte. Andere Experten gelangten ebenfalls zu einem kategorischen Urteil: Der umfangreiche letzte Brief des Dichters wurde von niemandem gefälscht. Er wurde von ihm selbst geschrieben.

Natürlich hat die Lubjanka auch Majakowski auf dem Gewissen, aber nicht, weil sie ihn durch den Schuß eines im Hinterhalt sitzenden Mörders umbringen ließ, sondern durch die ganze Atmosphäre, die um ihn herum geschaffen wurde. Ein Mann von solchem Rang, von solchem Talent und von solcher Verwundbarkeit war physisch nicht in der Lage, in dem Käfig, in den man ihn gesetzt hatte, zu existieren.

Entschlossener und aggressiver als die Biographen Majakowskis treten die Autoren einer Sensationsstory auf, die nun schon seit Jahren die Presse beschäftigt. Sie behaupten, daß der große russische Nationaldichter Sergej Jessenin, den man im Westen eher als den Ehemann der Tänzerin Isidora Duncan kennt – davor war Jessenin mit Sinaida Raich verheiratet –, sich im Dezember 1925 nicht im Leningrader Hotel «Angleterre» erhängt habe, sondern von Trotzkis Agenten, «am wahrscheinlichsten» von dem Trotzki nahestehenden Jakow Bljumkin, dem Mörder des Grafen Mirbach, umgebracht worden sei. Diese Version wäre ihrer Absurdität wegen nicht wert, ernsthaft analysiert zu werden; zwei wichtige Umstände veranlassen uns aber, daran nicht vorbeizugehen.

Zum einen wurde die Kampagne von einer wildgewordenen Clique «Nationalpatrioten» entfacht, die beweisen wollten, daß der russische Dichter von «den Juden» ermordet wurde. Es geht nicht einfach um das Schicksal eines Dichters. Sein großer Name ist lediglich der Anlaß, um zu «Verallgemeinerungen» vorzustoßen. Letztere bestehen darin, daß die «Organe» von den zwanziger Jahren bis hin in die frühen fünfziger Jahre mit Juden «gespickt» gewesen seien, die einen «Genozid am russischen Volk» verübt hätten. Die «Ermordung» Jessenins ist nur ein besonders beeindruckendes Beispiel, das seine Wirkung auf ein anspruchsloses Massenpublikum denn auch nicht verfehlt hat.

Ich möchte die Umstände von Jessenins Tod hier nicht näher berühren, ich wiederhole lediglich, daß der Selbstmord von Experten unwiderlegbar nachgewiesen wurde. Der Umstand aber, daß es in der Lubjanka, sowohl unter den Mördern als auch unter den Opfern, eine ungeheuer große Zahl von «Aktivisten» jüdischer Herkunft gab, ist ein Fakt, der sich nicht abstreiten läßt. In dem Kapitel «Stalin gegen die Juden» komme ich darauf zurück. Hier sei lediglich darauf hingewiesen, daß Organe wie der NKWD ein unweigerliches Beiwerk der Diktatur sind; kein totalitäres Regime, gleich, auf welchen «Ideen» es basiert, kann ohne Staatsterror, der durch die Straforgane realisiert wird, auskommen. In einem Land wie Rußland, in dem antisemitische Stimmungen traditionell stark sind, mußte die Tatsache, daß eine große Zahl von Juden im Machtapparat und besonders in den vom Volk gehaßten Straforganen tätig war, unweigerlich zur Verstärkung des Antisemitismus führen.[9] Dieser Faktor aber wird von den heutigen «Nationalpatrioten» – die im Westen mit der berüchtigten «Pamjat»-Bewegung assoziiert werden, was nicht ganz korrekt ist –, künstlich und tendenziös aufgebläht. Seit Mitte der fünfziger Jahre und bis auf den heutigen Tag, also zumindest seit zwei Generationen, gibt es im KGB fast keinen einzigen Juden mehr. Dabei zeigen der Haß auf diese Organe und der Antisemitismus eindeutig steigende Tendenz. Der Prozeß verläuft also offenbar parallel, beides steht in keinem direkten Zusammenhang.[10]

Der zweite Umstand ist nicht weniger bemerkenswert. Auch in Jessenins Umgebung wimmelte es von Agenten der Lubjanka, wenn auch nicht so hochrangigen wie bei Majakowski. Aus Sicht der allmächtigen GPU stellte er keine so große Gefahr dar, hatte sein Fall keine so «allgemeinstaatliche» Bedeutung. Jessenin stand weder im Zentrum politischer Leidenschaften noch im Zentrum literarischer Machtkämpfe. Und dennoch konnten sie auch ihn nicht ohne entsprechende Begleitung, ohne allgegenwärtige Beobachtung lassen. Schon allein deshalb, weil er Verbindung zu Ausländern hatte. Schon allein deshalb, weil er in seinen Gedanken frei war, also unberechenbar. Schon allein deshalb, weil er talentiert war.

Gibt es überhaupt einen großen Schriftsteller jener Zeit, dem die GPU und später der NKWD nicht ihre Aufmerksamkeit schenkten? Das tragischste Schicksal ist in diesem Sinne sicherlich das von Gorki. Ich lasse hier all das beiseite, was zur dunklen Geschichte seiner letzten Lebensjahre und zu dem mysteriösen Tod des Schriftstellers gehört, und möchte nur anmerken, daß sofort nach der Machtergreifung der Bolschewiki mit Hilfe der schnell auf die Beine gestellten Geheimpolizei Intrigen um Gorki gesponnen wurden.

Das gesteigerte Interesse an ihm kann man verstehen: Der ehemalige Freund Lenins befand sich in scharfer Opposition zu den Bolschewiki und entlarvte sie schonungslos in seinen «Unzeitgemäßen Gedanken», die er in der Zeitung «Nowaja shisn» veröffentlichte. Die Bolschewiki verboten diese Zeitung bald darauf. Der Schuß auf Lenin (30. August 1918), dessen wahre Hintergründe man bis heute nicht als gesichert ansehen kann, söhnte die «zwei Giganten» äußerlich miteinander aus, aber Lenins ironisch-boshafte und zugleich ängstliche Haltung gegenüber Gorki ist allgemein bekannt und spiegelt sich zur Genüge in den veröffentlichten Dokumenten und in der Memoirenliteratur wider. Gorkis ständiges Eintreten für Verhaftete, Gejagte und in Ungnade Gefallene ärgerte Lenin. Im Grunde genommen war es Lenin, der Gorki unter einem passenden Vorwand ins Ausland schickte: In der Sowjetunion herrsche Kälte, Hunger, Durcheinander, und «Sie husten wieder Blut». Gorki solle sich doch kurieren. Und Gorki fuhr.

Aber ihm folgte ein ganzer Rattenschwanz von Begleitern. Mit dem NKWD, dem «strafenden Schwert der Revolution», standen die Familienmitglieder in Verbindung: seine Ehefrau Maria Andrejewa, die früher Schauspielerin am Künstlertheater gewesen war und bereits in jungen Jahren voll in der Revolution aufging, und die neue Liebe des unermüdlich jungen Schriftstellers, eine Frau mit einem wahrhaft phantastischen Schicksal – Maria Sakrewskaja, nach ihrem ersten Mann Benkendorf, nach ihrem zweiten Mann Baronesse Budberg.[11] Von der ersteren Frau befreite sich Gorki bald. Die Beziehungen zwischen ihm und Maria Andrejewa waren bereits in Petersburg in die Brüche gegangen; der junge Jurist Pjotr Krjutschkow (er war 21 Jahre jünger als Maria Andrejewa), ein Kaderfunktionär der Tscheka, dann der OGPU, dann des NKWD, nahm Gorkis Platz ein. Sie bekamen beide Arbeit in der Handelsvertretung der UdSSR in Berlin. Hier, in Deutschland, wo Gorki auf dem Weg nach Italien etwa ein Jahr Zwischenstation machte, wurde Krjutschkow Gorkis Vertrauter. Und obwohl es Unterbrechungen in ihren Beziehungen gab, ließ er ihn nicht mehr aus den Augen. Als Gorki dann nach Moskau zurückkehrte, wurde Krjutschkow auch formell sein persönlicher Sekretär und trennte sich von nun an überhaupt nicht mehr von ihm. In Sorrent aber, in der Villa «Il Sorito», war Maria Budberg stets an Gorkis Seite. Sowohl sie als auch Krjutschkow wurden für Gorki – und ebenso für die Lubjanka – zu unersetzlichen Mitarbeitern.

Eine wichtige Rolle spielte auch Gorkis Schwiegertochter, die Frau seines Sohnes Maxim, die charmante und bezaubernde Malerin Nadeshda Peschkowa (zu Hause wurde sie Timoscha genannt). Diese Frau hatte zweifellos ein tragisches Schicksal, war sie doch wie ihr Mann gezwungen worden, den allgegenwärtigen «Organen» Hilfe zu leisten. In dieser Atmosphäre spielte sich das «glückliche» Leben des «großen proletarischen Schriftstellers» unter der paradiesischen Sonne Italiens ab.

Aber Gorki war eine zu große Figur im Stalinschen Imperium, als daß sich nur verdiente Mitarbeiter des NKWD um ihn kümmerten. Der Chef der Lubjanka selbst, Genrich Jagoda, pflegte in der alten Kaufmannsvilla, die Stalin Gorki im Zentrum Moskaus zugewiesen hatte, ein und aus zu gehen. Ganz Moskau wußte, was oder, genauer, wer ihn dort anzog: Jagoda war von Timoscha hingerissen. Vor langer Zeit hatte Gorki selbst Gefühle für Timoscha gehabt. Einige ernstzunehmende Wissenschaftler vermuten sogar, daß die jüngste Enkeltochter, Darja (geb. 1927), nicht Gorkis Enkelin, sondern seine Tochter sei. Die Frage ist aber, ob Jagoda tatsächlich «Gefühle» hatte oder ob er unter dem Deckmantel einer riskanten Verliebtheit seine Dienstpflicht ausübte. Warum soll nicht beides zusammengefallen sein? Wieder einmal wurde für ziemlich weitreichende dienstliche Obliegenheiten die «Liebeskarte» gespielt. Komplizierte persönliche Beziehungen, Intrigen des Herzens, Eifersucht und ähnliche melodramatische Schablonen wurden als Wechselgeld im dunklen politischen Spiel benutzt.

Eingesperrt in einem goldenen Käfig unter dem wachsamen Auge einer Horde von NKWD-Leuten mit dem Volkskommissar an der Spitze, begriff Gorki, welches Geschick ihn ereilt hatte. Aber einen Weg zurück gab es nicht mehr. Der Weg ins Ausland war versperrt. Ich zweifle nicht daran, daß es Angst war, die ihm die ungeheuerlichen Artikel der letzten Jahre diktierte, besonders denjenigen, der die kannibalische Formulierung enthält, die zu Stalins Lieblingsdevise wurde: «Wenn der Feind sich nicht ergibt, wird er vernichtet.»

Die besondere Dramatik der Familiensituation Gorkis besteht darin, daß seine erste Frau, Jekaterina Pawlowna Peschkowa, zu der er immer noch gute Beziehungen unterhielt, wobei sich in den letzten Jahren eine neue, freundschaftliche Annäherung vollzog, in politischer Hinsicht Maria Andrejewa und der ganzen Lubjanka-Clique Gorkis diametral entgegengesetzt dachte und handelte. Sie leitete das sogenannte «Politische Rote Kreuz», bis es Ende 1937 von Jeshow aufgelöst wurde. Die offizielle Bezeichnung «Hilfskomitee für politische Gefangene» definiert präzise den Charakter ihrer Tätigkeit. Dieses Komitee und J. P. Peschkowa selbst konnten wenig tun, aber eine Information über das Schicksal des einen oder anderen Leidtragenden, finanzielle Hilfeleistung für ihn selbst oder seine Familienmitglieder bedeuteten damals nicht wenig. Jekaterina Pawlowna war in der Vergangenheit Sozialrevolutionärin gewesen. Im Politischen Roten Kreuz arbeitete kein einziger Bolschewik, nur ehemalige Sozialrevolutionäre und Sozialdemokraten. Ihr engster Mitarbeiter Michail Vinaver wurde verhaftet und in den GULAG geschickt, aber als gebürtiger Pole konnte er 1941 in die polnische Armee unter General Anders eintreten. Er starb 1942 während der Verlegung der Anders-Armee nach dem Iran. Die wieder enger gewordenen Beziehungen Jekaterina Pawlownas zu Gorki machten es leichter, sie zu beobachten, lösten aber auch höchste Alarmstufe in der Lubjanka aus, da über sie schwer zu kontrollierende Beziehungen Gorkis zur Außenwelt möglich wurden.

Im Mai 1934 starb Maxim Peschkow an «Lungenentzündung». Fast vier Jahre später werden Jagoda, Krjutschkow und der behandelnde Arzt der Familie, Lew Lewin, gemeinsam angeklagt, Maxim umgebracht zu haben. Ihnen wird vorgeworfen, in gemeinsamer Absprache eine Therapie angewandt zu haben, die unweigerlich zum Tode führen mußte. Der Vollständigkeit halber muß gesagt werden, daß der wunderbare Therapeut und, den Erinnerungen von Zeitzeugen zufolge, höchst intelligente und wohlwollende Doktor Lewin ebenfalls Mitarbeiter des NKWD war. Er behandelte Gorki übrigens bereits während seiner Zwangsemigration und suchte den Schriftsteller auf spezielle Anweisung von Jagoda regelmäßig in Sorrent auf.

Im Sommer 1935 unternahm Gorki eine Schiffsreise auf der Wolga, dem Fluß seiner Kindheit und Jugend. Er hatte selbst darauf bestanden: «Ich muß die Wolga ein letztes Mal sehen.» Es gab keinen Widerspruch. Gorkis Reise begann in der Stadt Gorki (seiner Heimatstadt Nishnij Nowgorod) auf der «Maxim Gorki». Die Mannschaft – Timoscha, Krjutschkow und Doktor Lewin – wich ihm nicht von der Seite. Hinzu kamen der Volkskommissar Jagoda persönlich sowie ein weiterer hoher Funktionär der Lubjanka, Matwej Pogrebinski (bald darauf wurde er Leiter der Verwaltung für Inneres im Gebiet Gorki, im März 1937 beging er Selbstmord). Ein richtiger NKWD-Ausflug! Unverständlich ist nur, was Gorki unter diesen Leuten zu suchen hatte.

Für Jagoda war dieser Ausflug so etwas wie eine Hochzeitsreise. Timoscha war bereits verwitwet. Und für Gorki? In keinem einzigen Hafen ließ man ihn an Land gehen. Doktor Lewin, der seine Vorschriften befolgte, erklärte kategorisch, daß der Gesundheitszustand des Kranken dies nicht zulasse; nicht ein Mal lief der Dampfer in einem Hafen ein, sondern blieb immer auf Reede. Dorthin kamen Motorboote gefahren, die mit Begrüßungstransparenten geschmückt waren. Nur Ärzte, die Mitarbeiter des NKWD und sorgfältig ausgewählte Delegationen, die begeistert von ihrem glücklichen Leben berichteten, kletterten die Gangway hoch und kamen an Bord. Gorki weinte vor Rührung. Aber waren das nur Tränen der Freude?

An der Wolgareise nahm auch die Bühnenbildnerin Valentina Chodassewitsch teil, die dem an Liebe so reichen Gorki nicht gleichgültig war. Später schrieb sie ihre Erinnerungen an diese Reise auf. Sie wurden in der Zeitschrift «Nowy mir» publiziert, dieser von Twardowski geleiteten Oase der Freiheit, wo auch Solschenizyn veröffentlichte.

Akademiemitglied Wladimir Lakschin, ein angesehener Literaturkritiker, bereitete diese Erinnerungen zum Druck vor. Er hat mir erzählt, daß das Manuskript eine Passage enthielt, die von der Zensur kategorisch verboten wurde (in der Buchausgabe der Erinnerungen fehlt diese Passage auch). Doktor Lewin, erzählt die Künstlerin, saß an Deck und war in dicke medizinische Bücher vertieft. Da fragte Chodassewitsch Lewin, was ihn so gefangennähme. «Ich verstehe gar nichts», rief Lewin, «Maxim wurde richtig behandelt. An der Krankheit, die er hatte, konnte er nicht sterben. Warum ist er gestorben?»

Zur Erinnerung: Zeit der Handlung ist das Jahr 1935. Bis zur Verhaftung Lewins und der Anklage, Gorkis Sohn ermordet zu haben, vergingen noch mehr als zwei Jahre. Jagoda sitzt immer noch auf seinem hohen Roß, und es gibt keine Anzeichen für seinen baldigen Sturz. Was bedeutete dann dieser Ausruf, zumal nicht vor Publikum, sondern unter vier Augen? Daß er Maxim tatsächlich nicht getötet hat? Oder umgekehrt, daß ihn Reue quälte und die Tat ihn als ein ständiger Alptraum verfolgte? Oder daß es Mord war, aber er damit nichts zu tun hatte? Und die Hauptsache: Warum verbot die Zensur diese Passage noch zu Chruschtschows Zeiten, als derartige Enthüllungen zugelassen wurden?

Ende 1935 kamen Fremde kaum mehr an Gorki heran. Der Besuch von André Malraux, den Michail Kolzow mitbrachte, löste besonderen Ärger in der Lubjanka aus. Vor Ausländern wurden die Türen überhaupt geschlossen gehalten. Romain Rolland gelang es nicht ein einziges Mal, mit Gorki unter vier Augen zu sprechen. Bei ihren Begegnungen war ständig ein dritter Mann anwesend, in der Regel Krjutschkow. Genauer gesagt, ein vierter Mann, denn Rollands Frau, die russische Lyrikerin Maria Kudaschewa, übernahm die Funktion des Dolmetschers. Sie wurde von Krjutschkow kontrolliert, der mehrere Fremdsprachen gut beherrschte.

Zu den Ärzten, die Gorki unmittelbar vor seinem Tod behandelten, gehörten wahrscheinlich nicht nur Mitarbeiter des NKWD. Es gibt beispielsweise keine Angaben darüber, daß die Professoren Alexej Speranski, Georgi Lang, Maxim Kontschalowski oder Dmitri Pletnjow direkt zu dieser Dienststelle gehörten. Dennoch mußten auch diese Ärzte Jagoda Bericht erstatten.

Es ist allgemein bekannt, daß Jagoda und die Ärzte Lewin und

Pletnjow beschuldigt wurden, Gorki umgebracht zu haben. Es ist sinnlos zu erwarten, daß sich in den Archiven, auch in den geheimsten, schriftliche Beweise für oder gegen diese Anklage befinden. Natürlich gibt es keine solchen Dokumente, und wenn es sie gegeben hätte, wären sie längst schon vernichtet worden. Wir müssen uns demzufolge mit indirekten Beweisen zufriedengeben.

Professor Pletnjow[12] wurde nicht erschossen, der fast siebzigjährige Mann wurde zu fünfundzwanzig Jahren Gefängnis verurteilt. So wie ein anderer Mitangeklagter dieses Prozesses, Christian Rakowski. Sie saßen beide im Gefängnis von Orjol und wurden am 11. September 1941 hingerichtet. Während der mehr als drei Jahre, die sie dort verbrachten, haben beide nicht wenig Briefe geschrieben, an Woroschilow, Berija und Wyschinski. Die öffentliche Vorstellung war beendet, nun konnten sie zumindest in ihren Briefen ihren Gefühlen freien Lauf lassen. Aus dem Gefängnis von Orjol schrieb Dmitri Pletnjow: «Ich wurde aufs grauenhafteste beschimpft, mit der Todesstrafe bedroht, am Kragen gepackt, gewürgt, mit Schlafentzug gefoltert... Man drohte mir, mir die Kehle und damit ein Geständnis herauszureißen, man schlug mich mit dem Gummiknüppel... All das führte zu Lähmung einer Körperhälfte. Ich erstarre in der Umgebung von Lüge und Kälte, unter Pygmäen und Würmern, die ihrer Wühlarbeit nachgehen. Zeigen Sie bitte, daß es bei uns in der Union genauso wie in anderen Kulturnationen möglich ist, die Wahrheit zu finden» (aus einem Brief an Woroschilow, ohne Datum).

«Die ganze Anklage gegen mich ist eine Fälschung. Mit Gewalt und Betrug erzwang man von mir Geständnisse... Wofür sterbe ich jetzt? Ich bin bereit, der ganzen Welt meine Unschuld zuzurufen. Es ist schwer zu sterben, wenn man sich seiner Unschuld bewußt ist» (aus einem Brief an Berija, ohne Datum).

«Als ich nicht nachgab, sagte der Untersuchungsrichter wörtlich folgendes: Wenn die hohe Führung der Auffassung ist, daß Sie schuldig sind, dann können Sie hundertprozentig recht haben, Sie sind dennoch schuldig» (aus einem Brief an Woroschilow vom 26. Mai 1940).

Von allen Adressaten kann nur Berija diese Briefe tatsächlich gelesen haben. Gelesen – und ins Archiv geschickt, wo sie bis heute liegen, verborgen vor den Augen der Welt. Natürlich ist der Aufschrei eines Angeklagten: «Ich bin unschuldig!» noch kein Beweis für seine

Unschuld. Die von Pletnjow beschriebenen Foltern stimmen jedoch mit dem, was wir aus Tausenden von Aussagen anderer kennen, so sehr überein, daß wir von seiner Aufrichtigkeit überzeugt sind.

Zu den bei diesem Prozeß verurteilten Ärzten gehörte noch ein dritter: Ignati Kasakow, dessen sensationelle Versuche zur Verjüngung des Organismus damals im ganzen Land Furore gemacht hatten. Er hatte Gorki nie behandelt, deshalb konnte man ihm die «Ermordung» des Schriftstellers nicht vorwerfen. Statt dessen soll er der Mörder von Jagodas Vorgänger auf dem Posten des Lubjanka-Chefs gewesen sein, der Mörder von Wjatscheslaw Menshinski. Kasakows Patienten waren die vom stürmischen Leben ermatteten sowjetischen Führer, deren sexuelle Potenz nachließ und denen Kasakow ewige Jugend versprach. Außerdem hatte Stalin heimlich seine Psoriasis, eine chronische, entsetzlich juckende Flechte, bei Kasakow kurieren lassen. Nach Kasakows Behandlung ging es ihm wesentlich schlechter. Nach Auffassung von Akademiemitglied Boris Petrowski, vormals Minister für Gesundheitswesen der UdSSR, war das ausschlaggebend für Kasakows Schicksal. Gorki war ein Verehrer Kasakows wie der gesamten experimentellen Medizin, ließ sich aber von Doktor Alexej Samkow, einem anderen Wundertäter des Stalinschen Moskau, behandeln. Der «verjüngte» den Organismus durch Einspritzen eines Extrakts aus dem Urin schwangerer Frauen. (Übrigens versuchte auch Clara Zetkin mit Samkows Hilfe jünger zu werden.) Warum nicht auch Samkow zum Mörder Gorkis deklariert wurde, werden wir nie mit Genauigkeit erfahren. Vielleicht hat ihn seine Frau gerettet, die Bildhauerin Vera Muchina, eine Lieblingskünstlerin Stalins. Sie hat grandiose Plastiken zum Ruhm des Regimes geschaffen, darunter auch die berühmte Plastik «Arbeiter und Kolchosbäuerin». Aber für Stalin wäre das wohl kaum ein Hinderungsgrund gewesen.

Trotzki war der Auffassung, daß Gorki tatsächlich auf Stalins Befehl ins Jenseits befördert worden war und die Ausführenden dann für das bestraft wurden, was sie getan hatten. Allerdings fehlt bei ihm ein Hinweis darauf, wer der Initiator dieser kriminellen Aktion gewesen sein soll. Zu dieser Meinung neigten auch viele Historiker. Und in der Tat: Gorki störte. Stalin zweifelte nicht daran, daß Gorki bei Verstand war und sehr wohl begriff, was im Lande und was mit ihm selbst vorging. Er war sich auch sicher, daß Gorki ins Ausland wollte oder zumindest Kontakt zu westlichen Schriftstellern wünschte. Kurz vor seinem Tode bat er Michail Kolzow, so schnell wie möglich Louis Aragon, Elsa Triolet und André Gide aus Paris zu holen. Kolzow beriet sich natürlich in der Lubjanka und im Kreml. Die Einladungen gingen bei den Adressaten ein, aber Kolzow riet dazu, nichts zu überstürzen: «Alexej Maximowitsch ist krank.» Die französischen Gäste trafen kurz vor seinem Tode ein, wurden aber erst zu dem Leichnam vorgelassen.

Es gab noch einen weiteren Grund, weshalb der lebende Gorki Stalin beunruhigte. Der Prozeß gegen Sinowjew und Kamenew rückte näher, der erste der drei großen Moskauer Prozesse. Keiner wußte, wie der lebende Klassiker darauf reagieren würde. Obwohl er dazu aufgerufen hatte, die Feinde, die sich nicht ergeben, zu vernichten, schien sich seine Auffassung in jüngster Zeit geändert zu haben. Kamenew kannte Gorki persönlich gut, und er achtete ihn. Natürlich konnte Stalin Gorki weder verbannen noch einsperren, noch erschießen. Aber «beseitigen»...

Zweimal, zunächst in den fünfziger Jahren und dann nach Beginn der sogenannten Perestroika, 1988, tagten Ärztekonsilien, um die Krankheitsgeschichte Gorkis zu untersuchen. Sie studierten alles, die Tagebücher der behandelnden Ärzte und Krankenschwestern, Erinnerungen von Augenzeugen – gedruckte, handschriftliche, mündliche –, und gelangten zu dem Schluß, daß die Behandlung richtig durchgeführt wurde und daß es kein einziges Anzeichen dafür gibt, daß man dem Kranken übelwollte, ja nicht einmal eine Ungenauigkeit oder Inkompetenz. Zu dem gleichen Ergebnis kam unlängst auch Akademiemitglied Jewgeni Tschasow, der bis zum Schluß das System der «Sondermedizin» leitete, das die sowjetische Partei- und Staatselite behandelte, die sogenannte «Kremljowka».

In der sowjetischen Geschichte gibt es so viele mysteriöse Todesfälle, daß allein deren Anzahl den Gedanken an eine gewisse Gesetzmäßigkeit aufkommen läßt. Politische Gegner und unerwünschte Zeugen mit Hilfe der Medizin zu beseitigen war offenbar ein beliebtes Mittel des Kreml. Ist Lenin vergiftet worden oder nicht, und an welcher Krankheit ist er schließlich gestorben? Wie wurde Stalins härtester Konkurrent, Michail Frunse, beseitigt? Wurde der große russische Psychiater, Akademiemitglied Wladimir Bechterew, der einige Tage vor seinem Tod bei Stalin treuherzig Paranoia diagnostiziert hatte, vergiftet? Was geschah mit Lenins Frau Nadeshda Krupskaja an ihrem 70. Geburtstag, am 26. Februar 1939?[13] Ist Georgi Dimitroff, der plötzlich in Moskau verschied, eines natürlichen Todes gestorben? Während einer besonderen Verschärfung der sowjetisch-jugoslawischen Beziehungen war er von Stalin eilig nach Moskau zitiert worden. Stalin wußte von den inoffiziellen persönlichen Beziehungen zwischen Dimitroff und Tito. Er wußte auch, daß Dimitroff in Belgrad Station gemacht hatte, wo er mit Tito ein Gespräch führte, das von Moskau nicht kontrolliert werden konnte.

Die Zahl ähnlicher Fälle kann man bis zur Unendlichkeit multiplizieren. So ist beispielsweise allgemein bekannt, daß der Leiter der Auslandsabteilung des NKWD, Abram Sluzki, am 17. Februar 1938 im Arbeitszimmer seines Vorgesetzten Frinowski mit Pralinen, die mit Zyankali gefüllt waren, vergiftet wurde. (Natürlich folgte der Mörder dem Ermordeten gut ein Jahr später ins Jenseits nach, dessen Mörder wiederum wurde dann etwas später erschossen und so weiter.) Stalin wußte also sehr gut, welch sichere Waffen die Pharmakologie zur Verfügung stellen konnte. Kam nicht daher seine panische Angst, die am Ende seines Lebens pathologische Formen annahm, daß eine solche Waffe plötzlich gegen ihn selbst gerichtet werden könnte?

In der geschichtswissenschaftlichen Literatur wird eine Episode aus den Materialien des dritten Moskauer Prozesses (der Fall Bucharin und Rykow) ziemlich genau beschrieben: Die Ärzte wurden unter anderem auch angeklagt, einen Versuch zur Vergiftung des ruhmreichen Stalinschen Volkskommissars Jeshow unternommen zu haben. Alle Forscher interpretieren diese Episode eindeutig. Jeshow wollte auf diese Weise seine Autorität heben, wollte noch deutlicher unterstreichen (für Stalin natürlich), wie die «Volksfeinde» ihn fürchteten. Später war das auch so. Aber in der *ersten* Etappe?

In der ersten Etappe *glaubte* er an die Möglichkeit eines solchen Attentats. Er spielte mit – ein Phänomen, das Psychologen und Psychiatern bestens bekannt ist. Folgendes erzählte mir der heute noch lebende Dramatiker Alexander Stein, der seinerzeit mit dem angesehenen Pathologen und Anatom Boris Sbarski befreundet war. Sbarski leitete das Team zur Einbalsamierung von Lenins Körper (vgl. S. 250). Ich zitiere nach der von mir angefertigten Mitschrift von Steins

Erzählung: «Einmal, es war 1938, rief Jeshow Sbarski zu sich und gab ihm Teile von Jagodas Aussagen zu lesen. Dieser behauptete, Sbarski den Auftrag erteilt zu haben, Jeshow zu vergiften, indem er die Portieren seines Arbeitszimmers mit irgendeinem Präparat besprühen sollte, das Quecksilber enthielt. Sbarski sagte, daß das vom medizinischen Standpunkt der blanke Unsinn sei. Aber Jeshow nahm Jagodas Aussagen ernst. Er fragte ihn, ob man feststellen könnte, ob jemand mit Quecksilber vergiftet worden sei oder nicht? Natürlich kann man das, erwiderte Sbarski, man muß nur Blut und Urin im Labor untersuchen lassen. Und Jeshow äußerte den Wunsch, diese Untersuchungen machen zu lassen, ohne das Ganze an die große Glocke zu hängen. Die Untersuchungen zeigten natürlich ein negatives Resultat. Da beruhigte er sich und gab Anweisung, einen Vergiftungsversuch zu inszenieren.»

So erfanden sie grauenvolle Inszenierungen, bei deren Umsetzung sie andere Menschen ins Jenseits beförderten. Die Autoren dieser Inszenierungen aber ließen sich bisweilen von ihrer eigenen Phantasie täuschen und konnten diese nicht immer von der Realität unterscheiden. Ein interessantes medizinisches Gutachten, das unlängst erstellt wurde, kommt zu dem Schluß, daß Jeshow an Infantilismus litt. (Stalin, der 162 cm groß war, überragte Jeshow um einen ganzen Kopf.) In dem Gutachten heißt es: «Sein Intellekt und seine Emotionen sind auf dem Niveau eines Kindes stehengeblieben... Ihm eigneten absoluter Mangel an Selbständigkeit und außerordentliche Suggestionsempfänglichkeit... Minderwertigkeitskomplex und Kompensationsbedürfnis führten bei ihm zu der besonderen Grausamkeit eines verdorbenen und unterentwickelten Kindes, das bereit ist, unter der Bedingung von Straffreiheit jedes Lebewesen, das schwächer als es selbst ist, unendlich zu quälen. In dieser Beziehung glich Jeshow Philipp II., der nach der Legende widerliche Wollust empfand, wenn er Ketzer verbrannte und auf einem lebenden Klavizimbel spielte – einem Kasten, in dem eingesperrte Katzen vor Schmerz kreischten, wenn der spanische Selbstherrscher auf die Tasten hämmerte und sich die Nadeln in den Körper der Tiere bohrten.»

Ich möchte am Ende zum Hauptthema dieses Kapitels zurückkehren, zu Stalins wacher Aufmerksamkeit gegenüber künstlerischen Talenten. Seine Großzügigkeit *und* seine Grausamkeit waren gegenüber

Menschen, deren Begabung offensichtlich war, besonders ausgeprägt. Er war großzügig, wenn der Künstler bereit war, ihm zu dienen. Er war grausam, wenn er – womöglich nur in Stalins Vorstellung – die Erwartungen enttäuschte.

Iwan Shadan war ein in jener Zeit bekannter Tenor am Bolschoi-Theater, der ständig bei Konzerten im Kreml auftrat. Zusammen mit zwei anderen populären Tenören der dreißiger Jahre, Sergej Lemeschew und Iwan Koslowski, bildete er ein Trio, das vom Kreml gehätschelt wurde. Stalin geizte nicht mit Auszeichnungen, mit Ehrenzeichen und Orden. Im Dezember 1941 wurde dem Führer gemeldet, das Shadan verschwunden sei; er sei auf seine Datsche in die Moskauer Vorortsiedlung Istra gefahren. Istra wurde bald darauf von den Deutschen eingenommen. Nach der Befreiung des Ortes fand man Shadan nirgends. «Herbringen, lebendig oder tot», so Stalins Reaktion.

Shadan wurde weder tot noch lebendig gefunden. Er hatte es vorgezogen, beim Rückzug der deutschen Truppen zusammen mit ihnen zu verschwinden. Auch andere damals bekannte Künstler, die ihre Datschen in Istra hatten, zogen diese Lösung vor, zum Beispiel einer der Begründer des Moskauer Wachtangow-Theaters, Oswald Glasunow, und der Theaterregisseur und Schauspieler Wsewolod Blumental-Tamarin, ein Petersburger Deutscher, der wegen seiner Schönheit viele Verehrerinnen hatte. Außer der Tatsache, daß sie auf ihrer Datsche waren und zusammen mit den Deutschen abgerückt sind, wurde nichts weiter festgestellt. Dennoch wurden auf höchsten Befehl sieben Schauspieler und etwa zwanzig Angehörige ihrer Familien durch den berüchtigten Ulrich als Vaterlandsverräter in Abwesenheit zum Tode verurteilt (Akte des Militärkollegiums des Obersten Gerichts der UdSSR Nr. 0011-0017/42; Archivakte des KGB Nr. 982426). In einem Brief, der an alle Tribunale und Militärstaatsanwaltschaften geschickt wurde, befahl Ulrich: «Bei Festnahme einer der angegebenen Personen ist das Urteil in Anwesenheit eines Militärstaatsanwalts umgehend zu vollstrecken.»

Noch 1951 erkundigte sich Stalin nach Shadan. Er konnte den Mann, dem er für seine Mozart-, Verdi- und Tschaikowski-Arien Beifall geklatscht hatte, nicht vergessen. Er gierte nach Rache. Aber Shadan war verschwunden.

Vielleicht war das der Grund, weshalb sich der Zorn des Führers um so grausiger gegen den damals populären Tenor Nikolai Petschkowski, einen Solisten des Leningrader Kirow-Theaters, richtete? Bei Konzerten im Kreml war Petschkowski nicht aufgetreten, aber Stalin wurde gemeldet, daß dieser Künstler ebenfalls in seiner Datsche bei Leningrad hängengeblieben sei, in der Stadt Puschkin (dem ehemaligen Zarskoje Selo), dann hinter den deutschen Linien auftauchte und dort mit Gesang sein Geld verdiente. Petschkowski konnte nichts anderes als singen. Dafür wurde der Tenor in die finstersten Kreise der GULAG-Hölle geschickt. Er überlebte, kehrte jedoch nie wieder auf eine Bühne zurück.

Viele Millionen Sowjetbürger lebten in den besetzten Gebieten. Und sie alle gerieten sofort in den Verdacht, potentielle Verräter zu sein. Alle Fragebögen, die bis in die jüngste Zeit ausgefüllt werden mußten, enthielten den Punkt: «Befanden Sie sich während des Krieges in besetzten Gebieten?» Im Falle einer positiven Antwort war der Autor sofort Kunde bei der «Ersten Abteilung» (d. h. der Lubjanka-Abteilung des entsprechenden Betriebes oder Instituts). Die Künstler, besonders die bekannten, wurden ausgesprochen sorgfältig beobachtet, und die Information ging ganz nach oben. Gerade deshalb war die Abrechnung mit dem großen Theaterregisseur Sergej Radlow und seiner Frau, der bekannten Übersetzerin englischer und deutscher Literatur Anna Radlowa, besonders hart. Sie flohen vor den deutschen Truppen nach dem Süden, wurden im Nordkaukasus aber eingeholt und haben danach alle Schönheiten des GULAG kennengelernt. Ähnlich grausam das Schicksal von Boris Deneika, dessen Stimme damals fast täglich im Rundfunk zu hören war. Stalin befahl schonungslose Abrechnung. Und wofür? Deneika war auf seine Datsche gefahren, um sein altes deutsches Klavier in Sicherheit zu bringen. Er fand kein Transportfahrzeug und blieb dort hängen. Das war seine ganze Schuld. Das Ergebnis? Vierzehn Jahre GULAG. Ein ruinierter Baß. Ein ruiniertes Leben.

Und noch ein letztes Schicksal, in dem die ganze Willkür des Diktators, seine grenzenlose Liebe und sein grenzenloser Haß auf besonders extreme Weise deutlich werden. Die Rede ist von der Filmschauspielerin Tatjana Okunewskaja. Zuschauer der älteren Generation haben noch gut den Film «Die letzte Nacht» im Gedächtnis. Er handelt von der Liebe einer jungen Gymnasiastin zu einem Arbeiterjungen. Bei einem Spaziergang durch das herbstliche Petrograd verbringen sie in aller Keuschheit, ihre erste Nacht die auch ihre letzte ist, denn es ereignet sich, was später die Bezeichnung Oktoberrevolution erhält. Das Schicksal setzt einen tragischen Schlußpunkt unter ihre Liebe.

Stalin sah sich diesen Film sehr gern an. Die Rolle der Gymnasiastin spielte die unvorstellbar schöne, noch sehr junge Tatjana Okunewskaja. Nicht nur, daß sie sofort zu *den* Filmstars gehörte, ihr wurde auch der Weg auf die Bühne geebnet. Nach dem Krieg reiste sie zusammen mit dem Theater des Leninschen Komsomol (heute allerorts bekannt als «Lenkom») ins «brüderliche» Jugoslawien. Dort wurde Marschall Tito auf sie aufmerksam. (Wie sollte er auch nicht?) Wir wollen nicht spekulieren, Tatsache ist, daß der Marschall die schöne Schauspielerin allen anderen vorzog. Okunewskaja wurde mit einem jugoslawischen Orden ausgezeichnet, was üblicherweise nur mit dem Einverständnis der sowjetischen Seite geschehen konnte.

Dann kommt das Jahr 1948, der Bruch mit Jugoslawien. Stalin bereitet Aktionen vor, die Tito einen kräftigen und harten Schlag versetzen sollen. Er soll auch persönlich diskreditiert und in schmutzige Angelegenheiten verwickelt werden. Stalin läßt sich sämtliche geheimdienstliche Informationen über das Privatleben des jugoslawischen Führers bringen. Da fällt sein Blick auf den Namen einer seiner Favoritinnen, die in seltsamer Verbindung mit dem Marschall auftaucht. Alle Leute, die jugoslawische Orden erhalten haben, müssen sich öffentlich davon lossagen und denjenigen verfluchen, der sie ihnen überreicht hat. Die verdiente Schauspielerin der Republik aber erwarten härtere Maßnahmen.

Im Dezember 1948 wird Tatjana Okunewskaja mit einer verblüffenden Begründung verhaftet: «wegen verdächtiger Spionageverbindungen zu Ausländern». In den Verhörprotokollen ist Titos Name allerdings nicht zu finden. Man verlangt von ihr Aussagen, zu welchen «führenden Politikern» sie im Ausland «Verbindung hatte», «wie sie zum Ausdruck kamen», welche Aufträge sie von diesen Politikern erhalten habe, wie diese Politiker sich «über die sowjetische Partei- und Staatsführung geäußert haben». Da die Okunewskaja nur in Jugoslawien und nirgendwo sonst gewesen war, ist wohl alles klar.

In ohnmächtiger Wut darüber, daß er an Marschall Tito nicht herankam, hatte Stalin vor, Kübel von Dreck über ihn zu schütten und einen öffentlichen Prozeß zu organisieren. Aber das Material erwies sich als zu dürftig, Stalin gab den ursprünglichen Plan auf. Aber natürlich konnte er der Okunewskaja ihren «Verrat» nicht verzeihen.

Plötzlich verschwand jede auch indirekte, verschlüsselte Erwähnung Titos und Jugoslawiens aus der Akte. Eine neue Rechtfertigung für ihre Verhaftung und für die bevorstehende Verurteilung mußte gefunden werden, denn Stalin hatte keine Anweisung gegeben, sie freizulassen. Der Berg kreißte und gebar eine Maus: Okunewskaja wurden «antisowjetische Gespräche» vorgeworfen (aufgrund eindeutiger Denunziationen durch den Lyriker G. und den Komponisten K.) sowie «Verbindungen» zu dem indischen Botschaftsrat Cowl, dem sie im Auto in Gegenwart des Chauffeurs (auch ein Denunziant) gesagt haben soll, daß es in der Sowjetunion weder Rede- noch Pressefreiheit gäbe, sondern nur die «Diktatur eines Mannes».

Okunewskaja gab sich mit dem Urteil – zehn Jahre Lagerhaft – nicht zufrieden. Verzweifelt kämpfte sie um ihre Freilassung, die jedoch erst nach dem Tod ihres Gönners kam, im August 1954. Die fast sechs Jahre, die sie im GULAG durchgemacht hatte, setzten ihrer schauspielerischen Karriere ein Ende. Theater war für sie ausgeschlossen, im Film hat sie niemals mehr auch nur eine halbwegs ernsthafte Rolle bekommen. Schrecklich im Zorn, rächte sich Stalin noch aus dem Grab an ihr.

Übrigens war noch ein anderer sowjetischer Filmstar der dreißiger und vierziger Jahre bei jenem Gastspiel in Jugoslawien dabei: Valentina Serowa. Auch ihr hatte Tito Zeichen seiner Aufmerksamkeit geschenkt – einschließlich eines Ordens. Aber diese Schauspielerin ließ Stalin kalt, und so ging der Kelch, den die Okunewskaja leeren mußte, an der Serowa vorrüber. Außerdem war sie die erst jüngst geschiedene Frau Konstantin Simonows, der ihr in den Kriegsjahren sein bekanntestes Gedicht «Wart auf mich» gewidmet hatte, das Millionen Soldaten auswendig kannten. Ihr Name war so fest mit dem Simonows verbunden, daß jeder Schlag gegen sie auch ihn getroffen hätte. Er aber war der Liebling. Und wir wissen, daß Stalin nicht nur im Zorn, sondern auch in der Liebe schrecklich war.

Genosse Stalin, hörst du uns wohl hier?
Wir fühlen es und wissen immer:
Nicht an den Sohn, die Mutter werden wir,
An dich nur uns in schwerer Zeit erinnern.

V

Die rechte Hand des Großinquisitors

Genaugenommen sollte dieses Kapitel lediglich einen Absatz des folgenden bilden. So war es konzipiert. Beide Kapitel sind untrennbar miteinander verbunden, sind Teil eines einheitlichen Ganzen. Aber die Persönlichkeit des Hauptheldes ist so schillernd, so herausragend, die Wendungen seines Schicksals sind so jäh und beispiellos, daß er sich durchaus das Recht auf eine selbständige Lebensbeschreibung verdient hat.

Der Name dieses Haupthelden ist in seiner Heimat noch heute, fast ein Vierteljahrhundert nach seinem Tode, weithin bekannt. Im Westen kennt man ihn ebenfalls gut, aber etwas verändert. Es geht um den Mann, der in Juri Dombrowskis berühmtem Roman «Die Fakultät der unnötigen Dinge» den Namen Roman Lwowitsch Stern trägt. Er ist ein dicker Kerl, ein Schriftsteller, ein Zyniker und Bonvivant. Juri Dombrowski hat das psychologische Porträt eines nicht alltäglichen Mannes gezeichnet, und ich denke, es ist auch deshalb nicht uninteressant, zu dem Vorbild zurückzukehren. Nicht, um den wirklichen mit dem literarischen Helden zu vergleichen – die Details sind zu verschieden –, sondern um am Beispiel eines weiteren Schicksals das grauenvolle Anlitz der Epoche zu enthüllen, die solches hervorgebracht hat.

Ich riskiere den Widerspruch prinzipienfester Kritiker des alten Regimes und wage zu behaupten, daß der wirkliche Lew Romanowitsch Scheinin im Unterschied zu dem Scharlatan und Schwätzer Romon Lwowitsch Stern tatsächlich ein begabter Mann war, der unter den praktizierenden Juristen, mit denen er 27 Jahre lang arbeiten mußte, herausragte. Um so schlimmer und unsinniger ist seine Lebenslinie. Bereits in seiner Jugend hatte er sich mit Vergnügen und ohne Skrupel dem Teufel verkauft. Dieses günstige Geschäft bot ihm die Möglichkeit, die süßen Privilegien zu kosten. Am Ende mußte er selbst den bitteren Kelch leeren, den er seinerzeit kunstvoll und unermüdlich für Tausende bereitet hatte.

In meiner Kindheit war der Name des Untersuchungsrichters der Staatsanwaltschaft Lew Scheinin von einer romantischen Legende umkränzt, einer Legende, die er selbst gewoben hatte. Mit seinem Namen war die Vorstellung von der rätselhaften Arbeit der Leute verbunden, die immer auf Wacht stehen und bis in die ausgeklügeltsten Geheimnisse der Verbrecherwelt vorzudringen vermögen. «Die Aufzeichnungen eines Untersuchungsrichters», ein schmales Büchlein in festem Einband, haben wir als Kinder immer und immer wieder gelesen. Damals sah alles ganz anders als heute aus. Sowjetische Kriminalromane gab es praktisch nicht, allein deshalb, weil in diesem Genre nicht gerade die besten Seiten der Wirklichkeit gezeigt werden, das, was weder die Gesellschaftsordnung noch die Zeit auszeichnet. Mord und Raubüberfall, Gewalt und Brandstiftung paßten nicht zu dem begeisterten Optimismus, der damals üblich war. Im schlimmsten Falle hatten diese Dinge ihren Platz in den Zeitungsspalten über aktuelle kriminelle Vorfälle oder in knappen Reportagen «aus dem Gerichtssaal».

Die literarischen Miniaturen des jungen Untersuchungsrichters Scheinin zeichneten sich durch zwei bemerkenswerte Eigenschaften aus. Sie waren erstens lebendig geschrieben. Der Autor vermochte es, mit wenigen Strichen das Porträt eines Menschen zu zeichnen und die Atmosphäre authentisch wiederzugeben. Zweitens, und das war sicher die Hauptsache, spürte man die Wirklichkeitsnähe, den Enthusiasmus des Autors. Er erzählte nichts aus zweiter Hand, sondern er war aktiv am Geschehen beteiligt, und er war auch selbst der Held.

Scheinins Erzählungen wiesen noch eine weitere Besonderheit auf, die die Phantasie des Lesers beflügelte: Außer dem «Kehricht der alten Welt», den es natürlich erbarmungslos zu vernichten galt, tauchten auch schlichte sowjetische Kriminelle in diesen Novellen auf. Es gelang dem Autor, einen lebendigen Nerv zu treffen, entspricht es doch der Tradition der russischen Literatur, bei den Gefallenen das Menschliche zu entdecken. Und diese Töne waren in den Aufzeichnungen unseres Erzählers durchaus aufrichtig. Wer konnte damals auch vermuten, daß sich die Lagerverwaltungen gerade dieser Leute, der Rowdies, Diebe und Mörder, bedienten, um mit den politischen Häftlingen des GULAG abzurechnen?

Ich weiß nicht, ob Scheinin überhaupt Jurist geworden wäre, wenn seine Laufbahn nicht auf einem Trümmerhaufen begonnen hätte. Der soziale Wirbelsturm hatte einem Teil der erfahrenen Kriminalisten bereits «revolutionäre» Kugeln ins Genick gejagt, andere waren ins Ausland geflohen, wieder andere hatte man als «klassenfremde Elemente» aussortiert. Aber die Kriminalität wuchs zu dieser Zeit ins Ungeheuerliche, das zermarterte Rußland litt unter Überfällen und Banditentum. Und in eben dieser Zeit schickten die Komsomolfunktionäre den 16jährigen pfiffigen Jungen los, Verbrecher zu jagen. Er konnte bereits die Feder führen und studierte deshalb nicht irgendwo, sondern am Literatur- und Kunstinstitut. Er hat weder dieses noch irgendein anderes Institut abgeschlossen. Das war auch nicht notwendig. Die Traumkarriere, die er vor sich hatte, hing nicht von Diplomen ab. Dafür waren andere Qualitäten gefragt.

Das Schicksal führte zwei Menschen zielstrebig aufeinander zu. Der junge Scheinin nahm einen steilen Aufstieg und war bereits mit 24 Jahren Untersuchungsrichter für besonders wichtige Fälle in der Staatsanwaltschaft der UdSSR. Sein direkter und unmittelbarer Vorgesetzter wird Professor Andrej Wyschinski, der noch vor kurzem Rektor der Ersten Moskauer Universität gewesen war. Vor allem aber hatte er als Richter bei den großen Prozessen im Schachty-Fall und gegen die Industriepartei fungiert.

Scheinin besaß Eigenschaften, die sein karrierebewußter neuer Chef besonders schätzte: Diensteifer, Sachlichkeit und Einfallsreichtum. Scheinin war eine Persönlichkeit, und daran mangelte es damals bei fast allen anderen Emporkömmlingen. Wyschinski konnte schwerfällige und unbegabte Leute, aufgeblasene Karrieristen mit unbegründeten Ambitionen nicht ausstehen. Bei dem jungen Untersuchungsrichter hatte er die unbedingte Loyalität und Bereitschaft zu allem, was von ihm verlangt wurde, sofort erkannt. Außerdem sah Scheinin gut aus und schuf damit eine überzeugende dekorative Fassade. Er hatte Talent zur Schauspielerei und wirkte dadurch wie ein gediegener Profi.

Als Stalin am schicksalsschweren Abend des 1. Dezember 1934, unmittelbar nach dem Mord an Kirow, den Staatsanwalt Wyschinski zu sich in den Sonderzug Moskau-Leningrad holte, nahm dieser seine «rechte Hand», den jungen Untersuchungsrichter der Republikstaatsanwaltschaft Lew Scheinin mit, auch wenn dessen Dienststellung in keiner Weise der Größe der Tragödie entsprach, die er untersuchen sollte. Bedeutende Kriminalisten wurden aber gar nicht gebraucht.

Von diesem Moment an sind die beiden untrennbar verbunden. In allen Fällen, die durch Wyschinski sanktioniert sind, wird von nun an auch der Name des populären «proletarischen» Kriminalisten auftauchen, den Andrej Wyschinski später zum Leiter der Untersuchungsabteilung der Unionsstaatsanwaltschaft ernennt.

Vor Beginn des grauenvollen Jahrhundertdramas in drei Akten – ich meine die drei großen Moskauer Prozesse – machte Wyschinski Scheinin ein wahrhaft «fürstliches Geschenk». Er übertrug ihm die Untersuchung des Todes von Nikolai Wulfson auf der Polarstation der Wrangel-Insel. Der Leiter der Polarstation Sementschuk und der Führer des Hundeschlittens Starzew wurden wegen Mordes an dem Arzt angeklagt und dem Gericht überstellt. Der Ermordete war kein Opfer rachsüchtiger, verdorbener und moralisch verkommener Leute. Er war ein freundlicher Arzt, ein parteiloser Bolschewik, der den Einheimischen selbstlos geholfen hatte. Die Anpasser, die neuen sowjetischen Herren, die mit einfachen Leuten nicht viel Federlesens machten, hatten mit ihm «abgerechnet». Wulfson hatte es gewagt, ihnen zu widersprechen, und wurde deshalb bestialisch umgebracht. So jedenfalls stellte die Presse die Geschichte dar. Und noch ein weiteres Motiv für den Mord wurde betont: Antisemitismus. Damals rief dies noch allgemeine Empörung hervor. Damit die Angeklagten vor das Oberste Gericht der Republik gestellt werden konnten, noch dazu wegen eines gewöhnlichen Kapitalverbrechens, erschien der Staatsanwalt der Union höchstpersönlich. Vor dem ganzen Lande trat er als unversöhnlicher Kämpfer für die Interessen der Erniedrigten und Beleidigten auf. So sollte ihn auch jeder in Erinnerung haben, als er später die Hinrichtung der Mitstreiter Lenins forderte.

Das Verfahren gegen Sementschuk und Starzew wurde vom Obersten Gericht der RSFSR eingestellt. Für uns ist aber wichtig, uns in die Atmosphäre der dreißiger Jahre zurückzuversetzen. Die Aktien Scheinins, der die Untersuchung führte und später den Verlauf der Untersuchungen beschrieb, stiegen auf diese Weise. Die von ihm geschriebene kleine Novelle, in der er die Anklageschrift nacherzählte, fand Eingang in sämtliche Ausgaben seiner «Aufzeichnungen eines Untersuchungsrichters» und bewegte durch die Beschreibung der grauenvollen Details Millionen Leser. Ich konnte nie begreifen, weshalb der so produktive und populäre Filmdramatiker Lew Scheinin den Fall nicht auch auf Zelluloid brachte.

Ein winziges Detail aus den überlieferten Dokumenten gibt Anlaß zum Nachdenken: In den Stenogrammen der großen Moskauer Prozesse wie auch anderer Gerichtsverhandlungen taucht regelmäßig mindestens einmal der Name Scheinin auf. Immer wie zufällig. Und immer aus dem Munde des Staatsanwalts Wyschinski: «Ich verlese die Antwort, die Sie dem Untersuchungsrichter Scheinin gegeben haben...» Oder: «Als Sie Untersuchungsrichter Scheinin verhörte...»

Wozu das? Schließlich kümmerten sich viele Henkersknechte um die Geständnisse der Häftlinge. Und diese Untersuchungsrichter blieben alle in tiefer Anonymität. Scheinins Name aber wurde auf aufdringliche Weise propagiert. Dabei schlug man gleich mehrere Fliegen mit einer Klappe. Der Name des populären Schriftstellers, der sich selbst das Image eines großen Kriminalisten zugelegt hatte, gab der Geheimuntersuchung den Anschein von Seriosität. Die Leser verbanden diesen Namen nicht mit Foltern und Fälschungen, sondern mit der Feinarbeit eines erstklassigen Profis, für den es keine unlösbaren Rätsel gibt. Sein Status als Untersuchungsrichter der Staatsanwaltschaft und nicht als Oberbevollmächtigter des NKWD diente als Garant für Gesetzlichkeit. Schließlich trug die häufige Erwähnung seines Namens auch zur Steigerung seines Prestiges bei – beim nächsten Mal wog sein Name noch mehr.

Scheinin war auch den Politbüromitgliedern, Volkskommissaren und Parteigründern bekannt, die sich nunmehr in ganz normale Untersuchungshäftlinge verwandelten. Sie alle betrachteten ihn als Wyschinskis Mann, als dessen rechte Hand. Wenn er beim Verhör erschien, sahen die bereits gebrochenen, physisch und moralisch gemarterten Häftlinge in dem wohlgenährten, lebensfrohen und in seinen Überlegungen unwiderstehlich logischen Mann einen Sendboten der traurigen Realität und zugleich einen Hoffnungsträger. Immer machte er irgendwelche Versprechungen und spielte dabei auf seine besonderen Vollmachten an. Er selbst hat natürlich niemanden physisch gefoltert. Damit befaßten sich andere, es gab genug Fachleute dafür. Er war bestens über die Foltergeheimnisse informiert und erschien dann, wenn alles vorbereitet war, um den letzten Schlag zu führen. Mit dem Wort, nicht mit dem Stock. Er hatte von der Sinnlosigkeit weiteren Widerstands zu überzeugen und gemeinsam mit dem Häftling «in sachlicher Atmosphäre» eine akzeptable Variante für die Aussage zu erarbeiten. Er beseitigte die Blutspuren und gab den Bekenntnissen des Angeklagten den letzten Schliff. Was schlimmer und niederträchtiger ist, weiß ich nicht. Und ich weiß auch nicht, nach welcher Skala man moralischen Abstieg und Schuld messen kann.

Jetzt, wo ich die von ihm verfaßten Dokumente lese, sehe ich, daß sein Renommee als gebildeter Mann und Profi übertrieben war. Aber es ist auch nicht einfach, aus nichts etwas zu machen. Hier ein Auszug aus der von Scheinin geschriebenen Anklageschrift vom 13. Januar 1935 im «Prozeß der 19» (Sinowjew, Kamenew, Jewdokimow u. a.): Sie «werden angeklagt, daß die Mehrzahl von ihnen Mitglieder ... des ‹Moskauer Zentrums› sind ... was den Mord ... an General Kirow zur Folge hatte».

Scheinins Ruhm wuchs immer weiter, sein Büchlein erlebte immer neue Auflagen und wurde nach wie vor so oft gelesen, daß die Seiten auseinanderflatterten. Interessant sind die Erzählungen auch heute – knapp skizzierte, aus dem Leben gegriffene Geschichten, die sich unter der Feder eines aufrichtigen und wirklichen Schriftstellers zu gültigen sozialen und künstlerischen Manifestationen hätten auswachsen können. Sie trafen den Nerv der Zeit: die Ermordung einer Lehrerin, Brandstiftungen in einem Städtchen in der tiefen Provinz, das Schicksal eines Banditen, der sich als armer Kirchendiener vor der Miliz versteckte ... Bei einer Erzählung muß Scheinin jedoch etwas durcheinandergebracht haben. In «Das Duell» beschreibt er in lebendigen Farben, wie die zerstückelte Leiche einer unbekannten jungen Frau aufgefunden und wie der Mörder entlarvt wird. Es stellte sich heraus, daß dieser Mörder der seinerzeit wichtigste gerichtsmedizinische Experte Moskaus, Afanassjew, war, den Scheinin nebenbei als «widerwärtige Karikatur eines Menschen» charakterisierte. Über die glänzenden Fähigkeiten des Untersuchungsrichters sprach man überall. Aber in die Neuauflage seiner «Aufzeichnungen» nahm er diese Erzählung nicht wieder auf, denn sowohl der Mord als auch seine glänzende Aufklärung erwiesen sich als Fälschungen. «Die Ermordete», schreibt J. Dombrowski, «hatte mit ihrem neuen Mann im Fernen Osten ein wundervolles Leben.» Die reale Nina lebte, zerstückelt hatte man eine andere, die nicht identifiziert wurde. Aber welche Bedeutung hatte das in einem Meer von Blut?

Wyschinski beobachtete die Erfolge seines Protegés mit Wohlwollen. Er mochte gebildete und vielseitig begabte Leute. Schließlich war er selbst nicht nur ein Tribünenredner, nicht nur eine «Stimme des Volkes», die dazu aufrief, «die wildgewordenen Köter zu erschießen», sondern auch noch Adept der Wissenschaften, gründlicher Forscher und Theoretiker. Und seine rechte Hand war eben Meisterdetektiv und Wortmeister in einem. Der Erzähler und Dramatiker hatte die Dreißig gerade überschritten und galt schon als eine Leuchte der Jurisprudenz und der Literatur. Er wurde in den Schriftstellerverband aufgenommen, sein schmales Büchlein wurde dicker und dicker, aber die Vernichtungsmaschinerie, die nach eigenen Gesetzen lief, bewegte sich unhörbar schon auf ihn selber zu.

Natürlich wurde eines Tages auch in der Staatsanwaltschaft der UdSSR eine Gruppe von «Trotzkisten», «Diversanten», «Spionen» und «Terroristen» entdeckt. Verhaftungen setzten ein, die Geständnisse häuften sich und zogen immer mehr Leute in den Sumpf. Verhaftet wurde Wyschinskis Stellvertreter Grigori Roginski, verhaftet wurden so angesehene Mitarbeiter dieser Institution wie Michail Ostrogorski, Iwan Jewserichin, Grigori Lepljowski und andere. Man erzwang auch Aussagen gegen Scheinin. Dieser hatte keine Ahnung, daß er, während er die «Trotzkisten» verhörte, schon in der gleichen Reihe stand und selbst jeden Moment als Untersuchungsgefangener zu einem Verhör gerufen werden konnte. Aber die Zuträger der kompromittierenden Materialien waren offenbar übereifrig. Ein gewisser S. G. Lukaschew (20. März 1938) und eine gewisse J. W. Chlussowa (15. November 1938) hatten Erklärungen abgegeben, wonach Scheinin bereits 1918 «Trotzki gelobt» habe. Sie kannten die Biographie des «Objekts» schlecht. 1918 war Scheinin gerade 12 Jahre alt.

Es steht außer Zweifel, daß die erwähnten Autoren dieser Erklärungen – «wohlwollende Menschen», wie sie die Ochrana immer nannte – informelle Mitarbeiter des NKWD waren und nur Anweisungen folgten. Aber wer hat diese Anweisung gegeben? Und mit welchem Ziel? Geschah das hinter Wyschinskis Rücken oder mit seinem Einverständnis? 1938 erreichte die Jeshowsche Barbarei ihren Höhepunkt. Es war unmöglich, ohne Jeshows Befehl kompromittierendes Material gegen die rechte Hand des Staatsanwalts der UdSSR zu sammeln. Jeshow wiederum wußte sehr wohl, daß Wyschinski ein Kader Stalins war, seine Stütze. Wollte er ihm aus eigener Initiative das Wasser abgraben? Hatte er eine Anweisung? Oder wollte er einfach auf Nummer Sicher gehen?

Kleine Leute sammelten Beweise gegen Scheinin, und weitaus höhergestellte Personen übertrugen ihm gleichzeitig wichtige Staatsangelegenheiten.[1] Jahre später, in einem kritischen Moment, als sein Leben an einem Haar hing, erinnert er sich in einem Brief an Malenkow und Chruschtschow ziemlich genau (1. September 1953): «Während meiner Tätigkeit in der Staatsanwaltschaft der UdSSR habe ich mehrfach verantwortungsvolle Aufgaben des Politbüros und, wie ich hoffe, auch von Ihnen persönlich erfüllt.»

Was für verantwortungsvolle Aufgaben das waren, ist unschwer zu erraten.

Die interessanteste Periode der Nachkriegsbiographie Scheinins ist seine Teilnahme an den Nürnberger Prozessen als Assistent des Hauptanklägers der UdSSR, Roman Rudenko. Wahrscheinlich war es das einzige Mal in seinem Leben, daß er nicht mit gespaltenem Bewußtsein agieren mußte. Er klagte wirkliche Verbrecher an und arbeitete mit führenden Juristen zusammen. Im übrigen hielt auch hier Berijas Dienststelle alles fest in der Hand. Als ein Mann, der das besondere Vertrauen der Lubjanka genoß, wirkte Scheinin bei der Erfüllung dieser Sonderaufgaben mit.

Einige Monate vor Beginn berief Stalin eine Geheimkommission zur Führung des Nürnberger Prozesses. Offenbar hatte diese Kommission keine offizielle Bezeichnung; in einigen Dokumenten wird sie «Regierungskommission für den Nürnberger Prozeß» genannt, in anderen «Regierungskommission zur Organisierung des Gerichtsprozesses in Nürnberg». Ihre Protokolle (vielleicht nicht alle) befinden sich mit dem Vermerk «Streng geheim» im Zentralen Staatsarchiv der Oktoberrevolution (ZGAOR) im Allgemeinen Fundus (Nr. 7445) des Internationalen Militärgerichtshofs für die Hauptkriegsverbrecher.

Die Kommission wurde von Andrej Wyschinski geleitet, der damals stellvertretender Volkskommissar für Auswärtige Angelegenheiten war. Mitglieder der Kommission waren: zwei Leute aus Berijas nächster Umgebung, Bogdan Kobulow und Wsewolod Merkulow;

der von Berija gehaßte Leiter der SMERSCH und spätere Minister für Staatssicherheit Viktor Abakumow sowie drei «Pflichtjuristen»: Generalstaatsanwalt Konstantin Gorschenin, der Vorsitzende des Obersten Gerichts der UdSSR Iwan Goljakow und der Volkskommissar für Justiz Nikolai Rytschkow. Diese Geheimkommission sollte gewährleisten, daß der von Stalin nicht zu beeinflussende Internationale Militärgerichtshof die Interessen der Sowjetunion nicht verletzte und ihr politische Vorteile sichern. Die Kommission nahm die Auswahl und die Vorbereitung der Zeugen in die Hand, wählte die vorzulegenden Dokumente aus, ließ unerwünschte Zeugen und Dokumente, die von den drei anderen beteiligten Nationen vorgelegt wurden, verschwinden usw. In den Sitzungsprotokollen der Kommission taucht ständig die Formel auf: «die Zeugen sind vorzubereiten». So wird beispielsweise im Protokoll vom 21. März 1946 vorgeschlagen, «die bulgarischen Zeugen vorzubereiten», «drei bis fünf unserer Zeugen vorzubereiten», «die polnischen Zeugen vorzubereiten», «einen deutschen Zeugen vorzubereiten» – und all das, um zu beweisen, daß die polnischen Offiziere in Katyn nicht 1940 auf Befehl Stalins ermordet wurden, sondern auf Befehl Hitlers 1941. Die Gruppe, der Wyschinskis Kommission die Arbeit mit den Materialien von Katyn übertrug, bestand aus drei Personen: dem Tschekisten Raichman, dem hervorragenden Wissenschaftler und Kriminalisten Professor Aron Trainin und Lew Scheinin. Trainin wurde als Experte gebraucht, der den in der Lubjanka verfaßten Aussagen eine juristisch glaubwürdige Form zu verleihen vermochte. Die tatsächlichen Macher waren Raichman, der hinter den Kulissen blieb, und Scheinin, der auf der Bühne glänzte.

Die Hauptaufgabe von Wyschinskis Kommission bestand darin, die Angeklagten und ihre Rechtsanwälte unter keinen Umständen an die «wunden Punkte» der sowjetischen Außen- und Innenpolitik heranzulassen und sie daran zu hindern, Licht in die Geschichte der Absprachen zwischen Hitler und Stalin zu bringen, die im geheimen Zusatzprotokoll zu dem Pakt vom 23. August niedergelegt sind. «Der Staatsanwalt hat, wenn nötig, dem Angeklagten das Wort abzuschneiden, muß ihm die Möglichkeit nehmen, antisowjetische Ausfälle zu machen», lautet Wyschinskis Instruktion für die sowjetischen Ankläger beim Nürnberger Prozeß im Protokoll vom 16. November 1945.

In Nürnberg selbst befand sich ein Sonderkommando Berijas mit Oberst Lichatschow an der Spitze. Die führende Rolle hinter den Kulissen kam hier dem jungen Juristen und Major der Staatssicherheit (später Oberstleutnant) Pawel Grischajew zu. Nach außen traten vor allem die getreuen Mitarbeiter Wyschinskis (in seiner Funktion als Staatsanwalt der UdSSR) Mark Raginski, Solomon Rosenblit und Lew Scheinin in Erscheinung. Ein weiterer Hilfsankläger war General Nikolai Sorja, ebenfalls ein Mitarbeiter Wyschinskis, der in den Jahren 1937 bis 1939 als Staatsanwalt in der Abteilung für Untersuchungsaufsicht des NKWD und dann als Offizier der militärischen Aufklärung gearbeitet hatte. Kurz gesagt, die Mannschaft in Nürnberg war durchaus zuverlässig, wenn auch nicht ganz...

Der Verteidiger von Heß und Frank, Alfred Seidl, war in den Besitz des Geheimprotokolls zum Molotow-Ribbentrop-Pakt gelangt und hatte sich mit General Sorja getroffen, um dessen Einverständnis einzuholen, dieses Dokument als Beweismaterial zuzulassen. Sorja folgte offensichtlich der Instruktion und antwortete abschlägig. Allerdings hatte er sich von Seidl den vollen Text des Dokuments vorlesen lassen. Und weder ihm noch dem Hauptankläger Rudenko gelang es, dem ehemaligen Staatssekretär des Auswärtigen Amts, Ernst von Weizsäcker, ins Wort zu fallen, als dieser auf einer öffentlichen Sitzung den Inhalt der geheimen Absprachen mitteilte.

Diese Sitzung fand am 21. Mai 1946 statt. Und am 23. Mai starb General Sorja. Die offizielle Todesursache lautete Unfall bei unachtsamem Umgang mit einer Waffe. Die ursprünglich erteilte Erlaubnis, den Leichnam nach Moskau zu überführen, wurde durch einen Anruf aus Stalins Sekretariat rückgängig gemacht. Wo der General begraben wurde, ist unbekannt.

War es wirklich ein Unfall? Das können nur große Naivlinge glauben. War es ein Selbstmord? Das ist denkbar, wenn Wyschinski (oder sogar Stalin selbst) ihn beschuldigt hat, unfähig zu sein, den allerhöchsten Befehl umzusetzen, wodurch dem Kreml politischer Schaden zugefügt wurde. Dann hat Sorja gewußt, was er zu erwarten hatte. Möglich ist auch, daß es einfach Mord war. Sorja war unzuverlässig und ein Sicherheitsrisiko. Wozu waren sie denn in Nürnberg, die Herren Lichatschow, Grischajew und andere Mitarbeiter der Lubjanka?

Im Oktober 1946 war der Nürnberger Prozeß zu Ende, und Scheinin kehrte nach Moskau zurück. Nun lebte er wieder wie früher, in zwei Welten. Unter der Woche bestand seine Gesellschaft aus Henkern und Knochenbrechern, die Tausende unschuldig hingerichteter Leute auf dem Gewissen hatten. In seiner Freizeit lebte er unter Musen und Grazien. Bekannte Schriftsteller, Regisseure und Schauspieler zählten zu seinen Freunden. Wahrscheinlich fühlte er sich in dieser Umgebung sehr viel wohler. Das Problem war nur, daß er ohne seinen ersten Kreis im zweiten eine Null war. Denn gerade wegen der geheimnisvollen Aureole, die ihn umgab, wegen seiner Zugehörigkeit zu einer Welt voller blutiger Geheimnisse, wegen seines Monopols auf lebensnahe Geschichten, die nicht einmal die blühendste Phantasie erfinden konnte, zog er viele talentierte Menschen an, denen all das unzugänglich und rätselhaft war.

Zu seinen engsten Freunden hinter den Türen, wo nur besondere Vertraute zugelassen waren, zählte das unzertrennliche Pärchen Lew Schwarzman und Boris Rodos, Helfershelfer von Berija, Sadisten und Mörder. Mit diesen Leuten verbrachte Scheinin nicht nur seine Arbeitszeit. Ihnen «schüttete er sein Herz aus», wie Schwarzman bei der Untersuchung 1955 berichtete. Sie erzählten sich gegenseitig Witze, deren Inhalt die «Freunde» auf der Stelle ihren Vorgesetzten übermittelten. Dann schlief er sich aus und begab sich aufs Parkett zu den Dichtern, Regisseuren und Schauspielern.

Am 13. Januar 1948 wurde Michoels in Minsk ermordet. Einer der ältesten Untersuchungsrichter der Staatsanwaltschaft, Sergej Gromow, erzählte mir, daß es in Berijas Dienststelle eine gesonderte Abteilung zur Vorbereitung und Durchführung derartiger Operationen gab – an der Spitze stand ein konspirativ arbeitendes Ehepaar –, und eben diese Abteilung hatte den Mord an Michoels organisiert. Nach den Worten Gromows wurde zu Beginn des Jahres 1953 auch die Ermordung des hervorragenden Physikers und späteren Nobelpreisträgers Pjotr Kapiza vorbereitet. Nur Stalins Tod verhinderte die Realisierung dieses Planes.

Da Michoels nun einmal ein gewaltsames Ende gefunden hatte, mußte eine Untersuchung stattfinden – die Form mußte schließlich gewahrt werden. Dieser Teil der Operation wurde Scheinin übertragen, und der war nun wirklich geübt in der Erfindung von Täuschungsmanövern. Aber offenbar war die Aufgabe, die er erhielt, nicht präzise formuliert. Anstatt ihm unter vier Augen zu sagen, «das und das ist passiert, und aussehen muß es so und so», haben sich die höchst verantwortlichen Genossen, die ihn losschickten, auf eine nebulöse Empfehlung beschränkt. Zum ersten Mal in seinem Leben verstand Scheinin eine derartige Empfehlung nicht richtig. Das erwies sich als fatal.

Der frühere Vorsitzende des Obersten Gerichts der UdSSR, Wladimir Terebilow, der lange Zeit in den Organen der Staatsanwaltschaft gearbeitet hat, erzählte mir, daß die «Empfehlung» folgendermaßen gelautet habe: Michoels wurde von Zionisten ermordet, weil er ihnen nicht nachgab und Patriot der Sowjetunion blieb. Wenn Scheinin verstanden hätte, was man von ihm verlangte, dann hätte er den Befehl ausgeführt, und Michoels wäre höchstwahrscheinlich heiliggesprochen worden. In seinem Namen hätte man die verhaßten jüdischen «Nationalisten» zerschlagen und ihr Schicksal beschleunigt. Eine indirekte Bestätigung für diese Lesart der Geschichte waren die zwei pompösen Abendveranstaltungen zum Gedenken an Michoels, die in dessen Todesjahr unter Teilnahme zahlreicher russisch-sowjetischer Künstler stattfanden.

Und was tat Scheinin? Er legte sich voll ins Zeug, um zur Wahrheit vorzudringen und die nächste Ausgabe seiner «Aufzeichnungen» mit einer neuen Skandalgeschichte zu dekorieren. All das endete damit, daß man ihm nicht nur die «Untersuchung» abnahm, sondern ihn schließlich rausschmiß. Er ging «vorzeitig in Rente», wie sein literarischer Doppelgänger Roman Lwowitsch Stern mit schwarzem Humor vermerkt. Nicht einmal die Freundschaft zu Wyschinski half ihm. Der hatte damals selbst Schwierigkeiten, und in Aktionen innerhalb der Lubjanka mischte er sich sowieso niemals ein.

Dort, in den «Organen», in ihrem Schlachthof, wurden eigene Intrigen gesponnen. Was verband dieses Pack anderes als die Beteiligung an Verbrechen? Jeder suchte nur nach einem Anlaß, mit den anderen abzurechnen. Scheinin wurde, wie alle Intellektuellen, blindwütig gehaßt, er war ein vornehmer Herr, war berühmt und hatte einen dicken Geldbeutel. Und noch etwas, was ihm nie verziehen wurde: Er verkehrte in den höchsten Kreisen. Jetzt war auch er an der Reihe.

Wahrscheinlich (man kann wohl sagen: sicher) war Scheinins Fehler im Zusammenhang mit der Ermordung Michoels' weder die Ursache noch der Anlaß für seinen Sturz. Er war einfach verdammt, denn er steckte zu tief in der stinkenden Jauche der Lubjanka. Das berüchtigte Duett Schwarzman-Rodos, mit dem Scheinin zuletzt eng verbunden war, gehörte zur Mannschaft Abakumows, der einen so glänzenden Aufstieg am Himmel Stalins genommen hatte und später einen ebenso furiosen Absturz erlebte. Außerdem hatte eine scharfe Wende in der Politik der «Völkerfreundschaft» stattgefunden: Die Vorbereitung auf die «Endlösung der Judenfrage» lief auf vollen Touren, und Schwarzman-Rodos-Scheinin wurden in die Strudel der sich entwickelnden Ereignisse gezogen.

Ich zitiere aus Lew Schwarzmans handschriftlichen Erklärungen während der Untersuchung in den Jahren 1954 bis 1955. Die Hauptsache blieb zwar unausgesprochen, es war aber klar, daß Schwarzmans ehemalige Kollegen, an die diese Erklärungen gerichtet waren, keine Dechiffrierung brauchten. Sie geben die Atmosphäre jener Jahre wieder und zeigen, wie unbarmherzig sich der Ring um Scheinin, die rechte Hand Wyschinskis, zusammenzog: «Wir [Schwarzman und Rodos] schützten Scheinin vor der Anklage wegen aktiver Agententätigkeit, sonst wäre er wegen seiner Geschwätzigkeit und Unvorsichtigkeit im privaten Bereich unweigerlich eingebrochen. Dies hätte eine ganze Kette von Beziehungen nach sich gezogen, auch Beziehungen in den Sicherheitsorganen. Wäre Scheinin verhaftet worden, hätte das für mich große Unannehmlichkeiten mit sich gebracht. Im Gespräch mit ihm haben wir beide uns oft über das Schicksal der Juden und das Verhältnis zu ihnen beklagt. Als die Frage seiner möglichen Verhaftung aufkam, brachte ich Sorge zum Ausdruck und bemühte mich, das zu verhindern.»

Es geht um Ereignisse Ende 1948 oder, wahrscheinlicher, Anfang 1949. Also kam schon damals «die Frage seiner möglichen Verhaftung» auf, und Schwarzman gab sich Mühe, das zu verhindern, wobei er sich natürlich nicht um Scheinin, sondern um sich selbst Sorgen machte. Aber worin bestand nun Scheinins «Unvorsichtigkeit»? Damit können nur jene jüdischen Künstler gemeint sein, aus denen plötzlich Agenten des internationalen jüdischen Chauvinismus geworden waren. Wer hätte das gedacht: der wichtigste Untersuchungsrichter des Landes und Liebling des Leserpublikums ein Objekt aktiver Agententätigkeit! Scheinins Ende zeichnete sich ab. Der Beginn war seine Kündigung.

Zwei Jahre war der erste Untersuchungsrichter dann ohne Arbeit. Man versprach ihm zwar einen Posten als Direktor eines wissenschaftlichen Instituts, aber das zerschlug sich. Sogar der Weg in ein Rechtsanwaltbüro wurde ihm versperrt. 1950 erhielt der arbeitslose Jurist einen Preis für den gefälligen und verlogenen Film «Begegnung an der Elbe». Es kam Hoffnung auf.

Sein Geheimdossier wurde jedoch immer dicker. Eine gewisse A. A. Amstislawskaja, die zu diesem Zeitpunkt bereits verurteilt war, erklärte sich einverstanden, als Provokateurin aufzutreten. Sie sagte aus, daß sie vor etwa fünfzehn Jahren von Scheinin «zweifelhafte Äußerungen» gehört habe. Noch weiter ging sein verhafteter Kollege, der Tschekist und Filmdramatiker Michail Makljarski: Scheinin habe ihm angeblich gestanden, sich beim Nürnberger Prozeß an ausländische Geheimdienste verkauft zu haben. Auf Anweisung der Untersuchungsorgane teilte Makljarski, der auch in den Kasematten ein treuer Tschekist blieb, mit, daß Scheinin «mit den Vertretern der Jüdischen Telegraphenagentur Gespräche über die Organisierung eines selbständigen jüdischen Staates in Palästina geführt und den Wunsch geäußert hat, daß der größte Teil der in der UdSSR lebenden Juden nach Palästina ausreisen dürfe». Eine derartige Anschuldigung war damals so gut wie ein Todesurteil.

Lew Romanowitsch Scheinin wurde schließlich am 20. Oktober 1951 verhaftet. Er sah braungebrannt und frisch erholt aus, denn er war gerade aus Sotschi zurückgekehrt, wo er gewöhnlich in der Nachsaison Urlaub machte. (Nach mündlichen Berichten von Leuten, die Scheinin gut kannten, holte man ihn direkt aus dem Zug, kurz vor Moskau, in Serpuchowo oder in Podolsk). Der Haftbefehl war am Vorabend vom Minister für Staatssicherheit Semjon Ignatjew unterschrieben und vom Generalstaatsanwalt Georgi Safonow abgezeichnet worden. Immerhin doch eine Anerkennung seiner besonderen Verdienste.

Schwarzman war bereits am 13. Juli festgenommen worden. Sein Freund und Genosse Scheinin aber war noch seelenruhig zum Baden und Sonnen gefahren. Hat er nicht befürchtet, daß man jeden Moment auch ihn abholen könnte?

Oberst Sokolow und Major Lewschin nahmen ihn sich sogleich vor. Die Untersuchungsrichter wechselten, ich habe mehr als zwanzig gezählt. Die Verhöre fanden kurz nacheinander statt: 65 in einem halben Jahr. Das überstieg die «Norm» um ein Vielfaches. Die Anklage ist beeindruckend: Ausländischer Spion und Oberhaupt der «Mörder in weißen Kitteln». Von diesen «Mördern in weißen Kitteln» erfuhr das Land im Januar 1953 (vgl. hierzu das folgende Kapitel).

Als formale Begründung für die Verhaftung Scheinins dienten, wie es in der Untersuchungsakte Nr. 5214 (Archiv des KGB der UdSSR) heißt, «die Aussagen der Angeklagten I. S. Fefer, B. A. Schimeliowitsch, P. D. Markisch, W. L. Suskin, S. D. Perssow über seine... nationalistische Tätigkeit und verbrecherische Verbindung zu jüdischen Nationalisten sowie die Aussagen des Häftlings Schwarzman». Fefer, Markisch, Perssow und Suskin sagten aus, daß Scheinin enge Beziehungen zu Michoels unterhielt; durch ihn sei er ihnen als jüdischer Nationalist bekannt. Schimeliowitsch nannte Scheinin einen aktiven jüdischen Nationalisten und sagte aus, daß Scheinin verräterische Stimmungen verbreitet habe.

An die Fälschungen der Lubjanka werden wir uns nicht gewöhnen können, und dennoch ist es verblüffend, auf welches Niveau sie Ende der vierziger, Anfang der fünfziger Jahre herabgesunken waren. Hier ist nicht einmal der Versuch zu erkennen, der Anklage auch nur den geringsten Anschein von Wahrhaftigkeit zu geben. Die jüdischen Schriftsteller Izik Fefer, Perez Markisch und Samuil Perssow sowie den großartigen Schauspieler Suskin kannte Scheinin nämlich überhaupt nicht. Dem Chefarzt des Botkin-Krankenhauses, Boris Schimeliowitsch, war er lediglich als Patient begegnet.

Solche und ähnliche Aussagen waren denn auch weder Ursache noch Anlaß für die Verhaftung Scheinins, denn die Entscheidung über seine Verhaftung erfolgte *vor* den Aussagen, die dafür eigens zurechtgeschneidert wurden. Das Paradoxon bestand darin, daß Scheinins Rausschmiß aus der Staatsanwaltschaft, seine zweijährige «Arbeitslosigkeit» und andere Sanktionen das Werk Abakumows waren, des ehemaligen Ministers für Staatssicherheit. Jetzt wurde Scheinin als Abakumows Mitstreiter, als Beteiligter an den Abakumow zugeschriebenen Verbrechen verhaftet.

Es ist ganz offensichtlich, daß das Ziel darin bestand, Scheinin, der an den grauenvollsten Aktivitäten der Berija-Schlächter direkt beteiligt war, beiseite zu räumen. Das Morden ging zwar weiter, aber die Mörder waren nun andere. Die alten mußten abtreten. Und sie verschwanden, indem man sie mit «Verschwörungen» in Verbindung brachte, die von den neuen ausgearbeitet wurden. Hätte man nicht die jüdische Karte gespielt, hätte man Scheinin etwas anderes angehängt. Er war genauso schuldig wie der Hase in der Fabel – das Raubtier hatte eben einfach Hunger.

Kaum stand Scheinin vor den Untersuchungsrichtern, unterschrieb er alles. Dann hörte er damit auf. Dann unterschrieb er wieder. Er bat um Papier, um sich an den Genossen Stalin zu wenden. Im Zentrum der Aufmerksamkeit des Untersuchungsrichters stand Ilja Ehrenburg, den Scheinin tatsächlich kannte. In Scheinins Aussagen hieß es, daß sich Ehrenburg «über die mißtrauische Haltung gegenüber den Juden in einzelnen Orten und über Überspitzungen in diesen Fragen beklagte». Höchstwahrscheinlich wird Ehrenburg etwas Ähnliches tatsächlich geäußert haben, aber diejenigen, die den grandiosen Prozeß zusammenschusterten, qualifizierten Äußerungen dieser Art als «Auftrag ausländischer Geheimdienste» und «Intrigen des internationalen Zionismus».

Interessant ist, welche Rolle sich Scheinin selbst in solchen Gesprächen beimißt: «Ich habe Ehrenburg auf der Stelle geantwortet, daß viele Juden selbst schuld sind und daß das ZK die Überspitzer bestrafen und Ordnung schaffen wird.» Später erläuterte er diese Selbstverteidigung folgendermaßen: «Die Untersuchung klammerte sich an diese Aussagen, und man sagte mir, entweder würde ich die Formulierungen der Untersuchungsrichter unterschreiben, daß alle diese Gespräche nationalistisch und antisowjetisch waren, oder man würde mich schlagen. Ich habe diese allgemeinen Formulierungen dann unterschrieben, wobei mir klar war, daß die hier zugrundeliegenden Fakten keine Verbrechen darstellen und daß das beim ersten objektiven Blick deutlich wird.»

Nebenbei verlangte man von Scheinin, zuzugeben, daß er «ein eingefleischter Nationalist und Sowjetgegner» sei und mit einem «ebensolchen Nationalisten und Sowjetgegner» wie Wassili Grossman in Verbindung stehe. Am 30. Oktober 1951 unterschrieb Scheinin folgendes «Geständnis»: «Wir Dramatiker haben nach dem nationalen Prinzip Gruppen gebildet und uns gegenseitig unterstützt... haben Arbeiten durchgeführt, die dem weiteren Aufschwung der sowjetischen Literatur und Kunst widersprachen, haben unsere fehlerhaften Werke gegenseitig gelobt.» Die Formulierungen sind die gleichen, wie sie täglich in den Zeitungen zu lesen waren. Der Kampf gegen die «heimatlosen Kosmopoliten» in der Literatur, im Theater und im Film war gerade im vollen Gange. Schließlich hatte man eine Mannschaft von Spionen und Untergrundleuten für die Anklagebank zusammen: Außer Scheinin waren das Wassili Grossman, Ilja Ehrenburg und andere Schriftsteller, hauptsächlich Dramatiker.

Die neuen Verhaftungen konnten jeden Augenblick stattfinden. Da starb Stalin. Abakumow und Lichatschow saßen genau wie Rjumin, der Mann, der sie gestürzt hatte, im Gefängnis, in benachbarten Zellen. Die Wende war noch nicht eingetreten, aber etwas war bereits in Bewegung gekommen. Scheinin, der jede leichte Erschütterung wie ein Seismograph registrierte, erfuhr zwar nichts, spürte aber am Charakter der Fragen der Untersuchungsrichter, daß Berija nicht mehr so fest im Sattel saß. Da ging er zur Gegenattacke über. Er schrieb an Malenkow und Chruschtschow sowie an den neuen Generalstaatsanwalt Rudenko; er kämpfte verzweifelt, er verteidigte sich nicht mehr, er klagte an. Er, der an der Verurteilung Tausender Unschuldiger beteiligt gewesen war und keinen Gedanken an deren Qualen verschwendet hatte, appellierte jetzt an die Barmherzigkeit: «Verstehen Sie, daß ich fast den Verstand verliere und alles seine Grenze hat... Ich kann noch viel Nützliches leisten. Weshalb richtet man mich und meine Familie zugrunde? Das ist schließlich Schädlingstätigkeit!»

Er wußte, wovor diejenigen Angst hatten, von denen sein Schicksal abhing, und beruhigte sie mit dem «Juristenehrenwort»: «Ich würde mich politisch richtig und taktvoll zu verhalten wissen und erhebe keinen Anspruch auf die Rolle eines Märtyrers oder etwas ähnliches.» In einer anderen Erklärung, vom 19. August 1953, schrieb er: «Der Glaube an das ZK und die unbedingte Notwendigkeit, unter unseren Bedingungen eine Provokation zu entlarven, haben mich gerettet. Dank der Partei dafür, daß sie mich so erzogen hat.»

Genau zwei Jahre und einen Monat nach seiner Verhaftung bekam Scheinin die Freiheit wieder. Er war mit einem Schrecken davongekommen. Er verschloß sich. Er war deprimiert, schweigsam und zog sich in sich zurück. Das «Juristenehrenwort» hielt er. Er benahm sich «taktvoll» und «politisch richtig». Er hatte nicht vor, den «Märtyrer» zu spielen, und machte keinem Menschen Vorwürfe. Wyschinski, der, ohne mit der Wimper zu zucken, seine rechte Hand abgehauen hatte, wurde zweieinhalb Wochen nach Scheinins Freilassung

70 Jahre alt. Scheinin schickte ihm ein Telegramm nach New York, in dem er sowohl um Verzeihung bittet, als auch Loyalität bekundet. Er informiert Wyschinski, daß er sich wieder auf freiem Fuß befindet: «Innigste Gratulation zum ruhmreichen Siebzigsten. Wünsche von ganzem Herzen Gesundheit und viele Jahre fruchtbaren Dienstes für unsere große Heimat und die Sache des Friedens. Lew Scheinin.» Allein die Unterschrift verriet eine gewisse Wandlung in ihren Beziehungen. Das Grußschreiben zum 60. Geburtstag Wyschinskis hatte noch anders geendet: «Umarme Sie fest und küsse Sie innigst. Der Ihnen ergebene Ljowa.»

Er hatte noch 14 Jahre zu leben. Aber das war bereits ein anderer Scheinin.

Ich bin ihm mehrfach begegnet, dienstlich und in kleinem Kreis. Er schrieb ein internes Verlagsgutachten für eine meiner ersten Arbeiten. Dann brachte uns ein gemeinsamer Freund, der bekannte Jurist Arkadi Poltorak, zweimal bei sich zu Hause zusammen. Poltorak hatte sich mit Scheinin in Nürnberg angefreundet. Mein Eindruck von Scheinin war weder der eines sachlichen Gesprächspartners noch eines fröhlichen Unterhalters oder geistreichen Erzählers, wie ihn andere kannten. Er war ein müder, kranker und gebrochener Mann. Sein Lächeln wirkte wie aufgeklebt auf seinem erstarrten Gesicht. Es war mühselig, ihn ins Gespräch einzubeziehen, einige Male erwähnte er die Angst. Wyschinski habe ständig vor «irgend etwas» Angst gehabt, ja, und er selber habe Tag und Nacht einen Schlag aus dem Hinterhalt erwartet.

Die Menschen, die in den sechziger Jahren mit Scheinin zusammenarbeiteten, haben ihn noch ganz anders in Erinnerung. Er saß wieder auf dem hohen Roß, hatte seine alte Energie zurückgewonnen und damit auch seine Selbstsicherheit, seine Herrenallüren und Chefmarotten. Wahrscheinlich gehören beide Gesichter zu diesem Mann. Gegenüber Untergebenen, in dienstlicher Umgebung spielte er immer noch die Rolle der mächtigen Persönlichkeit, die strafen und begnadigen kann. Außerhalb der offiziellen Mauern erlaubte er sich eher, er selbst zu sein.

Unter den Bedingungen des kurzen, aber für die Aufdeckung der Wahrheit doch ergiebigen Chruschtschow-Tauwetters hofften viele, daß Scheinin den dichten Vorhang, der die blutigen Geheimnisse verbarg, wenigstens etwas lüften würde. Schließlich hatte er einmal alle

Karten in der Hand. Er wußte nicht nur viel, sondern hatte auch noch – mehr oder weniger – die Fähigkeit, seine Kenntnisse vernünftig und verständlich zu Papier zu bringen. Seine Kollegen aus seinem zweiten Berufsfeld, dem der Literatur, redeten mehrfach auf ihn ein, diesen doch wohl notwendigen Akt der Läuterung zu vollziehen. Oder sie hofften einfach, von ihm etwas zu erfahren. Aber alle diese Versuche waren vergebens. Sicher hätte er zumindest Memoiren über seine Gefängnisodyssee schreiben können. Viele, sehr viele schrieben damals darüber. Nicht, daß es gefördert wurde, aber es wurde auch nicht mehr verfolgt. Er schrieb nichts, denn er wußte, daß nur der eine Überlebenschance hat, der es vorzog, sich nicht zu erinnern. An nichts. Niemals.

So bleibt in der Literatur nicht Lew Romanowitsch Scheinin, sondern Roman Lwowitsch Stern.

VI

Stalin gegen die Juden

In den ersten Monaten nach Hitlers Überfall auf die Sowjetunion bildeten sich verschiedene antifaschistische Komitees, ein slawisches, ein Jugendkomitee und ähnliche. Ihr Ziel war, internationale Unterstützung für den Widerstand gegen den Aggressor zu gewinnen. Am bekanntesten wurde das Jüdische Komitee – vor allem wegen seines tragischen Schicksals.

Alles an der Geschichte dieses Komitees ist rätselhaft und dunkel. Nicht einmal das Gründungsdatum kann mit absoluter Sicherheit genannt werden. In dem offiziellen Gerichtsurteil, über das noch zu reden sein wird, wurde der April 1942 als Zeitpunkt der Gründung angegeben. Die nicht weniger offizielle neueste, verbesserte und ergänzte Ausgabe der in Moskau 1991 erschienenen Großen Enzyklopädie (Band 1, S. 422) behauptet dagegen, das Komitee sei im August 1941 gegründet worden. Es mag seltsam anmuten, aber beide Daten können als authentisch bezeichnet werden. Dieses Paradox spiegelt die Kämpfe wider, die diese geschundene Organisation von ihrer Gründung bis zum tragischen Untergang begleiteten.

Die Idee, ein solches Komitee zu bilden (die ursprüngliche Bezeichnung lautete «Jüdisches Anti-Hitler-Komitee» – JAHK), rührt nicht von den sowjetischen Machtorganen her, nicht einmal von sowjetischen gesellschaftlichen Organisationen oder jüdischen Aktivisten, sondern von den polnischen Anführern des Bundes und Mitgliedern der Polnischen Sozialistischen Partei, die zur II. Internationale gehörte. Sie geht zurück auf Henryk Erlich und Victor Alter, deren Namen damals in Europa und Amerika recht bekannt waren. Als die beiden Tyrannen Hitler und Stalin eine gemeinsame Sprache der «Freundschaft» fanden und Polen teilten, wählten viele der jüdischen Politiker dieses Landes das geringere Übel und suchten in der Sowjetunion Rettung. Hier wurden sie dann verhaftet, der eine in Brest, der andere in Kaunas, und sofort wegen Spionage angeklagt. Übrigens war allein die Tatsache, daß sie gegen das der Sowjetunion freundschaftlich verbundene Hitler-Deutschland aufgetreten waren, als Straftat qualifiziert, um so mehr, als Alter und Erlich den sowjetischen Machtorganen vorgeschlagen hatten, eine «Einheitsfront gegen den Faschismus» zu organisieren.

Länger als anderthalb Jahre dauerte die Untersuchung dieses irrwitzigen und für diese Jahre üblichen Falls; die Proteste und Anfragen verschiedener sozialistischer Parteien der Welt und der Führung der Zweiten Internationale blieben unbeantwortet. Stalin führte deutsche Antifaschisten damals gruppenweise nach Deutschland zurück und lieferte sie der Gestapo aus. Mit den polnischen Antifaschisten rechnete er jedoch selbst ab. Unter Jeshow liefen die Untersuchungen wie am Fließband, unter Berija wurden sie in der Regel gründlich und geradezu mit Genuß durchgeführt. Der Fall Erlich und Alter zog sich ohne Unterbrechung bis zum Überfall Hitlers auf die Sowjetunion hin, ja länger. Bis Anfang August 1941 bewegte sich die schwerfällige Maschinerie der Militärjustiz (lies: der Lubjanka) nach dem Trägheitsgesetz, das heißt so, als hätte sich außerhalb der Folterzellen und Gerichtssäle nichts ereignet. In den letzten Julitagen wurden Erlich und Alter zum Tod durch Erschießen verurteilt – ein Anklagepunkt lautete Agitation gegen den Molotow-Ribbentrop-Pakt –, dann wurde die Todesstrafe in zehn Jahre Lagerhaft umgewandelt. Im Westen hält sich hartnäckig die Annahme, der jähe Umschwung im Schicksal Erlichs und Alters, der zu ihrer Freilassung führte, sei einem speziellen Ersuchen der Alliierten, vor allem der polnischen Exilregierung, zu verdanken. Das trifft nicht ganz zu. Am 12. August 1941 gab das Präsidium des Obersten Sowjets der UdSSR einen Ukas über die Amnestierung «*aller* [Hervorhebung des Autors] polnischen Bürger heraus, die sich gegenwärtig auf sowjetischem Territorium als Kriegsgefangene oder wegen anderer ausreichender Gründe in Haft befinden». Aber auch wenn Erlich und Alter *gemeinsam* mit anderen *polnischen* Opfern des Stalin-Terrors in der zweiten Augusthälfte freikamen, war die Haltung ihnen gegenüber eine besondere: Aus Häftlingen und Todeskandidaten wurden auf der Stelle angesehene Persönlichkeiten, die man mit der Bildung des Jüdischen Anti-Hitler-Komitees betraute.

Am 24. August 1941 hatte in Moskau ein «Meeting von Vertretern des jüdischen Volkes» stattgefunden, auf dem zahlreiche Persönlichkeiten aufgetreten waren, deren Namen man auch jenseits der Grenzen der Sowjetunion kannte: der Physiker Pjotr Kapiza, der Filmregisseur Sergej Eisenstein, der Regisseur und Schauspieler Solomon Michoels, der Schriftsteller Ilja Ehrenburg und andere. Die Teilnehmer des Meetings richteten einen Appell an die »jüdischen Brüder in der ganzen Welt», in dem sie dazu aufriefen, sich im Widerstand gegen den Faschismus zu vereinigen. Außer den Genannten unterzeichneten diesen Aufruf die Schriftsteller Samuil Marschak, Perez Markisch, David Bergelson, Samuil Galkin, Alexej Kapler (die Filme nach seinen Drehbüchern «Lenin im Oktober» und «Lenin im Jahre 1918» waren damals sehr populär), der Architekt Boris Iofan (von ihm stammt der nichtrealisierte Entwurf eines grandiosen Palasts der Sowjets), der Maler Alexander Tyschler, die Pianisten Jakow Flier, Emil Gilels, Jakow Sak, der Geiger David Oistrach, der Sänger Mark Reisen (der damals als Konkurrent Schaljapins galt), der Schauspieler Wenjamin Suskin, der Filmregisseur Friedrich Ermler, der Chefdirigent des Bolschoi-Theaters Samuil Samossud und viele andere «Funktionäre der Kulturfront». Von der Gründung eines Jüdischen Antifaschistischen Komitees war auf diesem Meeting mit keinem Wort die Rede. Hinter den Kulissen fanden jedoch Verhandlungen statt, bei denen Erlich und Alter als aussichtsreichste Kandidaten für die Leitung genannt wurden.

Die Frage der Bildung eines Jüdischen Antifaschistischen Komitees war bereits entschieden. Stalin hielt die Unterstützung des Kampfes der Sowjetunion durch die internationale jüdische Diaspora, zu der zahlreiche einflußreiche Politiker, höchste Repräsentanten der Finanz- und Industriekreise, wichtige Geschäftsleute und Künstler gehörten, für lebenswichtig. Es war klar, daß der Einfluß eines solchen Komitees um ein Vielfaches stärker sein würde – und sicher auch schnelleren Erfolg versprach –, wenn an seiner Spitze nicht nur sowjetische und im Westen weniger bekannte Persönlichkeiten standen, sondern Leute wie Erlich und Alter, deren Autorität in den Kreisen, auf die man setzte, sehr groß war – zumal die Initiative zur Gründung eines derartigen Komitees von ihnen ausgegangen war, was man in der Welt wußte. Diskutiert wurden auch die Möglichkeiten des Eintritts von jüdischen Flüchtlingen aus Polen in die kämpfende Truppe und die Formierung einer jüdischen Legion in den USA zur Teilnahme an den militärischen Operationen der Roten Armee. Das Komitee sollte überdies versuchen, Kontakt zu den in Polen verbliebenen Juden aufzunehmen und sie in das System des organisierten Widerstands einbeziehen.

Zu diesem Zeitpunkt wurden die diplomatischen Beziehungen zwischen der polnischen Exilregierung und der Sowjetunion wieder aufgenommen. Alter und Erlich begannen aktiv mit der Botschaft ihres Landes zusammenzuarbeiten, die ihnen die Aufträge der Londoner Exilregierung General Sikorskis übermittelte. Sie beabsichtigten auch, sich mit der Suche nach den verschollenen polnischen Offizieren zu befassen, die zu dieser Zeit bereits in den Gräben bei Katyn, Charkow und anderswo begraben waren. Alter erhielt den Auftrag, an der Inspektion der Ural-Lager teilzunehmen, wo die internierten polnischen Soldaten auf die Möglichkeit warteten, der künftigen Armee von General Anders beizutreten.

Natürlich blieb das Jüdische Anti-Hitler-Komitee, das sich noch immer in der Organisationsphase befand, die Hauptaufgabe. Stalin hatte sich mit dem von Alter und Erlich erarbeiteten Programm vertraut gemacht, hatte wohl auch sein prinzipielles Einverständnis zur Bildung eines solchen Komitees gegeben, unterließ jedoch konkrete, direkte und eindeutige Anweisungen. In der Euphorie der sich abzeichnenden Zusammenarbeit spürten die beiden Politiker, trotz ihrer anderthalbjährigen Gefängniserfahrung, nichts von der über ihnen schwebenden Gefahr. Mit Solomon Michoels, Izik Fefer und Perez Markisch, die ebenfalls zur Leitung des Komitees gehören sollten, erörterten sie organisatorische Fragen und lebten in der Annahme, die offizielle Gründung sei eine Angelegenheit von Tagen oder höchstens Wochen.

Jedoch die Zeit verging. Die deutschen Truppen rückten auf Moskau vor. Das diplomatische Korps und ein Teil der sowjetischen Regierung wurden nach Kuibyschew evakuiert. Auch Alter und Erlich fuhren dorthin. Erlichs Sohn, Victor Erlich, Professor an der Yale University, bei dem ich 1989 zu Gast war, erzählte mir, daß sein Vater und Alter in einem komfortablen Hotel untergebracht wurden. Berücksichtigt man die realen Bedingungen dieser Zeit, so zeugt allein diese Tatsache von offizieller Anerkennung und einem bestimmten Maß an Achtung. Der Umstand aber, daß man den «hochverehrten

Ausländern» ihre polnischen Pässe nicht zurückgab, hätte sie warnen müssen.

In Person des Obersten A. Wolkowysski wurde der NKWD «Betreuer» des zwar noch nicht funktionierenden, aber auf dem Papier bereits existierenden Komitees. Die Tätigkeit solcher Organisationen und Vereinigungen unterstand grundsätzlich der Obhut dieser Dienststelle, so daß Alter und Erlich keinen Grund zur Beunruhigung sahen. Sie hatten sich bereits an die sowjetische Realität gewöhnt und sich damit abgefunden. Auch die dringende Aufforderung, beim NKWD zu erscheinen, die ihnen Wolkowysskis Assistent, Hauptmann Chasanowitsch, überbrachte und die er mit dem Eingang eines persönlichen Briefes von Stalin begründete, hatte für die beiden nichts Bedrohliches. Sie mußten annehmen, daß diese Begründung der Wahrheit entsprach, da sie ja wußten, daß der ganze Vorgang der Gründung ihres Komitees Stalin und Berija persönlich vorgelegt werden und Entscheidungen nur auf dieser Ebene getroffen würden. Erlich und Alter begaben sich also in die «Residenz» des NKWD. Sie kehrten von dort nie mehr zurück, und niemand hat sie seitdem mehr gesehen.

Das geschah Anfang Dezember 1941. Nach Ansicht des polnischen Offiziers Stanislaw Swianiewicz, der der Erschießung in Katyn entkommen war und sich im Herbst und Winter 1941 ebenfalls in Kuibyschew aufhielt (seine Erinnerungen «Im Schatten von Katyn» wurden 1976 in London in polnischer Sprache herausgegeben), war der Zweck der Verhaftung Erlichs und Alters «die Warnung an die Parteispitze, keinerlei Kontakt zur Führung der Zweiten Internationale und zu internationalen jüdischen Organisationen aufzunehmen». Das ist sicherlich unrichtig. Nach den grauenhaften Säuberungen der dreißiger Jahre hat kein Mensch aus der Parteispitze, nicht einmal mehr im Traum, daran gedacht, Kontakte zu irgendeiner ausländischen Organisation aufzunehmen. Die Verhaftung und schnelle Erschießung Erlichs und Alters wie auch die Ermordung der hohen Militärs im Oktober desselben Jahres erklärt sich eher aus der Angst, wichtige Zeugen könnten am Leben bleiben.

Sämtliche Versuche des polnischen Botschafters Stanislaw Kot, führender Sozialdemokraten sowie der internationalen und nationalen jüdischen Organisationen, etwas über das Schicksal von Erlich und Alter zu erfahren, blieben ohne Resultat. Nicht eine einzige Anfrage wurde beantwortet. Das Volkskommissariat für Auswärtiges teilte lediglich mit, es sei nichts bekannt. Erst 1943 informierten zuerst Wyschinski in Moskau und dann der sowjetische Botschafter Maxim Litwinow in Washington offiziell «interessierte Personen und Organisationen» über eine Erklärung des Volkskommissars für Auswärtige Angelegenheiten Molotow, in der es hieß: «Nach ihrer Freilassung... nahmen sie [H. Erlich und V. Alter] ihre feindlichen Aktivitäten wieder auf, einschließlich der Aufrufe an die sowjetischen Truppen, das Blutvergießen zu stoppen und unverzüglich einen Friedensvertrag mit Deutschland zu schließen.» Die Erklärung endete mit der Mitteilung, daß das Todesurteil vollstreckt worden sei.

Der amerikanische Journalist Maurice Hindus, Autor des 1954 in New York erschienenen Buches «Die Krise im Kreml», stellt die logische Frage: «Wie konnte Molotow glauben, er könne irgend jemanden in Amerika davon überzeugen, daß jüdische Sozialisten, die stets gegen den Faschismus gekämpft haben, plötzlich Verbündete Hitlers geworden seien? Auf welche Weise konnte sich denn ein Ausländer zu einem beliebigen Anlaß direkt mit einem Aufruf an die Rote Armee wenden und noch dazu einen Friedensvertrag mit Hitler fordern, wo dieser riesige Gebiete Rußlands in der Hand hielt? Diese Fragen veranschaulichen lediglich das vollständige Unwissen Molotows, seine absolute Unkenntnis der amerikanischen Psychologie oder aber eine verächtliche Gleichgültigkeit gegenüber dem, was die Amerikaner von seiner verlogenen Erklärung hielten.»

Der Beschluß über die Gründung des Jüdischen Anti-Hitler-Komitees (vom August 1941) wurde nicht zurückgezogen, aber an seine Stelle trat ein anderer (vom April 1942): über die Gründung des Jüdischen Antifaschistischen Komitees (JAK) beim Sowjetischen Informbüro. Als «Betreuer» fungierten nach wie vor hohe Würdenträger der Lubjanka. Offizieller Vertreter des Staates aber war Solomon Losowski[1], auf den die Rolle gewissermaßen zugeschnitten war. Geleitet wurde das Komitee von dem großen Schauspieler Solomon Michoels. Zum Komitee, teilweise auch zu dessen Präsidium, gehörten die bekanntesten Schriftsteller, die in Jiddisch schrieben: Perez Markisch, David Bergelson, Lew Kwitko, Izik Fefer, David Gofstein und andere.

Die Mission des JAK – in der Stalinschen Variante – war stark eingeschränkt und reduzierte sich darauf, bei reichen Juden jenseits des Ozeans Geld zu beschaffen. Aber auch diese eingeschränkte Aufgabe ließ sich nur realisieren, wenn hinter dem Komitee Namen standen, die in Amerika und im Westen überhaupt hinlänglich bekannt waren. Vor allem aus diesem Grund fand am 24. Mai 1942, genau neun Monate nach dem ersten Meeting, in Moskau ein zweites (und letztes) Meeting der «jüdischen Öffentlichkeit» statt, auf dem ein weiterer Aufruf an die »jüdischen Brüder in der ganzen Welt» angenommen wurde: ein etwas rührseliger Appell, finanzielle und materielle Hilfe für den Kampf gegen den Hitlerismus zu leisten. Zu denen, die den ersten Aufruf unterzeichnet hatten, kamen neue, weltweit bekannte Namen hinzu: die Akademiemitglieder Lina Stern und Alexander Frumkin, der Maler Natan Altman, der Medizinprofessor Mejer Wowsi und andere. Das Meeting wurde im Funk übertragen, und es wurde eine Grußadresse Lion Feuchtwangers verlesen. All das weckte Hoffnung. Und dabei sollte es bleiben.

Wie deprimierend dieses Eingeständnis auch klingen mag: Aber selbst die unserer Ansicht nach berühmtesten Namen des neugegründeten Komitees sagten außerhalb des Landes kaum jemandem etwas. Am bekanntesten war noch Michoels, aber auch er nur vom Hörensagen – schließlich hängt die Popularität eines Schauspielers von der Häufigkeit seiner Auftritte ab. Auch die Bücher der bekannten jüdischen Schriftsteller hatten im Ausland keinen großen Leserkreis. Und vergessen wir nicht, daß sie *sowjetische* Autoren waren. Bei all ihrem Talent propagierten sie eifrig den bolschewistischen Internationalismus, und das ganze Pathos ihrer Werke, sowohl in der Prosa als auch in der Lyrik und in der Dramatik, ließ sich im Grunde auf eine Idee reduzieren: Wie gut leben die ehemals verfolgten und umhergestoßenen Juden unter der Sonne der Leninschen und Stalinschen Verfassung! Ein kleiner Kreis von Fachleuten wußte natürlich das eine oder andere über diese Autoren. Für die Umsetzung des ziemlich utilitaristischen Plans von Stalin war das jedoch zuwenig, zumal alles kurzfristig geschehen sollte. Hinzu kam das skandalöse Verschwinden der zwei weltweit bekannten Persönlichkeiten der internationalen jüdischen Bewegung, deren Autorität Stalin einen unschätzbaren Dienst hätte leisten können.

Die Verbindungen mit den amerikanischen Partnern kamen schwer zustande, die Zeit schleppte sich qualvoll langsam dahin, Resultate waren noch immer nicht absehbar. Stalin war gereizt. Molotow hielt seinem Stellvertreter Losowski, der, wir wir wissen, für die Tätigkeit des JAK verantwortlich war, pausenlos Moralpredigten und verlangte Resultate. Da wurde die Idee einer Amerika-Reise geboren.

Schwer zu sagen, wem die Idee zuerst in den Kopf kam. Das ist auch nicht wichtig. Höchstwahrscheinlich war es Losowski, der zwar nicht gerade entscheidungsfreudig war, aber die Ausweglosigkeit der Situation sehr wohl begriff, denn schließlich konnte Stalin jeden Moment Rechenschaft über die Resultate der Arbeit des JAK verlangen. Zweifellos wurde der Plan von dem sowjetischen Botschafter in Washington, Maxim Litwinow, unterstützt. Litwinow begriff, daß diese Reise bei einer geschickten Zusammenstellung der Delegation und einem gut durchdachten Programm eine ausgezeichnete propagandistische Wirkung haben könnte.

Es war Krieg, und die Reise war aus rein technischen Gründen mit großen Schwierigkeiten verbunden. Hinzu kam, daß Stalin generell schwankte: Die ersten Anzeichen von staatlichem Antisemitismus, der dann bei Kriegsende voll durchschlug, lassen sich in diese Zeit zurückverfolgen. Losowski beharrte und versuchte, Stalin zu überzeugen. Am Ende gab dieser sein Einverständnis – für zwei Personen. Ein Platz stand ohne Frage Michoels zu. Nicht wegen seiner Funktion als Vorsitzender des Komitees, nicht wegen seines schauspielerischen Talents, sondern wegen seiner weithin gerühmten Fähigkeit, Köpfe und Herzen der Menschen zu beeinflussen.

Wer den zweiten Platz einnehmen würde, war zunächst unklar. Nach langem Gerangel (nicht im JAK natürlich, sondern in der Lubjanka) fiel die Wahl auf den Dichter Izik Fefer, den verantwortlichen Sekretär des JAK. Er zeichnete sich durch keinerlei besondere Fähigkeiten aus, erst recht nicht im Hinblick auf die Traditionen und den Geschmack des amerikanischen Publikums. Er war ein durchaus orthodoxer Dogmatiker, Parteimitglied seit 1919. Aber man brauchte als Partner für Michoels einen *sicheren* Mann, auf den sich der NKWD bei einer so ungewöhnlichen «Dienstreise» verlassen konnte. Der formale «Reiseauftrag» lautete: «Verstärkung der Propaganda der Leistungen der UdSSR und des Kampfes gegen den Faschismus.»Das klingt ungebildet und ungeschickt, war aber klar und deutlich.

Ich möchte nochmals darauf hinweisen, daß Stalin an dieser Reise, die außer in die USA auch nach England, Kanada und Mexiko führte, dringendes Interesse hatte. Das JAK konnte zwar im Falle eines Erfolgs beweisen, wie nützlich seine Tätigkeit war, aber der Kreml brauchte diese Reise im existentiellen Sinn: um zu überleben. Denn ohne unverzügliche Finanzhilfen und erhöhte Lieferungen von Waffen, Lebensmitteln, Kleidung und Medikamenten bestand die Gefahr, daß das vom Feind ausgezehrte, ruinierte und geplünderte Land nicht mehr lange durchhielt.

Die Kreml-Botschafter wurden mit dem notwendigen Propagandamaterial versorgt, das ihnen helfen sollte, die öffentliche Meinung Amerikas und vor allem die jüdischen Organisationen der USA wirksam zu beeinflussen. Das Material bestand aus zwei Teilen. Ein Teil beinhaltete Angaben über die enormen Verluste, die die Sowjetunion im Krieg erlitten hatte, über die Zerstörung von Produktionsbetrieben, Fabriken, Schächten und Gruben, über die menschlichen Verluste und über den Produktionsausfall. Der andere Teil berichtete vom Leben der sowjetischen Juden, über ihr gutes Leben «in der Familie freier Völker», über die unerhörten Erfolge der für sie von Stalin geschaffenen neuen Heimstatt im Fernen Osten, rund um das plötzlich weltweit bekannt gewordene Provinzstädtchen Birobidshan.

Die Reise verlief großartig. Michoels und Fefer brachten als Trophäen Tausende Zeitungsausschnitte mit; die amerikanischen Journalisten waren voller Begeisterung gewesen. Außerdem brachte Fefer noch einen phantastischen Pelzmantel mit, den ihm ein reicher Mann aus Mitleid geschenkt hatte. Den gleichen Mantel bat der Spender Stalin zu überreichen. Fefer hatte nichts Besseres zu tun, als sich bei dem Rapport über die Reise in diesen Mantel zu hüllen und dem Lehrer und Führer dann ganz ungezwungen das zweite Stück über die Schultern zu legen. Was Stalin wohl dachte?

Ende 1943, nach der Rückkehr der JAK-Delegation von der großen Reise, begann eine kurze, aber ereignisreiche Periode in der Tätigkeit des Komitees, die man durchaus als euphorisch bezeichnen kann. Es schien, als hätte der Erfolg einigen Leuten den Kopf verdreht. Manche meinten, die Tragödie der europäischen Juden, die später als Holocaust bezeichnet wurde, erlaube es, Fragen, die vordem als unlösbar oder, genauer ausgedrückt, als irreal galten, schnell zu lösen. Die wichtigste dieser Fragen war die nach der Errichtung einer jüdischen nationalen Heimstatt auf dem Territorium der Sowjetunion, die auch für die ausländische Diaspora ein Anziehungszentrum werden könnte.

Die Vorstellung, die in der ganzen Welt verstreuten Juden in ihrer historischen Heimat Palästina zu sammeln, wurde seit jeher mit unterschiedlicher Intensität verfolgt. Die jüdisch-sowjetischen Künstler und Intellektuellen, die im JAK konzentriert waren, stellten dem die Idee der Gründung einer Jüdischen Republik auf dem Territorium der UdSSR entgegen. Ich denke, sie hatten Grund anzunehmen, daß dieses Konzept im Kreml auf Verständnis und Zustimmung stoßen würde. Zu diesem Zeitpunkt traten nämlich die Vorbereitungen zur Bildung des Staates Israel in ihre letzte, entscheidende Phase. Die Verhandlungen, die hinter den Kulissen der großen politischen Bühne geführt wurden, kamen gut voran. Michoels und Fefer hatten sich in den USA natürlich auch über dieses Problem unterrichtet, und in seinem Reisebericht für das ZK legte Izik Fefer ausführlich dar, was er zu diesem, Stalin sehr beunruhigenden Thema in Erfahrung hatte bringen können. Es ging dabei nicht nur um das Schicksal der Juden, sondern auch um die Einflußsphären der Großmächte im Nahen Osten.

Fefers Bericht, von dem Kopien an Molotow und Berija geschickt wurden, fand wohlwollende Bewertung. Er wurde sozusagen abgesegnet. Auch die Lubjanka war zufrieden. Fefers Ansehen in den Chefetagen der Lubjanka stieg, und Fefer erklärte sich bereit, informeller Mitarbeiter der «entsprechenden Dienststelle» zu werden. In seinen Augen war das alles ein Akt höchsten Vertrauens.

Bald darauf kam es zu einem Ereignis, das in der Geschichte der Zerschlagung des Jüdischen Antifaschistischen Komitees, mit der die Unterdrückung der jüdischen Kultur und der fast ein halbes Jahrhundert dauernde staatliche Antisemitismus in der UdSSR begannen, einen dramatischen Wendepunkt darstellt. Dieses Ereignis stand im Zusammenhang mit dem Versuch, ein jüdisches Siedlungsgebiet auf dem Territorium der Sowjetunion zu schaffen. Zu dieser Zeit machte schon niemand mehr einen Hehl daraus, nicht einmal mehr auf offizieller Ebene, daß die Bildung des Jüdischen Autonomen Gebiets Birobidshan in der fernöstlichen Taiga wenig erfolgreich war. Die Zahl der Umsiedler betrug selbst in der «goldenen Zeit» der Existenz dieses Gebiets, nach Erscheinen des Propaganda- und Werbefilms «Glücksucher», nur einige tausend Menschen. Das Künstliche dieses nationalterritorialen Gebildes, die weite Entfernung von den historischen Siedlungsgebieten der Juden und die klimatischen Bedingungen ließen kaum hoffen, daß sich die Situation zum Besseren wenden könnte.

Ein anderes, ein realeres und attraktiveres «Objekt» mußte gesucht werden. Zweifellos haben Michoels und Fefer in den USA die Frage beredet, welches Territorium man vorschlagen sollte. Fefer muß darüber im geheimen Teil seines Berichts auch den Kreml und die Lubjanka informiert haben. In Gesprächen über dieses Thema und in der Absicht selbst konnten Michoels und Fefer nicht die geringste Arglist erkennen. Im Gegenteil, sie gingen aufrichtig davon aus, daß das Projekt oben volle Unterstützung finden würde.

In der jüdischen Bewegung, vor allem innerhalb der USA, gab es unterschiedliche Strömungen. Es waren bei weitem nicht alle von der Idee der Gründung eines Staates auf dem Territorium Palästinas begeistert, erst recht nicht von einer Massenansiedlung durch die sogenannte Alija, also durch Immigranten aus allen Teilen der Welt. Immerhin beschwor das die Gefahr eines lang anhaltenden und qualvollen Konflikts mit der arabischen Bevölkerung der Region herauf sowie Auseinandersetzungen mit den Großmächten, die im Nahen Osten ihre eigenen Interessen verfolgten. Kurz gesagt, die Gründung einer parallelen nationalen Heimstatt im «sozialistischen Vaterland, der Heimat der Werktätigen der ganzen Welt» hätte durchaus auch Anhänger in jüdischen Kreisen des Auslands finden können. Gespräche mit diesen Kreisen konnten deshalb von niemandem als etwas Kriminelles betrachtet werden.

Soweit man nach Auskünften von Zeitzeugen urteilen kann, war die Frage im voraus auf höherer Ebene diskutiert worden. Die Leitung des JAK, die sich entschloß, offiziell als Initiator des Projekts in Erscheinung zu treten, hatte offensichtlich einen Wink erhalten, daß das Projekt akzeptiert werde und gute Chancen habe. Als Vermittler bei den Vorverhandlungen trat Losowski auf, eine offizielle Person. Als Stellvertreter Molotows, des Volkskommissars für Auswärtige Angelegenheiten der UdSSR, hatte er fast täglich Kontakt zu seinem Chef und manchmal auch direkt zu Stalin.

In dieser Situation wurde ein kollektiver Brief an den ersten Mann im Staate aufgesetzt, der die Bitte enthielt, einer Ansiedlung der Juden auf der Krim mit dem Ziel zuzustimmen, in der Nachfolge dort eine Jüdische Republik zu gründen. Unter den vielen Argumenten, mit denen dieser Vorschlag begründet wurde, fand sich auch der Hinweis auf das Schicksal der Juden in den von Hitler okkupierten Territorien; Millionen von Flüchtlingen standen vor der Notwendigkeit, ihr Leben neu zu beginnen.

Später wurde dieser Brief als «Wühlaktion des internationalen Zionismus» charakterisiert, angeblich inspiriert vom «Zionistenführer Chaim Weizman, dem Millionär Rosenberg, einem gewissen Budisch und anderen Nationalisten, mit denen sich Michoels und Fefer in den USA getroffen hatten» – so die Anklageschrift im Prozeß gegen das JAK. Diese «Nationalisten» hatten angeblich gefordert, «bei der sowjetischen Regierung die Ansiedlung der Juden auf der Krim und dort die Gründung einer jüdischen Republik durchzusetzen», woran nach der apokryphen Erklärung Rosenbergs «die amerikanischen Juden nicht nur als Juden interessiert seien, sondern auch als Amerikaner». Natürlich konnte eine so irrsinnige Anklage nur geheim erhoben werden. Öffentlich ausgesprochen, hätte sie in der ganzen Welt höhnisches Gelächter ausgelöst. Schließlich haben die genannten Personen ihr Leben lang gegen jeden Versuch gekämpft, eine Heimstatt für die Juden außerhalb Palästinas zu schaffen. Michoels konnte, wenn überhaupt, nur beim linken Flügel der Diaspora, der eine negative oder zumindest skeptische Einstellung zum Programm des Zionismus hatte, Unterstützung gefunden haben.

Viele Historiker neigen heute zu der Auffassung, daß der Brief über die «Jüdische Krimrepublik» eine offene Provokation Stalins, Berijas und ihrer Umgebung war, deren Ziel darin bestand, eine Grundlage für eine große antisemitische Kampagne zu schaffen. Ich bin sicher, daß das nicht stimmt.[2] Meiner Meinung nach hat sich hier eine psychologisch durchaus verständliche Zeitverschiebung eingeschlichen. Es gab 1944 keinen weitreichenden, mehrstufigen Plan, um die Abrechung mit dem JAK, seinen Leitern und anschließend allen sowjetischen Juden vorzubereiten. Außerdem brauchte Stalin wohl keinerlei «Begründungen», um mit Mißliebigen abzurechnen, schon gar nicht für einen geheimen Prozeß. Die Epoche der blutigen Schauprozesse aber gehörte zu dieser Zeit bereits der Vergangenheit an. Und schließlich konnte es sich Stalin 1944 auch nicht erlauben, sich mit den Amerikanern, auch nicht mit denen jüdischer Herkunft, anzulegen.

Es ist durchaus wahrscheinlich, daß niemand das Projekt einer jüdischen Republik mit Stalin persönlich im voraus beraten hat. Immerhin handelte es sich nur um einen Vorschlag, nicht um einen Beschluß. Für Losowski war es ausreichend, mit Molotow zu sprechen, sich zu beraten und zu warnen. Aber Molotow hätte nie gewagt, eine so prinzipielle und weitreichende Aktion auf die eigene Kappe zu nehmen, ja nicht einmal Berija – und wozu auch? Er war ein Ungeheuer, ein Despot, ein Henker, aber Antisemitismus konnte man ihm wirklich nicht vorwerfen.

Summiert man alle uns heute zugänglichen Informationen, kann man sagen, daß die Mitglieder des JAK sich einerseits der Unterstützung jüdischer Kreise in den USA versichert hatten und andererseits, vom Wohlwollen der sowjetischen Oberen und dem Optimismus Losowskis beflügelt, die einzigartige Chance nutzen wollten, ihrem leidgeprüften Volk die Türen zu einem paradiesischen Fleckchen Erde aufzustoßen, das im Unterschied zu Birobidshan ohne Zweifel Zehntausende Verjagte, Verfolgte, Verelendete angezogen hätte. Das Makabre dieses Plans bestand darin, daß Stalin auf der Krim gerade eine barbarische Aktion durchgeführt hatte, bei der die gesamte Stammbevölkerung, die Krimtataren, wegen angeblicher Kollaboration mit den Deutschen in das Landesinnere deportiert wurden. Zu diesem Zeitpunkt wurde die Frage diskutiert, wer künftig dieses fast menschenleere, fruchtbare Gebiet besiedeln und bewohnen sollte. In der Atmosphäre unbegründeter Euphorie, die die Mitstreiter des JAK erfaßt hatte, schien es logisch zu sein, daß die «Helfershelfer der Okkupanten» bestraft wurden und die Opfer des Genozids eine angemessene Kompensation erhielten.

Die Idee, gerade auf der Krim jüdische Umsiedler ansässig zu machen, wurde allerdings schon viel früher und unter Mitwirkung der Führer von Partei und Staat geboren. Als im Jahr 1924 ein Komitee und eine «Gesellschaft zur Landvergabe an die werktätigen Juden» gegründet wurden, hatte man die Krim vor Augen. Die Gründung eines eigenen Staates in Palästina schien damals noch in weiter Ferne zu liegen. Deshalb unterstützten ausländische Wohltätigkeitsorganisationen und private Förderer die Krim-Variante tatkräftig und lenkten den Hauptstrom der Hilfsgüter dorthin. Es wurden Traktoren, Landwirtschaftstechnik und Zuchtvieh geliefert. Sie gingen an die ersten Umsiedler, die dem Ruf folgten, sich unter der Sonne der Krim anzusiedeln, im Steppengebiet, nicht am Meer, wo die Tataren lebten.

Kalinin selbst, der als «Unionsstarosta», das heißt Unionsältester, galt, erschien 1926 auf dem Kongreß der «Gesellschaft zur Landvergabe an die werktätigen Juden» und rief dazu auf, die Krimerde fruchtbar zu machen: «Das jüdische Volk», sagte er, «steht vor einer großen Aufgabe – der Bewahrung seiner Nationalität, und dafür muß ein bedeutender Teil der jüdischen Bevölkerung zur Bevölkerungsmehrheit eines bestimmten Gebietes werden... Nur unter diesen Bedingungen können die Juden insgesamt auf einen Fortbestand ihrer Nationalität hoffen.»

Die 1944 wiederbelebte Idee der «Kolonisation» der Krim war also erstens nichts Sensationelles und zweitens erst recht nichts Kriminelles. Das Schlimmste, was passieren konnte – und meiner Ansicht nach auch passieren mußte –, war, daß sie abgelehnt wurde. Danach sah es zunächst auch aus.

Als Autoren des umfangreich begründeten und in einem höchst respektvollen Ton geschriebenen Briefes an Stalin muß man neben Michoels und Fefer den bald darauf verstorbenen Journalisten Schachno Epstein und den Chefarzt des Botkin-Krankenhauses. Boris Schimeliowitsch betrachten. Schimeliowitsch war ein Mann von klarem Verstand, festem Willen und großen organisatorischen Fähigkeiten. Er spielte im JAK eine aktive Rolle. Solomon Losowski, der sich zuvor mit «oben» konsultiert hatte, redigierte schließlich den Brief, und am 15. Februar 1944 ging er an den Kreml. Die zentrale Forderung: 1. Auf dem Territorium der Krim ist eine Jüdische Sozialistische Sowjetrepublik zu gründen, 2. ist eine Regierungskommission in dieser Frage zu bilden.[3]

Die Verfasser des Briefs zweifelten nicht an einer positiven baldigen Antwort. Schließlich mußte über die Zukunft der entvölkerten Krim tatsächlich schnell entschieden werden. Deshalb machten sie auch aus ihrem Vorhaben keinerlei Geheimnis. Bereits im März 1944 wußte buchstäblich ganz Moskau über die bevorstehende Gründung einer Jüdischen SSR(!) auf der Krim Bescheid. Der unsinnige, gefährliche und eindeutig zum Scheitern verurteilte Plan schien so real zu sein, daß die Leitungsmitglieder des JAK, ohne die Antwort abzuwarten, praktische Schritte vorbereiteten. Lew Kwitko (Autor von Versen, die dank der Übersetzungskunst russischer Dichter Millionen sowjetischer Kinder aller Nationalitäten auswendig kannten) fuhr auf die Krim, um die Frage an Ort und Stelle zu untersuchen. Er wollte sich mit den praktischen Problemen vertraut machen, die bei der Umsiedlung «kompakter Massen» in das zerstörte Territorium auftauchen konnten, und eigene Vorschläge zur Lösung dieser Probleme unterbreiten. Einige Jahre später wird diese fruchtlose, von den besten Absichten diktierte Aktion in der beim MGB üblichen Sprache wie folgt qualifiziert: «In Erfüllung der verbrecherischen Anweisungen der Leitung des JAK fuhr er auf die Krim, um Informationen über die ökonomische Lage des Gebietes zu sammeln.»

Der im Brief enthaltende Vorschlag wurde weder abgelehnt noch angenommen. Die Führer des JAK ließen sich dadurch nicht beirren. Die Tochter von Michoels, Natalija Wowsi-Michoels, erzählt, daß im Komitee «eine Sonderkommission geschaffen wurde, um vermißte Juden zu suchen ... von Zeit zu Zeit kamen ... Partisanen und berichteten vom Kampf der Partisanengruppen gegen die Faschisten ... Informationen über Todeslager trafen ein. Es wurde ein Informationsbüro geschaffen, wo die Menschen scharenweise vorsprachen, um Nachrichten über ihre Angehörigen zu erhalten. Es tauchten auch schon die ersten, wie durch ein Wunder am Leben gebliebenen Flüchtlinge auf.» Mitarbeiter des JAK bereiteten zu dieser Zeit ein «Schwarzbuch» vor, eine Sammlung von Dokumenten und Zeugenaussagen über den nazistischen Genozid am jüdischen Volk. Das Buch wurde von Wassili Grossman und Ilja Ehrenburg zusammengestellt, an der Bearbeitung der Materialien und der literarischen Aufzeichnung der Berichte von Augenzeugen beteiligten sich die Schriftsteller Wsewolod Iwanow, Pawel Antokolski, Lidija Seifullina, Vera Inber, Wenjamin Kawerin, Margarita Aliger und viele andere. Vorgesehen war eine gemeinsame sowjetisch-amerikanische Ausgabe des «Schwarzbuches» mit einem Vorwort von Albert Einstein; das JAK stand deshalb in ständiger telefonischer und postalischer Verbindung mit den USA, und die Lubjanka registrierte jedes gesprochene und geschriebene Wort.

Inzwischen trafen beim JAK immer häufiger Briefe von Juden ein, die aus der Evakuierung zurückkehrten. Die Briefschreiber berichteten von den Behinderungen, denen sie ausgesetzt waren, wenn sie irgendwo Arbeit suchten oder sich polizeilich anmelden wollten. Verwundert und hilflos standen sie den ersten Erscheinungen von *offiziellem* Antisemitismus gegenüber. Seit 1917 hatten sie derartige Diskriminierungen nicht mehr erlebt. Führte die Sowjetunion nicht einen *antifaschistischen* Krieg und waren nicht sie, die Juden, die eigentlichen Opfer des faschistischen Völkermords? Niemand konnte sich vorstellen, daß die Initiative für diese ersten antisemitischen Tendenzen von oben kam. Man glaubte an Einzelaktionen irgendwelcher «zurückgebliebener Faschisten» oder sonstiger «Volksfeinde». Das Jüdische Antifaschistische Komitee reagierte, wie zu erwarten: Mit Beschwerden und Eingaben protestierte man nicht nur ganz oben, sondern auch in den Unionsrepubliken und einzelnen Städten. Bald hatte sich bei den «zuständigen Organen» (also beim ZK der Partei und den Dienststellen des MGB) eine große Zahl von Protestschreiben angesammelt.

Diese «herausfordernden und dreisten» Signale des JAK versetzten die Beamten in Wut, denn sie waren über die tatsächliche Lage der Dinge bestens informiert und betrieben deshalb nur noch eiliger die Liquidierung des seltsamen «gesellschaftlichen» Instituts, das sich am politischen Horizont allzu breitgemacht hatte. Das Jüdische *Antifaschistische* – das heißt eindeutig politisch gedachte – Komitee verwandelte sich zusehends in ein allgemeines Jüdisches Komitee und war schon allein deshalb zum Untergang verurteilt. Die offensive Aktivität seiner Leiter, die nach Meinung der Partei unangemessen auf die veränderte Situation reagierten, wirkte auf Stalin wie ein rotes Tuch und beschleunigte das unvermeidbare Ende des JAK.

Zu dieser Zeit avancierte Michail Suslow, der spätere Chefideologe der KPdSU, seitens der Partei zum «Betreuer» des Komitees. Am 19. November 1946 legte er dem Politbüro eine eigenhändig unterzeichnete Aktennotiz vor, in der er das JAK verleumdete. Er stellte fest, das Komitee sei auf nationalistische und zionistische Positionen «abgerutscht» und seine weitere Existenz sei vom politischen Standpunkt eine Gefahr für den Staat. Deshalb müsse man es umgehend auflösen.

Kann man es als Zufall ansehen, daß zum gleichen Zeitpunkt an die Adresse des Politbüros, also an Stalin, eine andere Aktennotiz geschickt wurde, die aus den Mauern des MGB kam? Sie trug die offizielle Überschrift: «Zu nationalistischen Tendenzen einiger Mitarbeiter des Jüdischen Antifaschistischen Komitees». Dabei ging es allerdings nicht nur um «einige Mitarbeiter», sondern um das Komitee als Ganzes, das als eine feindliche, antisowjetische Organisation bezeichnet wurde, gegen deren Aktivisten man insgesamt «entsprechende

Maßnahmen anwenden» müsse. Stalin war damals zu diesen Maßnahmen noch nicht bereit. Das Kräfteverhältnis in und um Palästina war noch nicht klar. Mögliche Verbündete zu verärgern schien in höchstem Maße unvernünftig. Eine Antwort Stalins blieb aus.

Es ist notwendig anzumerken, daß im ZK und im MGB zu dieser Zeit der Kampf unterschiedlicher Kräfte um Einfluß und Positionen voll im Gange war. In diesem Kampf wurde die «jüdische Karte» immer häufiger gespielt. Sowohl die Parteibeamten als auch die Leute von der Lubjanka reagierten sehr sensibel auf Stalins fast unverhüllte Wende zum Antisemitismus. Dieser hatte verschiedene Wurzeln, wobei sein unbändiger Haß auf Trotzki und andere ehemalige Kampfgefährten jüdischer Herkunft wohl zu den wesentlichen Gründen gehörte.

Gewöhnlich datiert man den Beginn der offiziellen Antisemitismuskampagne in der UdSSR auf Ende der vierziger Jahre; neueste Archivfunde belegen jedoch, daß dieser Zeitpunkt mindestens auf Mitte 1942 festgesetzt werden muß. Es ist schwer zu glauben, aber die Dokumente sagen ganz klar: Am 17. August 1942, als die deutschen Truppen auf Stalingrad vorrückten, als die schicksalsschwere Schlacht an der Wolga begann, die auch zum Sturz des Regimes hätte führen können, hatte die Hauptabteilung Propaganda und Agitation des ZK der RKP(B) nichts Wichtigeres zu tun, als sich mit einer Aktennotiz an die ZK-Sekretäre Malenkow, Stscherbakow und Andrejew zu wenden, weil «an der Spitze der Einrichtungen der russischen Kunst keine Russen (sondern vorwiegend Juden) stehen».[4] Im weiteren folgte eine lange Liste von «Nichtrussen», wobei der «unerlaubten Verunreinigung» des Bolschoi-Theaters besondere Aufmerksamkeit geschenkt wurde, in dem «die administrativen und künstlerischen Leitungsposten von den Juden Leontjew (Chefregisseur), Samosud (Chefdirigent), den Dirigenten Faier, Steinberg, Melik-Paschajew (Armenier), Gabowitsch (Ensembleleiter), Messerer (Ballettmeister), Shuk (Konzertmeister) und anderen eingenommen werden». Die gleichen «Mängel» entdeckten die Autoren dieser Aktennotiz in den Konservatorien von Moskau und Leningrad, in Theater- und Musikzeitschriften und bei den Kritikern, denen «übermäßiges Hochloben der Solistenkunst des Geigers David Oistrach und des Pianisten Emil Gilels zum Nachteil ihrer russischen Kollegen» vorgeworfen wurde. Und all das wurde im August 1942 geschrieben. Nie hätte sich der noch junge Leiter der Hauptabteilung Propaganda und Agitation des ZK zu solchen Formulierungen in einem offiziellen Dokument verstiegen, wenn er nicht direkte oder indirekte Anweisungen des Führers der Völker erhalten hätte.[5]

Als 1946 der Eiserne Vorhang herunterging und die Epoche der Konfrontation anbrach, entbrannte der staatliche Antisemitismus mit neuer Macht. Auch der Kampf der rivalisierenden Gruppen am Alten Platz (dem Sitz des ZK) und in der Lubjanka (wo Bonzen jüdischer Herkunft immer noch hohe Leitungsposten innehatten) ging weiter. Die außenpolitische Abteilung des ZK wurde von Andrej Shdanow angeleitet. Im Juli 1947 wandten sich zwei seiner Mitarbeiter, Barabanow und Grigorjan, mit dem Vorschlag an ihn, das JAK aktiver zu unterstützen. Diese Notiz blieb zwar folgenlos, aber ihre Existenz gibt uns eine Vorstellung von dem Kampf, der innerhalb der durchaus nicht einheitlichen Mannschaft der Stalinschen Mitstreiter ablief. Eine weitere Bestätigung dafür liefert ein Brief vom 7. November 1947, unterschrieben von Michail Suslow und Georgi Alexandrow. Der Brief war nicht an das Politbüro adressiert, sondern an Wjatscheslaw Molotow und den ZK-Sekretär Alexej Kusnezow persönlich. Die Autoren appellierten an die beiden, im Kampf für die Auflösung des schädlichen Komitees ihre Verbündeten zu werden. Auch hier erfolgte zunächst nichts. Stalin selber wartete offensichtlich weiterhin ab.

Dieses ganze Gerangel spielte sich wie immer hinter den Kulissen ab. Der Führer verstand es famos, den Leuten Sand in die Augen zu streuen, er beherrschte die intriganten Methoden «östlicher» Schläue bis zur Virtuosität. Die ersten Anzeichen von allgegenwärtigem staatlichem Antisemitismus wurden dadurch heruntergespielt, daß Michoels und Suskin sowie der Bühnenbildner Tyschler und andere Mitglieder des Inszenierungskollektivs der Aufführung des Stückes «Frejlechs» im Staatlichen Jüdischen Theater mit dem Stalin-Preis ausgezeichnet wurden. Zu diesem phantasievollen, festlichen, fröhlichen und traurigen Musical strömten Tausende Verehrer echter Kunst aller Nationalitäten. Kein Mensch zweifelte daran, daß die Auszeichnung wohlverdient war. Aber sie hatte keinerlei Beziehung zur Kunst. Ihr einziger Zweck bestand darin, ausgesprochenen und unausgesprochenen Vorwürfen zu begegnen, der Antisemitismus werde offiziell angeheizt oder zumindest toleriert.

Inzwischen ging die Arbeit in den Büros am Alten Platz und an der Lubjanka ihren eigenen Gang. Dort wußte man nur allzugut zwischen dem Rauchvorhang und dem zu unterscheiden, was sich dahinter ereignete. Bei Stalin, Malenkow, Shdanow und Suslow häuften sich jedoch gleichzeitig Aktennotizen mit dem Vermerk «streng geheim». Sie alle hatten den gleichen Inhalt. Sie informierten über «zusätzliche Fakten» nationalistischer, feindlicher und Spionagetätigkeit des Jüdischen Antifaschistischen Komitees. Es steht außer Zweifel, daß ein solcher Strom zielgerichteter, falscher Information nicht so weit nach oben gelangt wäre, wenn die Urheber nicht gewußt hätten, daß solche Informationen von ihnen erwartet wurden.

Das Szenario, das in dieser Zeit hastig von den Tschekisten zusammengezimmert wurde, machte zwei Amerikaner jüdischer Herkunft, die in den USA zur extrem Linken gezählt und der Verbindung zu sowjetischen Geheimdiensten verdächtigt wurden, zu Hauptthelden: die Journalisten P. Nowik und B. Goldberg. Nowik, ein alter Funktionär der Arbeiterbewegung in den USA, war seit 1921 Mitglied der Kommunistischen Partei und gehörte deren prosowjetischem Flügel an. Er war Redakteur der «Morning Freiheit», der Zeitung der amerikanischen jüdischen Kommunisten, in der die Stalinsche Nationalitätenpolitik begeistert dargestellt wurde. Goldberg schrieb viele der Artikel. Von einer Reise aus der Sowjetunion zurückgekehrt, publizierte er nicht nur in der «Morning Freiheit», sondern auch in anderen linken amerikanischen Blättern Reportagen, in denen er propagandistische Informationen aus Moskau benutzte, um Stalin, die sowjetische «Völkerfreundschaft» und überhaupt all das zu loben, was üblicherweise als die «sowjetische Lebensweise» bezeichnet wurde. Die Materialien waren ihm vom JAK zur Verfügung gestellt worden. Wenig später sollte dies den Leitern des JAK als Übergabe von Spionagematerial angelastet werden. Neben Albert Einstein, Scholom Asch, Jack Greenbaum und anderen gehörten Goldberg und Nowik zur Leitung des amerikanischen Komitees jüdischer Schriftsteller, Schauspieler und Wissenschaftler. Dieses Komitee war in der Kriegszeit der Hauptpartner des JAK und ermöglichte sowohl Michoels' Reise als auch die erfolgreiche Spendensammlung für die Rote Armee.

Die gleichen Leute, die von der amerikanischen Abwehr verdächtigt wurden, Verbindungen zum sowjetischen Geheimdienst zu haben, stellte die Lubjanka dem Kreml als Agenten des CIA dar. Diese

Konstruktion war schon deshalb erforderlich, weil es einfach keine anderen amerikanischen «Emissäre» gab, die aufgrund von Kontakten zum JAK nach Moskau gekommen wären. Die Staatssicherheit, die inzwischen von Abakumow geleitet wurde, reagierte sehr sensibel auf Stalins neue politische Linie, und bald rückte das jüdische Thema in den Vordergrund aller Überlegungen des ersten Mannes im Staate.

Drei Wochen, nachdem Suslow und Alexandrow ihre nächsten Mitstreiter dazu aufgerufen hatten, dem «Zionismus einen Schlag» zu versetzen, nahm die UNO-Vollversammlung den Beschluß zur Schaffung des Staates Israel auf dem Territorium Palästinas an (29. November 1947). Natürlich hegte Stalin keinerlei Sympathie für den künftigen Staat, aber offiziell begrüßte Moskau die Gründung. Einige Mitarbeiter des JAK nahmen diese diplomatische Verlautbarung für bare Münze. Die von ihrer Idee besessenen Aktivisten des untergehenden Komitees, die bald darauf als «Nationalisten» beschimpft werden sollten, waren unfähig, sich in den Winkelzügen des Kremls zurechtzufinden, und somit als Opfer prädestiniert.

Spätestens im Dezember 1947 beschloß Stalin, Michoels zu beseiten. Seine Strategie, die er nach dem UNO-Beschluß festlegte, schloß aus, daß ein weltweit angesehener Führer der jüdischen nationalen Bewegung innerhalb der Sowjetunion tätig war. Dabei war Michoels überhaupt kein *staatlicher* Repräsentant, er hatte keinen Einfluß auf die Politik; aber seine Persönlichkeit, folglich auch sein Wort, hatte Gewicht. Jetzt war er genauso überflüssig geworden, wie seiner Zeit und aus anderen Gründen Gorki überflüssig geworden war.

Es gibt noch andere Belege dafür, daß gerade der Dezember 1947 ein verhängnisvoller Monat war. Auf Anweisung des Ministers für Staatssicherheit, Abakumow, und zunächst ohne Billigung der Staatsanwaltschaft (obwohl damals kaum ein Staatsanwalt es abgelehnt hätte, einen Haftbefehl zu unterschreiben; und tatsächlich, am 8. Januar 1948 setzte der Staatsanwalt der UdSSR, Safonow, seine Unterschrift doch noch darunter) wurde am 19. Dezember der Doktor der ökonomischen Wissenschaften und Oberassistent des Instituts für Ökonomie der Akademie der Wissenschaften der UdSSR, Isaak Goldstein, verhaftet. Es ist nicht festzustellen, was als formaler Anlaß für diese Verhaftung diente, aber die Zielstellung war eindeutig. Sie ergibt sich nicht nur aus den Fragen der Untersuchungsrichter, sondern auch aus den Erklärungen Goldsteins, die er nach seiner Freilassung am 2. Oktober 1953 abgab. Goldstein war von der Lubjanka ausersehen, «Stammvater» eines gigantischen Mysteriums und sein erstes Opfer zu sein. Am 29. Oktober 1949 bekam er ohne Gerichtsprozeß, auf Beschluß des sogenannten Sondergerichts, 25 Jahre Lagerhaft.

Das Protokoll vom ersten Verhör Goldsteins trägt das Datum vom 9. Januar 1948, obwohl eine in der Akte vorhandene Bescheinigung kaltschnäuzig darüber informiert, daß Goldstein zwischen dem 19. Dezember 1947 und dem 8. Januar 1948 bereits siebzehnmal zum Verhör gerufen wurde und insgesamt 69 Stunden lang «Aussagen machte» (Der Fall des Jüdischen Antifaschistischen Komitees. Überwachungsakte der Obersten Militärstaatsanwaltschaft. Band 5, Seite 132). Welche «Aussagen» er machte und wie er sie machte, kann man aus zwei Dokumenten erfahren: aus der Aussage des Militärstaatsanwalts, Oberst der Justiz Shukow (1955), auf deren Basis die Rehabilitierung der Mitarbeiter des JAK erfolgte, und aus den schriftlichen Erklärungen Goldsteins vom 2. Oktober 1953.

In der Aussage Shukows heißt es: «Nach seiner Verhaftung wollten Untersuchungsrichter Sorokin und die ehemaligen stellvertretenden Leiter der Untersuchungsabteilung für besonders wichtige Fälle [des MGB der UdSSR]... Lichatschow und Komarow auf Anweisung Abakumows von Goldstein Aussagen über seine angebliche Spionagetätigkeit und seine nationalistische Tätigkeit erpressen, *obwohl zu diesem Punkt bei den Organen der Staatssicherheit keine Angaben existierten* [Hervorhebung des Autors]... Goldstein wurde geschlagen und gezwungen, das von ihnen unter Mitwirkung eines Mitarbeiters von Abakumows Sekretariat, Browerman[6], fabrizierte Verhörprotokoll zu unterschreiben, in dem er ausgesagt hatte, daß Losowski, Fefer, Markisch und andere unter dem Deckmantel des JAK angeblich antisowjetische nationalistische Tätigkeit betreiben... Spionagearbeit durchführen.»

Dazu Goldstein nach seiner Befreiung: «Am 19. Dezember 1947 wurde ich in Moskau verhaftet, in die Lubjanka überführt und nachher in das Untersuchungsgefängnis nach Lefortowo [zur ‹Bearbeitung›]. Man schlug mich grausam und lang anhaltend mit dem Gummiknüppel auf die Weichteile und die nackten Fersen. Es ging so weit, daß ich weder stehen noch sitzen konnte... Sorokin und ein weiterer Oberst [wahrscheinlich Komarow] schlugen mich so stark, daß mein Gesicht einige Wochen lang entsetzlich geschwollen war und ich mehrere Monate lang schlecht hörte... Man zwang mich, dieses Protokoll zu unterschreiben... Insgesamt wurde ich achtmal geschlagen, wobei sie immer neue Geständnisse verlangten. Gequält von den mir folgenden [sic] Tag- und Nachtverhören, terrorisiert von den Schlägen, den Beschimpfungen und Drohungen, verfiel ich in tiefe Verzweiflung, in einen völligen Schwächezustand und bezichtigte mich und andere Personen schwerster Verbrechen.»

Der Untersuchungsrichter Georgi Sorokin bestätigte Goldsteins Darlegung. Im Rahmen der Überprüfung schlug man ihm vor, seine Erklärungen niederzuschreiben. Unter dem Datum des 3. Januar 1954 heißt es: «Abakumows Anweisung, gegen Goldstein Methoden des Drucks anzuwenden, führte Komarow noch am selben Abend mit meiner Mitwirkung aus... Abakumow las das Protokoll des Verhörs und sagte mir, daß ich Goldstein schlecht verhört, das Protokoll des Verhörs ungeschickt aufgesetzt habe und es deshalb von Browerman korrigiert werden muß, der mit einem der Stellvertreter des Leiters der Untersuchungsabteilung in meiner Gegenwart dieses Protokoll einer ‹Bearbeitung› unterzog, das in die Instanz ging...» Was mit «Instanz» gemeint war, wissen wir nicht. Wenn man die Daten miteinander vergleicht, kann man unschwer begreifen, wie sich die Ereignisse entwickelten und aneinanderfügten. Michoels war beseitigt worden, aber es gab noch immer keine Entscheidung, wie mit dem JAK und seinen Anführern zu verfahren sei.

Der Ökonom I. I. Goldstein war das erste Opfer der Lubjanka in einer ungeheuerlichen Verschwörung gegen ein ganzes Volk, vorausgesetzt, man hält sich an die Ergebnisse der 1953 bis 1955 von der Obersten Militärstaatsanwaltschaft durchgeführten Überprüfungen. In Wirklichkeit – und dies durfte 1953 nicht an die große Glocke gehängt werden – waren die *ersten* Opfer andere. Es gilt, zwei gewissermaßen parallele und miteinander nicht verbundene Ströme zu einem zu vereinigen, um den großen Zusammenhang zu erkennen.

Bereits neun Tage vor Goldsteins Verhaftung nahm das MGB eine Verwandte von Stalins Frau Nadeshda Sergejewna Allilujewa, die Frau ihres unter rätselhaften Umständen ums Leben gekommenen Bruders Pawel Allilujew, Jewgenija Alexandrowna Allilujewa, fest (Archiv des KGB der UdSSR. Akte Nr. OS-101264). Ohne Zweifel muß man sie als erstes Opfer betrachten, obwohl sie zum JAK keinerlei Beziehung hatte und sie auch keiner über die Tätigkeit des Komitees verhörte. Sie wurde beschuldigt, «im Laufe mehrerer Jahre bei sich in der Wohnung antisowjetische Zusammenrottungen organisiert zu haben, bei denen sie übelste Verleumdungen gegen das Oberhaupt der Sowjetregierung verbreitet hat». Die gleichen Anschuldigungen wurden gegen ihren zweiten Mann Nikolai Molotschnikow[7] und gegen ihre Tochter Kira Pawlowna Allilujewa, eine Schauspielerin des Maly-Theaters, erhoben, die man am 6. Januar 1948 verhaftete. Das gleiche betraf auch die Schwester von Nadeshda Sergejewna, Anna Sergejewna Allilujewa, Mitglied des Schriftstellerverbandes der UdSSR, verhaftet am 30. Januar 1948. Das gleiche Schicksal ereilte auch beider Freundin – Lidija Alexandrowna Schatunowskaja, eine Absolventin des Staatlichen Instituts für Theaterkunst, und deren zweiten Mann, den Physikprofessor Leonid Tumerman, der am 27. Dezember 1947 verhaftet wurde. Diese Details und erst recht die Daten sind wichtig, um die Entwicklung der Ereignisse verfolgen zu können.

Das pathologische Bestreben Stalins, die Familie Allilujew auszurotten, war weder für Berija noch für Abakumow und die übrigen Stützen der Geheimpolizei ein Geheimnis. 1947 wurde beschlossen, die einzelnen «Fakten» zu einem Knoten zu schnüren und dafür eine Dramaturgie zu erfinden, wie sie nur von den Meistern der Lubjanka konstruiert werden konnte. L. A. Schatunowskaja war gut bekannt mit Michoels. Sie half ihm bei seiner literarischen Arbeit, und sie trafen sich häufig. In einer Aktennotiz, die von der Lubjanka an den Kreml ging, war davon die Rede, daß über sie an Michoels und von ihm über das JAK an die amerikanischen Spione Informationen über das «sowjetische Regierungsoberhaupt» – nicht einmal Dokumente mit dem Vermerk «streng geheim» durften den Namen der Gottheit aussprechen – gelangt seien, die selbstverständlich bösartig und verleumderisch waren. Was für andere Informationen könnten ausländische Spione auch interessieren? Das war die schwächste Stelle des Führers, sein Tick, den man mit hundertprozentiger Garantie auf Erfolg ausnutzen konnte. Bereits einige Jahre vor den hier beschriebenen Ereignissen beschuldigte man die erste Liebe der jungen Swetlana Allilujewa, den Drehbuchautor Alexej Kapler, im Auftrag des englischen Geheimdienstes den Versuch unternommen zu haben, in die

Familie Stalins einzudringen, um Geheimnisse des Führers der Völker ausfindig zu machen und sie an den Feind zu verkaufen.

Das Szenario wurde also folgendermaßen aufgebaut: Die verhaßten Söldlinge des internationalen Zionismus mit Michoels an der Spitze, die sich beim JAK eingenistet hatten, bekommen durch die Schatunowskaja «verleumderische Informationen» über intime Geheimnisse des großen Stalin von den Angehörigen der Familie Allilujew, die sich ihrerseits für den Tod Nadeshdas, Pawels, Stanislaws und anderer Verwandter rächen wollen. Diese «verleumderischen Informationen» reichen die Leiter des JAK an amerikanische Spione weiter. Was die damit anfangen sollen, weiß allein der liebe Gott. Aber offenbar spielte dieses persönliche Motiv, das Stalin an einem wunden Punkt traf, tatsächlich eine entscheidende Rolle.

Anfang Januar 1948, ohne zu warten, bis Browerman das Protokoll in eine anständige Form gebracht hatte, wurde die «Instanz» unterrichtet: Der Häftling Goldstein «mußte zugeben, daß sein Bekannter Sachar Grigorjewitsch Grinberg [ein Funktionär aus dem Präsidium des JAK] ihm bereits 1946 mitgeteilt hat, daß das Jüdische Antifaschistische Komitee eine antisowjetische nationalistische Tätigkeit leistet, daß Michoels diese ganze Arbeit leitet, umfassende Verbindungen zu jüdischen bürgerlichen Nationalisten in den USA geknüpft hat und volle Unterstützung bei den amerikanischen Zionisten genießt».

Wenn man die Dokumente genau studiert und die Daten vergleicht, so muß man zu der Schlußfolgerung kommen, daß der Mord an Michoels die ganze Aktion, die bereits im Rollen war, paradoxerweise für eine kurze Zeit bremste. Die pompöse Beerdigung von Michoels paßt nicht in das Schema, nach dem er als amerikanischer Spion und zionistischer Agent bezeichnet werden sollte. Die im vorigen Kapitel angeführte Version, derzufolge Michoels ursprünglich die Rolle eines Opfers des Zionismus und nicht eines Agenten zugedacht worden war, findet indirekte, aber überzeugende Bestätigung in den uns zur Verfügung stehenden Materialien. In den Verhören der bereits inhaftierten «Verschwörer», die von Februar bis Mai 1948 stattfanden, gibt es keinen Hinweis auf irgendeine konterrevolutionäre Tätigkeit des ermordeten Schauspielers. Sein Name verschwindet plötzlich generell aus den Protokollen, ganz gleich, in welchem Zusammenhang. Dafür wird er in anderen offiziellen Dokumenten erwähnt: Sein Name wird dem Staatlichen Jüdischen Theater und dem jüdischen Theaterstudio verliehen, in Moskau werden zwei grandiose Gedenkveranstaltungen für ihn organisiert, für die in der ganzen Stadt geklebte Plakate in riesigen Buchstaben werben. Ich erinnere mich gut an beide Veranstaltungen.

Die Zerschlagung des JAK und der jüdischen sowjetischen Kultur war zwar für kurze Zeit gebremst, aber das bedeutete nicht, daß die von der Lubjanka geplanten Aktivitäten aufhörten. Am 20. Januar 1948 wurde der Leiter der Abteilung Fotoinformation des Sowinformbüros, Grigori Sorkin, verhaftet. Ihm wurde Spionage vorgeworfen, als eine seiner wichtigsten «Quellen» galt wiederum das JAK. Hier Aussagen von Sorkin vom Mai 1954: «Als ich vom 24. Januar bis 22. Februar 1948 im Gefängnis von Lefortowo war, wurde ich täglich mit dem Gummiknüppel geschlagen, dabei trafen die Schläge ... den ganzen Körper, aber vor allem die Gesäßbacken, an denen sich blutige Wunden bildeten, deren Abheilung länger als vier Monate dauerte.» Nach sechs Jahren Haft diagnostizierte ein medizinisches Gutachten «sternförmige Narben» als Resultat «traumatischer Verletzung mit einem stumpfen Gegenstand».

Was wollten die Peiniger von Sorkin? Er selbst interessierte sie am allerwenigsten. Er sollte lediglich bestätigen, daß «sich Losowski, Markisch und die anderen Mitarbeiter des JAK an die Amerikaner und Zionisten verkauft hatten». Michoels war bereits umgebracht und sein Leichnam verbrannt – sein Name wird nicht mehr erwähnt. Wenn die Notwendigkeit bestand, die JAK-Leute als Verräter und Spione öffentlich anzuprangern, wäre es einfacher gewesen, Michoels dazuzurechnen. Warum tat man es nicht?

Wie bereits gesagt waren es außenpolitische Gründe, die eine Entscheidung Stalins hinauszögerten und somit die Agonie des JAK verlängerten. Die ungeklärte Situation in Palästina weckte in Moskau den Wunsch und die Hoffnung, Großbritannien als Führungsmacht aus der Region verdrängen zu können. Eine großangelegte antisemitische Kampagne, auch wenn sie ohne Trommelwirbel ablaufen würde, paßte da absolut nicht ins Konzept.

Die offizielle Geburt des Staates Israel fand am 14. Mai 1948 statt. Seine unverzügliche Anerkennung durch die Sowjetunion wurde von Waffenlieferungen begleitet, damit die Israelis die Angriffe der arabischen Nachbarn, die den neugegründeten Staat bekämpften, abwehren konnten. Der Kreml wurde nicht müde zu wiederholen, daß gerade die Sowjetunion der erste Staat war, der Israel diplomatisch anerkannte. Aber weder in der großen Politik noch in der diplomatischen Praxis hat ein derartiger «Sieg» irgendeine Bedeutung. Es war denn auch weniger Sentimentalität als vielmehr nüchterne Berechnung, was die israelischen Staatsführer veranlaßte, die demonstrative Geste Stalins gebührend zu beantworten: Schließlich lebten in der UdSSR einige Millionen potentieller Bürger des neuen Staates. Andererseits wünschten die USA, mit denen die Israelis in engster Verbindung standen, keine Zunahme des Stalinschen Einflusses im Nahen Osten.

Das zweite Ziel der schnellen Anerkennung Israels bestand darin, an die Öffentlichkeit gedrungene Gerüchte über einen veränderten Kurs in der Nationalitätenpolitik gegenüber den Juden zu neutralisieren. Die Gerüchte wurden durch Fakten erhärtet: Für Personen mit unakzeptablen Angaben im Fragebogen wurde es immer schwieriger, Arbeit und Wohnraum zu bekommen. Diesen Gerüchten und den alarmierenden Stimmungen sollte der Boden entzogen werden. Das Alibi schien gesichert.

Am 3. September 1948 kam Golda Meir – in der sowjetischen Presse wurde die Ankunft von Golda Meirson gemeldet – in einer ersten diplomatischen Mission nach Moskau. Sie stattete auch der Moskauer Synagoge einen Besuch ab – man feierte das jüdische Neujahrsfest. Viele Menschen waren gekommen, in der kleinen Straße, in der sich die Synagoge befindet, war kein Durchkommen. Die israelische Botschafterin wurde ausgesprochen herzlich empfangen. Später verwandelte sich diese Neujahrsfeier in einer stillen Moskauer Seitenstraße in eine gigantische Demonstration auf der Gorki-Straße.

Das in jeder Hinsicht unübliche Straßenfest unter Teilnahme einer ausländischen Botschafterin gab Abakumows Dienststelle die Möglichkeit, Stalin zur Annahme der für die Lubjanka notwendigen Grundsatzentscheidung zu drängen. Schließlich saßen die «Verschwörer» doch bereits im Inneren Gefängnis und in Lefortowo ein, alle Materialien waren vorbereitet. Und Stalin traf seine Entscheidung. Der am 21. September 1948 in der «Prawda» veröffentlichte Artikel von Ilja Ehrenburg «Aus Anlaß eines Briefs» kennzeichnete die Wende in der Politik gegenüber Israel. Der Artikel war eine Antwort auf den Brief eines gewissen Alexander R., eines «deutschen Juden aus München». Es steht außer Zweifel, daß dieser Brief erfunden oder, wie man heute sagt, «modelliert» war. So wie es auch keinen Zweifel daran gibt, daß Ehrenburg Stalins direkten Befehl ausgeführt hat. Die Politik der UdSSR gegenüber Israel hatte sich verändert, und davon mußte die Welt in Kenntnis gesetzt werden.

«Ich möchte wissen, wie man in der Sowjetunion zum Staat Israel steht?» fragte jener Alexander R. aus München. «Kann man darin die Lösung der sogenannten jüdischen Frage sehen?» Die dumme Direktheit der Frage und die sowjetische Phraseologie verrieten allzu deutlich, worauf das Ganze hinauslief. Vielleicht hatte sich Ehrenburg absichtlich Mühe gegeben, den Westen wissen zu lassen, daß er einen Wunsch von ganz oben erfüllte.

«Die Sowjetregierung hat als erste den neuen Staat anerkannt», schreibt Ehrenburg, «hat energisch gegen die Aggressoren protestiert, und als Israels Armeen das Land vor den arabischen Legionen, die von englischen Offizieren geführt wurden, verteidigten, waren alle Sympathien der sowjetischen Menschen auf seiten der Beleidigten und nicht auf seiten der Beleidiger.» Stalins Diktion hört man klar heraus, etwa wenn der berühmte Schriftsteller übertrieben von den «Angriffen der englischen Söldner», vom «Eindringen der englisch-arabischen Horden» und vom «anglo-amerikanischen Kapital» schreibt.

Ziel dieses Artikel war natürlich die Antwort auf die zweite Frage. «Die Lösung der ‹jüdischen Frage›», erklärte Ehrenburg seinem anonymen Briefpartner, «hängt vom Sieg des Sozialismus über den Kapitalismus ab. Alle sowjetischen Juden», fuhr er dann fort, «betrachten das Sowjetland als ihre Heimat, und alle sind stolz darauf, Bürger dieses Landes zu sein, wo es keine Ausbeutung des Menschen durch den Menschen mehr gibt... Die Bürger der sozialistischen Gesellschaft betrachten die Menschen eines jeden bürgerlichen Landes, auch die Menschen des Staates Israel, als Weggefährten, die noch nicht aus dem finsteren Wald herausgefunden haben. Einen Bürger der sozialistischen Gesellschaft kann niemals das Schicksal von Menschen reizen, die das Joch der kapitalistischen Ausbeutung schleppen.»

Die schockierend primitiven propagandistischen Klischees hatten nichts gemein mit der glänzenden Schreibweise des Publizisten Ilja Ehrenburg. Herz und Hand befanden sich hier in einem unversöhnlichen Konflikt. Aber Stalin brauchte unter einem solchen Artikel

Ehrenburgs Namen, seinen und keinen anderen! Grauenvolle Pläne reiften heran, und deshalb mußte der Führer aus dem Munde Ehrenburgs daran erinnern, daß kein anderer als Stalin schon 1931 verkündet hatte: «Der Antisemitismus als extreme Form von Rassenchauvinismus ist das gefährlichste Überbleibsel des Kannibalismus.»[8]

Halten wir fest: Der Artikel Ehrenburgs erschien genau drei Wochen nach der Ankunft der ersten israelischen Botschafterin in Moskau. Die Euphorie, die dabei in einigen Kreisen aufkam, mußte unverzüglich unterdrückt werden. Aber das Ereignis selbst war natürlich nicht die Ursache für so jähe Wendungen in der Politik. Fast alle Memoirenschreiber und leider sogar Historiker messen der Begegnung zwischen Golda Meir und Polina Shemtschushina, der Ehefrau Molotows, beinahe schicksalhafte Bedeutung zu. Zu dieser Begegnung kam es bei dem Empfang, den Molotow aus Anlaß des 31. Jahrestages der Oktoberrevolution für das diplomatische Korps gab.

Polina Shemtschushina war nicht einfach nur die Frau Molotows, sondern eine in Partei- und Staatskreisen bekannte Persönlichkeit. Sie war nicht nur die Frau des zweiten Mannes im Staate, sondern hatte ihre eigene Biographie. Sie wirkte als Volkskommissar für Fischindustrie, leitete den berüchtigten «Shirtrust» – in den dreißiger Jahren berühmt als «T Sh», als staatlicher Parfümeriekonzern – und gehörte dem ZK der Partei an. Vor allem aber war sie eine enge Freundin, vielleicht sogar die einzige, von Stalins Frau, Nadeshda Sergejewna Allilujewa. Sie war die letzte, die sie lebend gesehen hatte und zu der Nadeshda Allilujewa wenige Minuten vor ihrem tragischen Ende von ihren Ängsten gesprochen hatte. Allein das machte sie unweigerlich zum Opfer Stalinscher Rachegelüste. Die Shemtschushina wurde mehrfach «kritisiert», das heißt fertiggemacht und von ihren Posten verjagt. Im Februar 1941 wurde sie auf der 18. Parteikonferenz wegen «Fehlern in der Arbeit» aus dem ZK ausgeschlossen. Solange Molotow «der treueste und nächste Mitstreiter des großen Stalin» war, nahm die Sache jedoch keine größeren Dimensionen an.[9]

Der wahre Name des jüdischen Mädchens, das im «Ansiedlungsstreifen» geboren wurde und bis zum 24. Lebensjahr dort lebte, ist Perl Semjonowna Karpowskaja. Perl, die «Perle» (russ. Shemtschushina), wurde ihr Parteiname und später ihr offizieller Familienname. 1918 war sie in die Partei eingetreten, drei Jahre später kam sie als Delegierte der ukrainischen Stadt Saporoshje zu einer internationalen Frauenversammlung nach Moskau. Sie zog sofort in den Kreml zu Wjatscheslaw Molotow, der sich auf den ersten Blick in sie verliebt hatte, und kehrte nicht wieder in ihre Heimatstadt zurück. Molotow bewahrte seine Verliebtheit sein ganzes Leben lang, was ihn jedoch nicht daran hinderte, 1939 zu behaupten, daß sich «wegen der mangelnden Wachsamkeit der Genossin Shemtschushina im ‹T Sh› deutsche Spione eingeschlichen haben». Wegen ihrer «mangelnden Wachsamkeit» bekam Shemtschushina damals ein Parteiverfahren – andere wurden zu dieser Zeit für das gleiche «Vergehen» einfach erschossen –, dann wurde sie in das ZK «gewählt», danach aus dem ZK wieder ausgeschlossen. Die Launen des Führers hinterließen bisweilen die wahnwitzigsten Zickzacklinien in den Biographien seiner Sklaven.

In Golda Meirs Autobiographie ist zu lesen, daß P. Shemtschushina bei dem Empfang auf sie zugetreten sei und gesagt habe, wie sehr sie sich über diese Begegnung freue. Sie versäumte nicht hinzuzufügen, daß sie Jiddisch spreche und gern die Töchter der Botschafterin kennenlernen würde; auch erkundigte sie sich nach den israelischen Kibbuzim. «Wir unterhielten uns ziemlich lange», schreibt Golda Meir. «Zum Abschied sagte Polina Shemtschushina: ‹Wenn bei Ihnen alles gutgehen wird, dann wird es auch allen Juden in der Welt gutgehen.›»

Wer weiß, ob Polina ihren Mann, den Außenminister, um Genehmigung für diese Unterhaltung gebeten und ob sie ihn nachher über den Inhalt des Gesprächs informiert hat? Daß aber jedes Wort ihrer Unterhaltung auf der Stelle den «Organen» hinterbracht wurde, daran gibt es keinen Zweifel. «Nach unserem Gespräch», schreibt Golda Meir abschließend, «wurde Polina Molotowa (Shemtschushina) verhaftet.» Vielleicht war die Information über das Gespräch mit Golda Meir für den Führer der Tropfen, der das Faß zum Überlaufen brachte. Stalin jedenfalls sagte zu seinem Liebling, der damals bereits nicht mehr sein Liebling war: «Du mußt dich von deiner Frau scheiden lassen.» Wie Molotows Vertrauter, der Lyriker Felix Tschujew, bezeugt, reagierte Polina Shemtschushina darauf, wie es die Parteimoral verlangte: «Wenn das für die Partei nötig ist, lassen wir uns scheiden.» Die Scheidung wurde schnell vollzogen, Ende 1948. Und im Februar 1949 wurde Polina Shemtschushina verhaftet.

Vorher fand auf einer Politbürositzung unter Teilnahme des «Parteiaktivs» die erniedrigende Prozedur der «Diskussion der persönlichen Angelegenheit» statt. Unter den Eingeladenen war auch Alexander Fadejew. Der Schriftsteller Mark Kolossow gibt in seinen Erinnerungen einen Bericht von Valerija Gerassimowa, Fadejews erster Frau, wieder: «Die Shemtschushina wurde politisch beschuldigt – feindliche Wühltätigkeit. Hinzu kam grauenvoller Dreck. Das Schema war so: Sie habe angeblich mit ihrem Sekretär (einem jungen Mann) geschlafen, der war ein Agent, Protogé eines kapitalistischen Staates, ich glaube Amerikas.[10] Die Shemtschushina habe die enge Beziehung zu Molotow genutzt, Staatsgeheimnisse ausgekundschaftet und den Feinden unseres Landes übermittelt.»

Das Politbüromitglied Molotow nahm an der Diskussion über die Privatangelegenheit seiner Frau teil, hörte sich diesen ganzen Blödsinn an und – wenn es für die Partei nötig ist! – stimmte mit allen anderen für ihren Ausschluß «aus den Reihen der Partei». Acht Jahre vorher hatte er noch den Mut zur Stimmenthaltung gehabt.

Zu diesem Zeitpunkt war in der Lubjanka bereits ein Szenario entwickelt worden, das zwei sehr wichtigen Bedingungen entsprach. Es berücksichtigte nicht nur den pathologischen Argwohn des Führers, sondern traf auch noch seinen allerwundesten Punkt, den tragischen Tod seiner Frau, die Beziehungen zur Familie Allilujew und zu den ihnen nahestehenden Menschen. Es war ausgesprochen einfach, leicht zu begreifen und zeichnete sich durch eine gewisse innere Logik aus: Um die Geheimnisse des Privatlebens des Genossen Stalin auszukundschaften (weshalb?), wurden über den internationalen Zionismus die jüdischen Frauen angesehener sowjetischer Politiker eingesetzt oder Juden, die aus irgendwelchen Gründen immer noch hohe Posten innehatten. Verhaftet wurde Bronislawa Solomonowna Poskrjobyschewa, die Frau von Stalins engstem Mitarbeiter Alexander Poskrjobyschew. Verhaftet wurde Esfir Chruljowa, mit Mädchennamen Gorelik, die Frau des Armeegenerals Andrej Chruljow, der in den Kriegsjahren Chef sämtlicher militärischer Einrichtungen und der Armeeinheiten des Hinterlandes war. Verhaftet wurde der Generalmajor der Luftwaffe Georgi Uger, Stellvertreter des Vorsitzenden des Komitees für Radartechnik, das von Malenkow geleitet wurde. Verhaftet wurde das korrespondierende Mitglied der Akademie der Wissenschaften der UdSSR, die bekannte Ökonomin Rebekka Lewin. Die Liste könnte man getrost fortsetzen.

Jedem konnte man einen beliebigen Verrat vorwerfen; die beiden letzteren hatten dem Feind natürlich militärische Geheimnisse oder Geheimnisse der sowjetischen Wirtschaft preisgegeben. Aber der Vorwurf lautete immer: mit Hilfe der Zionisten Information der amerikanischen Geheimdienste über das Privatleben des namentlich nicht genannten sowjetischen Staatsoberhaupts. Und alle hatten sie «einen Draht» zu Angehörigen der Familie Allilujew: Die Umstände wollten es, daß General Uger in einer Wohnung mit Jewgenija Allilujewa wohnte. Unter Leitung von Frau Lewina arbeitete am Institut für Ökonomie der Akademie der Wissenschaften der bereits erwähnte Isaak Goldstein, der J. Allilujewa schon seit den zwanziger Jahren aus der gemeinsamen Arbeit in Berlin kannte. Chruljowa hatte sie in der Evakuierung während des Krieges kennengelernt. Und so weiter. Alle schienen unter einer Decke zu stecken. Und die Spur führte über Lidija Schatunowskaja zu Michoels und von ihm zum JAK.

Nur eine «unwürdige» Ehefrau entging dem gemeinsamen Schicksal, obwohl sie – über das JAK – «mit dem Weltzionismus in Verbindung stand». Das war Rosa Peressypkina, die Frau des Marschalls der Verbindungstruppen Iwan Peressypkin. In ihrem Landhaus auf dem Nikolai-Hügel feierten Peressypkins Freunde Perez und Ester Markisch gemeinsam mit berühmten Generälen das Neujahr 1949. Einige Tage zuvor waren der Lyriker Izik Fefer und der Schauspieler Wenjamin Suskin, der nach dem Tode von Michoels künstlerischer Direktor des Jüdischen Theaters wurde, verhaftet worden; Fefer in seiner Wohnung, Suskin im Krankenhaus.

Von Anfang Januar an wurden mehrere Menschen pro Tag festgenommen. Nicht nur in Moskau, auch in Kiew, Odessa, Minsk. Einen Verhaftungskandidaten, den russischen Lyriker Michail Golodny (Epstein), dessen Lieder über den roten Kommandeur Stschors und den Matrosen Shelesnjak damals ungemein populär waren, traf das gleiche Schicksal wie Michoels. Am hellichten Tage wurde er auf einer Moskauer Straße von einem Auto überfahren. Die übrigen kamen im Januar/Februar 1949 in die Lubjanka. Am 26. Januar holten sie den «wichtigsten Mann» ab – Solomon Losowski. Michoels' Name tauchte nun in sämtlichen Protokollen auf: «Volksfeind», «amerikanischer Spion», «Agent des Zionismus».

Am 20. November 1948 gab es endlich den offiziellen und natürlich «streng geheimen» Beschluß des Politbüros über die Einstellung der

Tätigkeit, das heißt die Auflösung des Jüdischen Antifaschistischen Komitees. Zu dieser Zeit war aber nicht einfach ein Beschluß über das Schicksal des Komitees, sondern bereits der Plan zur Stalinschen Lösung der «Judenfrage» insgesamt ausgearbeitet worden. Gleichzeitig mit den Massenverhaftungen setzte eine lautstarke Propagandakampagne gegen den sogenannten «heimatlosen Kosmopolitismus» ein. Das Startzeichen dafür gab ein redaktioneller Artikel der «Prawda» unter der Schlagzeile «Über eine antiparteiliche Gruppierung von Theaterkritikern». Der Artikel wurde am 2. Februar 1949, gleich nach der Verhaftung von Markisch, Bergelson und Kwitko, veröffentlicht. Kein Mensch wird jemals erfahren, weshalb es Stalin in den Kopf kam, gerade bei den Theaterkritikern anzufangen. Wie auch niemand je erfahren wird, warum er am Ende seines Lebens plötzlich als Theoretiker der Sprachwissenschaft auftrat. Auf alle Fälle waren die Theaterkritiker und die Sprachwissenschaftler nur Anlaß zu «Verallgemeinerungen» für weitreichende Schlußfolgerungen mit härtesten Folgen. Die Kritiker eigneten sich deshalb als Zielscheibe, da es unter ihnen tatsächlich viele Menschen bestimmter oder, wie man damals sagte, entsprechender Nationalität gab. Wenn ein Kritiker unter Pseudonym schrieb, wurde sein tatsächlicher Name in Klammern mitgeteilt, damit auch bei niemandem ein Fünkchen Zweifel bliebe, von wem und wovon die Rede war.

Das war eine gründlich erwogene und gut organisierte psychologische Beeinflussung der Bevölkerung vor dem anbrechenden Kataklysmus, den der wahnsinnige Diktator anstrebte. Nicht allein mit Eifer, sondern mit größtem Vergnügen setzten unbegabte Dummköpfe diese Aufgabe in die Tat um. Sie freuten sich über die Möglichkeit, mit ihren «Verfolgern» abzurechnen, und waren wie betrunken angesichts der sich eröffnenden Perspektive.

Losowski, Markisch, Fefer und andere waren noch in Untersuchungshaft und warteten auf ihren Prozeß, als bereits Dutzende wegen ihrer «Verbindungen zu den Verrätern, Spionen und Betrügern» – Formulierung aus den Dokumenten – in Lager oder direkt ins Jenseits geschickt worden waren. Einige Beispiele: Naum Lewin, Chefredakteur des JAK, wurde am 22. November 1950 zum Tod durch Erschießen verurteilt als «eines der aktivsten Mitglieder des jüdischen nationalistischen Untergrunds in der UdSSR... Gemeinsam mit den Feinden der Sowjetmacht Michoels, Fefer und anderen Komplizen betrieb er unter dem Deckmantel des JAK Spionage und nationalistische Tätigkeit gegen den Sowjetstaat.» Der am 18. Januar 1949 verhaftete Schriftsteller Samuil Perssow wurde am 23. November 1950 erschossen (einen Tag nach der Urteilsverkündung) «wegen Verbindung zu Losowski, Michoels und Fefer». Mit der gleichen Begründung bekam der Lyriker und Dramatiker Samuil Galkin am 25. Januar 1950 vom Sonderkonzil «nur» ganze zehn Jahre. Ein anderer Schriftsteller, Samuil Gordon, der sich in der naiven Hoffnung, dem Sturm entgehen zu können, als Buchhalter im Stalin-Park für Kultur und Erholung in Ismailowa versteckte, erhielt am 21. Juli 1951 wegen «Übermittlung von Spionageinformationen» als Geschenk des Sonderkonzils 15 Jahre Lager. Am selben Tag wie N. Lewin und S. Perssow wurde die Journalistin Mariam Eisenstadt (Shelesnowa) wegen «verbrecherischer Verbindung zu Fefer, Kwitko und Galkin» zum Tod durch Erschießen verurteilt. Und zwei Tage später wurde der stellvertretende Leiter der Abteilung für Auszeichnungen und Beförderungen des Ministeriums der Streitkräfte der UdSSR, Aron Tokar, «wegen Verbindung zu M. S. Eisenstadt (Shelesnowa) und über sie zu den Volksfeinden Fefer und Kwitko» mit fünfundzwanzig Jahren Lagerhaft bestraft. Der Prozeß gegen ihn und andere, die als Volksfeinde bezeichnet wurden, fand allerdings erst zwei Jahre später statt: Wer hielt sich damals schon mit solchen juristischen «Formalitäten» auf? Nach Aussage von Lidija Schatunowskaja hat Oberst Wladimir Komarow ihr beim Verhör direkt gesagt: «Sie sind doch eine kluge Frau, aber die Politik unserer Organe verstehen Sie nicht. Sie sagen, Sie sind nur Untersuchungshäftling und noch nicht verurteilt. Begreifen Sie, für uns existiert so ein Unterschied nicht. Alle sind schuldig.» 20 Jahre bekamen L. Schatunowskaja und ihr Mann L. Tumerman. Zu zehn und fünf Jahren wurden Jewgenija und Anna Allilujewa verurteilt.[11] Am Ende wuchs sich die «Untersuchung des Falles JAK» zu ungeheuren Ausmaßen aus. Die «Akte JAK» (Archiv des KGB der UdSSR, Nr. OS-101487) besteht aus 42 Bänden der Voruntersuchung, 9 Bänden Gerichtsprotokollen und 3 Bänden Zusatzüberprüfung. Als formaler Beginn gilt die Verhaftung des Mitarbeiters des Komitees Sachar Grinberg am 28. Dezember 1947, dessen Name von I. Goldstein nach bestialischen Folterungen genannt wurde. Grinberg selber wurde nicht gefoltert, sondern durch falsche Versprechungen geködert. Komarows Komplize, Oberst Lichatschow, stellte ihm seine unverzügliche Freilassung in Aussicht, wenn er die notwendigen Aussagen mache. Lichatschow bekam diese Aussagen bald, dachte aber natürlich nicht daran, sein Versprechen einzulösen. Die «Untersuchungsrichter» stellten schlicht und einfach die Begegnungen mit Grinberg ein. Grinberg appellierte an Lichatschow flehentlich: «Vor vier Monaten», schrieb er am 19. April 1949, «haben Sie mir offiziell erklärt, daß mein Verfahren eingestellt ist und daß ich bald freikommen muß, aber leider ist es nicht so gekommen. Sechzehn Monate bin ich in Haft, und meine Kräfte lassen immer mehr nach.» Am 22. Dezember 1949 verstarb Grinberg an einem Infarkt im Inneren Gefängnis, ohne die versprochene Freilassung oder einen Urteilsspruch erhalten zu haben.

Noch ein weiterer Häftling verstarb, bevor er verurteilt wurde: der bekannte Literaturwissenschaftler Professor Isaak Nussinow, dem verbrecherische Verbindungen zu den noch nicht verurteilten «Spionen» nachgesagt worden waren. Vier Jahre vorher hatte einer der Chefs des Schriftstellerverbandes der UdSSR, der Lyriker Nikolai Tichonow, ihn in der Zeitung einen «Landstreicher ohne Ausweis» genannt, nur weil Nussinow sich erkühnt hatte, in einem Buch über Puschkin zu behaupten, daß «das russische Nationalgenie angeblich Vorläufer im Westen hatte». Am 31. Oktober 1950 konstatierten die Gefängnisärzte bei Nussinow «Herzstillstand». Die Archivmaterialien enthalten mit dem Vermerk «Streng geheim» eine Bescheinigung über die Resultate der Obduktion. Erstaunlich ist, daß so etwas überhaupt stattfand, weil das unweigerlich die wahren Todesursachen ans Licht brachte. So auch im Fall I. M. Nussinow: «Er starb an einer Geschwulst der festen Hirnrinde» (Archiv der Obersten Militärstaatsanwaltschaft. NP Nr. 62556 – 48. Band 5, Seite 150). Man muß kein Spezialist sein, um zu begreifen, daß der Professor mit dem Stock auf den Kopf geschlagen wurde.

Bislang haben wir den Fall des JAK oder, genauer, die einzelnen Fälle der Leiter, Mitglieder und Mitarbeiter sowie all derer, die in das Blickfeld der allgegenwärtigen Lubjanka gerieten, jeweils für sich betrachtet, ohne Bezug auf das, was sich im Kreml in dieser Zeit abspielte. Aus der Sicht der betroffenen Opfer ist das nur natürlich. Aber der Führer dachte selbstverständlich weiter und tiefer: All diese für ihn wahrscheinlich winzigen Fälle betrachtete er im Kontext eines gewaltigen Gesamtplans, der allmählich in seinem kranken Hirn heranreifte.

Die Rolle Polina Shemtschushinas im geplanten zweiten Akt der Shoa, wenn man den faschistischen Genozid als ersten Akt betrachtet, übertraf alles. Der Fall Molotow-Shemtschushina interessierte Stalin besonders, über den Verlauf der Ermittlungen wurde er fast täglich informiert. Mit allen Mitteln versuchte man Verbindungen der beiden mit Michoels und dem JAK nachzuweisen. Als ein «Indiz» diente ein bei der Shemtschushina gefundener Brief von Michoels vom 18. April 1945 mit der Bitte, dem schwerkranken Theaterkritiker Abram Gurwitsch zu helfen. Inwiefern konnte ein solcher Brief die Shemtschushina belasten? Die Lubjanka hatte die Antwort parat: Michoels wollte einem jüdischen Kritiker helfen, wo doch auch so viele russische Kritiker an verschiedenen Krankheiten litten. Um deren Gesundheit sorgte er sich nicht. Warum? Weil Michoels und Shemtschushina «die Kader der zionistischen Verschwörung hüten» wollten.

Polina Shemtschushina wurden noch weitere wahnwitzige Verbrechen angelastet: Am 14. März 1945 war sie beim Pesach-Gottesdienst in der Synagoge gewesen;[12] sie hatte sich voller Begeisterung Michoels' «Frejlechs»-Inszenierung im Jüdischen Theater angesehen; Michoels hatte von ihr gesagt: «Sie ist eine gute jüdische Tochter.» Diese Aussagen machten der verhaftete Untersuchungsrichter Lew Scheinin und der Lyriker Izik Fefer, der bei der Denunziation seiner Leidensgefährten besonderen Eifer zeigte.

Das Ganze bewegte sich eindeutig auf einen neuen großen politischen Prozeß zu, bei dem der in Ungnade gefallene Molotow einen besonderen Platz einnehmen sollte. Die an sich harmlose Tatsache, daß man Molotow während seines offiziellen Besuchs in den USA auf der Fahrt von New York nach Washington einen eigenen Eisenbahnwagen zur Verfügung gestellt hatte, löste bei Stalin offensichtlich eine krankhafte Reaktion aus und steigerte seinen Verdacht gegen den Außenminister nur noch mehr. Mit Sonderchiffre fragte er bei UNO-Botschafter Wyschinski nach, ob dies tatsächlich der Wahrheit entspreche. Auf der Anklagebank sollten neben Molotow auch noch Mikojan, Woroschilow und wohl ein weiteres Führungsmitglied sitzen; der von der Leitung des MGB entbundene Berija fühlte sich damals ausgesprochen unsicher.

Nach meinen Berechnungen haben an der Untersuchung des Falles JAK direkt und unmittelbar mindestens 38 bis 40 Beamte teilgenommen. Die Untersuchungsbrigade wurde von dem Assistenten des Leiters der Untersuchungsabteilung für besonders wichtige Fälle, Oberstleutnant der Staatssicherheit Pawel Grischajew, geleitet. Er war der Jüngste in dieser wackeren Truppe – gerade erst dreißig Jahre alt. Er machte eine Karriere, für die andere Jahre brauchten, mit einem Sprung. An eine Arbeit in den «Organen» dachte er ursprünglich nicht; er studierte an einer Technischen Hochschule. Als Berijas Aufruf zum Eintritt in den KGB erschien, meldete sich Grischajew. Die Reihen der Tschekisten hatten sich gelichtet, es wurden neue Kader gebraucht.

So gelangte der blauäugige Student zunächst als Wachposten an das Borowizker Tor des Kreml. Mehrfach, wenn er zur Kontrolle den Wagenschlag öffnete, sah er den Führer und seine treuen Mitstreiter persönlich. Auf diesem Posten (das hat er mir selbst erzählt) stand er auch in der traurig-berühmten «panischen Woche» zwischen dem 15. und 22. Oktober 1941, als die vordersten Truppen der Wehrmacht den Moskauer Stadtrand bereits durchs Fernglas betrachten konnten. Er sah die Schlangen von Menschen, die mit ihrer Habe zu den Bahnhöfen zogen, in der Hoffnung, sich noch in die Richtung Osten fahrenden Züge zwängen zu können. Dann bekam er ein Maschinengewehr auf dem Borowizker Turm, denn der Kreml machte sich zur Verteidigung bereit.

«Als in Moskau der Belagerungszustand aufgehoben wurde», fuhr P. I. Grischajew fort, «schickte man mich sofort an die Front. Zu diesem Zeitpunkt hatte ich bereits das Juristische Allunionsinstitut für Fernstudium abgeschlossen. Nach der Evakuierung des Instituts blieb noch eine Studentengruppe übrig, so habe ich mein Staatsexamen abgelegt. Was ich an der Front gemacht habe? Vor allem habe ich Gefangene verhört. Schließlich beherrsche ich vier Sprachen – Deutsch, Englisch, Französisch, Spanisch... So war mein Leben.»

Mit 27 Jahren kommt der diplomierte Jurist mit Kenntnissen in vier Sprachen, ein junger Bursche aus einem Dorf im fernen Mordowien, in die Untersuchungsgruppe der sowjetischen Anklagevertretung beim Internationalen Militärgerichtshof in Nürnberg. Er verhört den Großadmiral Erich Raeder [13] und den in Nürnberg freigesprochenen Goebbels-Mitarbeiter Hans Fritzsche. Er ging, wie er mir sagte, «Arm in Arm» mit Wyschinski spazieren, als der zu einem Inspektionsbesuch nach Nürnberg kam. Und dann, gleichsam über Nacht, wurde er einer der engsten Mitarbeiter des allmächtigen stellvertretenden Ministers – und nebenbei noch Aspirant an seinem früheren Institut. Man erzählt, daß er sich dazu verstieg, während mehrstündiger Verhöre wissenschaftliche Bücher zu begutachten und sogar Referate zu schreiben.

Nach Stalins Tod, als er bereits enttarnt war, wechselte er wohlbehalten aus den Kellern der Lubjanka zur wissenschaftlichen Lehrtätigkeit über. Er wurde Professor des Instituts, an dem er selber einmal studiert hatte, und erhielt den unter Juristen höchst seltenen Ehrentitel eines verdienten Wissenschaftlers. Er schrieb zahlreiche Bücher, wobei einem ein Titel fast Tränen der Rührung in die Augen treiben könnte – «Repressionen in den Ländern des Kapitals». Und wieviel Blut klebte an seinen Händen?

Bis zu diesem Zeitpunkt, als ich in der «Literaturnaja gaseta» seine Identität aufgedeckt habe, lehrte er die Studenten Recht und hatte den Ruf eines achtbaren Wissenschaftlers. Alle meine Versuche, ihm auch nur eine Äußerung über die Geheimnisse der Untersuchung im Falle des JAK oder bei anderen Fällen zu entlocken, waren vergeblich. «Ich erinnere mich an nichts» – lautete seine stereotype Antwort.

Was war es nun, was die Abrechnung mit dem Jüdischen Antifaschistischen Komitee ins Stocken brachte? Weshalb verzögerte sich der für Mitte 1950 geplante Prozeß um vierundzwanzig Monate, und weshalb wurde das Ganze dann nicht mehr so groß aufgezogen? Es gab viele Gründe. Ich will drei herausnehmen.

Die Aufmerksamkeit der Lubjanka und vor allem die Aufmerksamkeit Stalins wurde von einem den Führer und Lehrer weitaus mehr beunruhigenden Fall, dem sogenannten «Leningrader Fall», in Anspruch genommen. Im Sommer 1949 wurden Jakow Kapustin, Alexej Kusnezow, Pjotr Lasutin, Pjotr Popkow, Michail Rodinonow, Nikolai Solowjow, Nikolai Wosnessenski und andere hohe Parteifunktionäre festgenommen.[14] Die von Abakumow erfundene «Kremlverschwörung» fesselte die Aufmerksamkeit des Führers natürlich viel stärker als die Umtriebe irgendwelcher Zionisten, die ihren Blick auf die Krim richteten. Mit den Allilujews rechnete man einzeln ab, aber die Angelegenheit des unglückseligen JAK wurde ein weiteres Mal aufgeschoben. Die meisten Namen der Untersuchungsrichter im Falle JAK finden wir auch in den Protokollen des «Leningrader Falls». Dies war im Moment die wichtigere Aufgabe.

Nachdem im September und Oktober 1950 zwei große Hauptprozesse zum Leningrader Fall stattgefunden hatten, konnte man zur Angelegenheit des JAK zurückkehren. In diesem Moment wurde jedoch eine skandalöse Intrige in den obersten Etagen der Lubjanka selbst aufgedeckt, die nicht nur erneut die Aufmerksamkeit des Führers ablenkte, sondern auch eine dringende Änderung des Szenarios notwendig machte.

Auf Grund von Berichten informeller Mitarbeiter war der «aktive jüdische Nationalist» und Professor des 2. Moskauer Medizinischen Instituts Jakow Etinger ins Blickfeld der Lubjanka geraten. Da er nicht direkt mit dem JAK in Verbindung stand, meldeten die Denunzianten lediglich «antisowjetische Gespräche», noch dazu in engem Kreis, und die Verhaftung wurde deshalb nicht sofort vorgenommen. Erst im November 1950 holten sie den Professor. Abakumow verhörte ihn selbst, fand aber keine Möglichkeit, den Fall aufzublähen. Etinger hatte in Berlin Medizin studiert. Deshalb versuchten die Untersuchungsrichter, einen deutschen Spion aus ihm zu machen. In der Regel konnten sie in der Lubjanka bekanntlich alles erfinden und beweisen, was sie nur wollten. Aber Etinger blieb starrköpfig, und Abakumow sah keine «Perspektive». Traditionsgemäß wurden Widerspenstige zur «Bearbeitung» ins Gefängnis von Lefortowo überstellt, so auch Etinger. Er starb bald darauf in Lefortowo an akuter Herzschwäche, einfacher ausgedrückt, er wurde von den Folterknechten umgebracht.

Diese vom Standpunkt der Lubjanka alltägliche Geschichte wurde von einem dem Rang nach mittleren Tschekisten, dem Oberuntersuchungsrichter für besonders wichtige Fälle Michail Rjumin, geschickt ausgenutzt. Er ließ sich auf ein scheinbar unglaubliches Abenteuer ein. In einem persönlichen Brief an Stalin denunzierte er seinen allmächtigen Minister. Er behauptete, Abakumow übe Nachsicht gegenüber Terroristen, die die Absicht hätten, den «teuren» Iossif Wissarionowitsch und seine nächsten Kampfgefährten zu ermorden. Aus dieser Nachsicht erkläre sich auch der plötzliche Tod von Professor Etinger. Etinger habe zuviel über bereits vollzogene und geplante Morde gewußt und sei von Abakumow faktisch liquidiert worden, um Enthüllungen zu verhindern.

Ungeklärt ist bis heute die Frage, ob diese Denunziation tatsächlich das Werk eines «wahnsinnigen» Einzelgängers war, der nach dem Grundsatz alles oder nichts handelte, oder ob hinter Rjumin Kräfte standen, die ihn geschickt dirigierten und mit dem maßlosen Ehrgeiz dieses Karrieristen ihr Spiel trieben. Zu diesem Zeitpunkt war im Kreml der verzweifelte Machtkampf unter den engsten Kampfgefährten Stalins bereits in vollem Gang. Berija, der Abakumow unbändig haßte, hatte schon 1946 die Kontrolle über den MGB verloren. Die Notwendigkeit, diese Schlüsselposition zurückzuerobern, trieb ihn zu eiligen und entschiedenen Schritten. Die Gruppe Berija und Malenkow griff die ehemaligen Shdanow-Leute, zu denen auch Abakumow gehörte, wütend an.

Am Ende war Abakumow, der den Fall angekurbelt hatte, plötzlich selbst Häftling und Staatsverbrecher. Aus ungeklärten Gründen war Rjumins Brief trotz aller Hindernisse bis zu Stalin gelangt, was mehr als merkwürdig ist. Wenn dieser Brief nicht von jemandem, der direkten Zugang zum «Herrn» hatte, unmittelbar übergeben wurde, mußte er über den Tisch von Stalins persönlichem Sekretär Alexander Poskrjobyschew gehen, der selbst Tschekist war. Das würde bedeuten, daß Poskrjobyschew ihn Berija in die Hand gespielt hat, obwohl er den Wunsch Stalins kannte, Berija von den Lubjanka fernzuhalten. Nach Abakumows Verhaftung wurden auch seine Stellvertreter Nikolai Seliwanowski und Jewgeni Pitowranow festgenommen. Das gleiche Schicksal traf die Drahtzieher des JAK-Falles Leonow, Komarow und Schwarzman.

Es liegt auf der Hand, daß der von den Inhaftierten geplante Fall des JAK nunmehr modifiziert werden mußte. Rjumin, der – wenn auch nur für kurze Zeit – einen blitzartigen und traumhaften Sprung in seiner Karriere machte, wurde der uneingeschränkte Chef der Untersuchung. Zum General befördert, leitete er die Untersuchungsabteilung für besonders wichtige Fälle und nahm wenig später den Sessel des stellvertretenden Ministers für Staatssicherheit ein. Von nun an trägt der Fall die Spuren seiner persönlichen und sehr kreativen Mitwirkung.[15]

Der Machtkampf in der Lubjanka war der zweite Grund, durch den die Angelegenheit des JAK ins Stocken geriet. Die dritte und wahrscheinlich wichtigste Ursache der Verzögerung hängt damit zusammen. Weder die Geschichte mit der Krim noch der Vorwurf der Übermittlung von Geheimpapieren an unbekannte Amerikaner noch die «verräterische» Sammlung von Informationen über das Privatleben des Führers hätten als Anklagepunkt ausgereicht, die Massen zu beeindrucken. Um den Volkszorn auszulösen, der als Basis für die «Endlösung der Judenfrage» gebraucht wurde, mußte man sich schon etwas mehr einfallen lassen, eine simple und doch einwandfrei funktionierende Legende, die die Patrioten schockieren und zu Aktionen herausfordern mußte. Diese Legende fand Rjumin: Sie hieß Mörder in weißen Kitteln und wurde *sein* Kind. Rjumins Traum war ein öffentlicher Prozeß, kein geheimer hinter verschlossenen Türen. Der JAK-Prozeß sollte dabei nur den Prolog abgeben.

Dem Gericht wurden fünfzehn Angeklagte überstellt. An der Spitze der Liste stand Solomon Losowski. Ihm folgten die Schriftsteller Izik Fefer, Lew Kwitko, Perez Markisch, David Bergelson und David Hofstein. Dann kamen das Akademiemitglied Lina Stern, der Historiker Iossif Jusefowitsch, der Journalist Leon Talmi und schließlich die Mitarbeiter des JAK – Redakteure und Übersetzer – Ilja Watenberg, Tschaika Watenberg-Ostrowskaja und Emilija Teumin. Der fünfzehnte Angeklagte, der stellvertretende Minister für Staatskontrolle der RSFSR, Solomon Bregman, erkrankte vor Prozeßbeginn schwer und starb bald darauf eines natürlichen Todes – wenn man den Tod im Kerker nach Folter und Erniedrigung als natürlich bezeichnen kann.

Den Prozeß führte das Militärkollegium des Obersten Gerichts der UdSSR unter Vorsitz von Generalleutnant der Justiz Tschepzow. An seiner Seite saßen die Militärrichter und Generalmajore der Justiz Dmitrijew und Sarjanow. Es gab keinen Staatsanwalt und keine Verteidiger, das berüchtigte Stalinsche Gesetz vom 1. Dezember 1934 war immer noch gültig. Die Sitzungen fanden in der Hauptsache direkt in der Lubjanka statt, im Tschekisten-Klub «Dzierzynski», in Anwesenheit der Untersuchungsrichter und anderer Mitarbeiter der Organe. Der Prozeß dauerte vom 8. Mai bis zum 18. Juli 1952, obwohl aus völlig unverständlichen Gründen im Urteil steht, daß er nur eine Woche ging, vom 11. bis zum 18. Juli.

Im folgenden möchte ich den vollständigen Text des Briefes von General Tschepzow an den Verteidigungsminister der UdSSR, Marschall Shukow, vom 15. August 1957 wiedergeben, in dem die Ergebnisse der Überprüfung zusammengefaßt werden. Der Text wird hier zum ersten Mal veröffentlicht (Archiv des Obersten Gerichts der UdSSR, Nr. 0065/52).

«AN DAS MITGLIED
DES PRÄSIDIUMS DES ZK DER KPdSU

GENOSSEN G. K. SHUKOW

Entsprechend Ihrem Vorschlag teile ich Ihnen die Umstände der Untersuchung und des Gerichtsverfahrens im Falle der Anklage von S. A. LOSOWSKI und anderer mit.

Zu Beginn möchte ich anmerken, daß ich im Zusammenhang mit der beschränkten Zeit, die mir zur Verfügung stand, die Fakten nicht vollständig beleuchten konnte, aber alles wahrheitsgemäß und objektiv darlegen werde.

Ende März 1952 oder Anfang April rief mich der ehemalige Minister des MGB der UdSSR, Gen. S. D. Ignatjew, zu sich und teilte mir in Anwesenheit seines ehemaligen Stellvertreters Rjumin (der 1954 wegen Fälschung von Straffällen verurteilt wurde) mit, daß er und Rjumin über den Fall LOSOWSKI und andere dem Politbüro des ZK der KPdSU Meldung gemacht hätten; vom Politbüro sei der Beschluß gefaßt worden, LOSOWSKI und andere wegen antisowjetischer Tätigkeit dem Gericht zu übergeben, und vorgeschlagen worden, die Angeklagten LOSOWSKI, FEFER, JUSEFOWITSCH, SCHIMELIOWITSCH, KWITKO, HOFSTEIN, MARKISCH, BERGELSON, I. WATENBERG, WATENBERG-OSTROWSKAJA, SUSKIN, TALMI und TEUMIN zum Tod durch Erschießen zu verurteilen, die Angeklagte Lina Stern zu 3 Jahren Verbannung in entlegene Gegenden der UdSSR.

Es muß darauf hingewiesen werden, daß, wie heute bekannt ist, 1935 festgelegt worden war, daß die wichtigsten politischen Verbrechen von den Leitern des NKWD der UdSSR und später des MGB Genossen Stalin oder dem Politbüro gemeldet werden mußten, wo im voraus die Frage der Schuld und der Bestrafung der Inhaftierten entschieden wurde. Die Mitarbeiter des Gerichts, die solche Fälle zu untersuchen hatten, wurden vor der Entscheidung der direktiven Organe nicht mit den Prozeßmaterialien vertraut gemacht und wurden zur Diskussion dieser Fälle auch nicht in das ZK eingeladen.

Bei einer solchen Prozedur hat das Militärkollegium häufig Urteile verhängt, die nicht den bei Gericht erhaltenen Materialien entsprachen. Über ihre Zweifel hinsichtlich der Fälle informierten die Richter das ZK nicht, entweder aus Angst oder ausgehend von dem Vertrauen in die Unfehlbarkeit der Entscheidung des Genossen Stalin, obwohl die Richter bei einer Reihe von Fällen sehen konnten, daß die Dinge in den direktiven Organen nicht objektiv dargelegt wurden.

Ich muß hier jedoch vermerken, daß ich während meiner Arbeit als Vorsitzender des Militärkollegiums von Anfang 1949 bis 1956 in einer Reihe von Fällen, die Gegenstand eines Gerichtsverfahrens in den direktiven Organen waren, bei Nichteinverständnis mit der Vorentscheidung das ZK stets über meinen Standpunkt informiert habe. So auch im Fall LOSOWSKI, worüber ich weiter unten sprechen werde.

Auf Anweisung der Leitung des Obersten Gerichts der UdSSR wurde dieser Fall in einem Gerichtsverfahren unter meiner Leitung mit zwei anderen Mitgliedern des Gerichts über einen langen Zeitraum hinweg behandelt, vom 8. Mai bis zum 18. Juli 1952, d. h. länger als zwei Monate; uns, den Richtern, kamen im Verlauf des Gerichtsprozesses viele Zweifel an der Glaubwürdigkeit der gegenüber LOSOWSKI und den anderen vorgebrachten Anschuldigungen.

Ich muß darauf hinweisen, daß das Oberste Gericht der UdSSR zu diesem Zeitpunkt keinen gesonderten Raum hatte, wo man Gerichtsprozesse durchführen konnte, und wir gezwungen waren, den Fall im Klubraum des MGB der UdSSR zu behandeln, wo, wie sich später herausstellte, der ehemalige stellvertretende Minister des MGB der UdSSR, Rjumin, nicht nur nicht half, den Fall objektiv zu klären, sondern auch behinderte und mir mehrfach wegen meines Wunsches, den Fall gründlich zu klären, drohte.

Nach gründlichem Studium der Materialien der Untersuchung vor der Sitzung konstatierte ich folgende Vorgeschichte. Im Jahre 1946 wurde von den Mitarbeitern des Apparats des ZK der KPdSU eine Überprüfung der Tätigkeit des Jüdischen Antifaschistischen Komitees (JAK) durchgeführt. In der Aktennotiz, die als Ergebnis der Überprüfung formuliert wurde, wurde recht ausführlich unter Hinzuziehung vielfältiger Fakten behauptet, daß die Tätigkeit dieses Komitees ausgesprochen nationalistischen Charakter hat und es die Grenzen seiner Kompetenz (Propaganda des Kampfes gegen den Faschismus, Propaganda unserer wirtschaftlichen und kulturellen Leistungen) weit überschritten hat, im Ergebnis war es sozusagen ein Anziehungszentrum für jüdische Nationalisten geworden. In der Aktennotiz wurde lediglich die Schlußfolgerung gezogen, das JAK aufzulösen. 1947 wurde diese Aktennotiz vom ehemaligen Sekretär des ZK der KPdSU,

General Kusnezow, zur Überprüfung an den ehemaligen Minister des MGB der UdSSR Abakumow (verurteilt) geschickt.

1947 wurde Losowski wegen Nationalismus und Dienstmißbrauch von seiner Tätigkeit im Sowinformbüro entbunden, später wurde er auf Beschluß des ZK der KPdSU aus der Partei ausgeschlossen.

1947 wurden von Abakumow Goldstein und Grinberg verhaftet, die bei mehrfachen Verhören im MGB der UdSSR aussagten, daß in der UdSSR eine antisowjetische, nationalistische und spionagemäßige Tätigkeit unter Führung der Mitglieder des Präsidiums des JAK betrieben wird. Im September 1948 wurde das Mitglied des Präsidiums des JAK HOFSTEIN und im Dezember 1948 der verantwortliche Sekretär des JAK FEFER verhaftet, die bei den ersten Verhören ausführliche Aussagen über die antisowjetische Tätigkeit der Mitglieder des Präsidiums des JAK machten; diese wurde unter Anleitung von LOSOWSKI durchgeführt, der bis 1946 die Arbeit des Komitees geleitet hatte.

Im Januar 1949 wurden von Abakumow LOSOWSKI und andere Personen verhaftet, die in diesem Prozeß verurteilt wurden.

Alle Häftlinge, darunter auch LOSOWSKI, gaben bei den Verhören nationalistische Tätigkeit und Spionage für die USA zu und gestanden, daß das JAK angeblich ein illegales Zentrum für nationalistische Tätigkeit und Spionage war. Am Ende der Voruntersuchung widerriefen vier Inhaftierte – BREGMAN, SCHIMELIOWITSCH, STERN und MARKISCH – und stritten ihre Schuld ab. Dieser Umstand wurde von Rjumin vor den direktiven Organen verheimlicht.

An der Untersuchung dieses Falls nahmen neben Abakumow und Rjumin, der die Prüfung des Falls zu Ende führte und das ZK darüber informierte, 34 Untersuchungsrichter teil (teilweise verurteilt). Einige Militärstaatsanwälte, die an den Verhören der Inhaftierten teilnahmen, beobachteten die Untersuchung.

Vor Beginn des Prozesses wurde uns, den Richtern, durch Rjumin und die Staatsanwälte mitgeteilt, daß alle Häftlinge einen längeren Zeitraum (etwa 6 Monate) im Gefängnis gesessen hätten, das unter Aufsicht des ehemaligen Vorsitzenden der Parteikontrollkommission Schkirjatow stand, der ebenfalls die gegen die Inhaftierten erhobene Anschuldigung durch persönliche Verhöre überprüft hat (in der Akte gibt es solche Protokolle von Verhören Losowskis und anderer). Anzumerken ist, daß Losowski bei den Verhören Schkirjatows eindeutige Aussagen über seine antisowjetische Tätigkeit und die anderer machte.

All das: die durch die Überprüfung einer Funktionärsgruppe des Apparats des ZK festgestellte nationalistische Tätigkeit des JAK, das Schuldgeständnis fast aller Inhaftierten bei der Untersuchung, die Aussagen zahlreicher Zeugen der Anklage, die Teilnahme der Militärstaatsanwälte bei der Untersuchung, die Überprüfung des Falles durch den ehemaligen Vorsitzenden der PKK Schkirjatow, dem wir früher glaubten, schließlich die bereits oben erwähnte Entscheidung des Politbüros des ZK der KPdSU, erzeugte bei dem Gerichtsprozeß den Eindruck, daß der Fall objektiv untersucht worden sei und die Anklage allen Inhaftierten gegenüber rechtsmäßig vorgebracht werde.

Hinzufügen muß man, daß damals bekanntermaßen auch eine negative öffentliche Meinung gegenüber den Inhaftierten dieses Falles erzeugt worden war.

Zur objektiven Untermauerung der Anklage hatte Rjumin ein literarisches Gutachten anfertigen lassen, das zu dem Schluß kam, daß die Angeklagten in ihren literarischen Arbeiten nationalistische Tätigkeit betrieben; andere Experten bestätigten, daß durch die Angeklagten viele Artikel, die Informationen enthielten, die Staatsgeheimnisse waren, in die USA geschickt worden waren. Die Experten waren Mitglieder der KPdSU und gleichzeitig Spezialisten auf ihrem Gebiet.

Um die Anklage überzeugender zu machen, waren von Abakumow und Rjumin Angeklagte ausgesucht worden, die sich in der Vergangenheit vor der Sowjetmacht in Verruf gebracht hatten. So waren die Angeklagten KWITKO, HOFSTEIN, MARKISCH, TALMI, BERGELSON (Schriftsteller) nach der Oktoberrevolution nach Deutschland, USA, Palästina geflohen, von wo aus einige erst 1930 zurückkehrten; die Angeklagten I. WATENBERG (in der Vergangenheit einer der großen Führer der Poale Zion Partei in Österreich und den USA) und seine Frau T. WATENBERG waren 1938 aus den USA in die UdSSR gekommen. Die anderen Angeklagten waren in der Vergangenheit Mitglieder uns fremder Parteien und hatten enge verwandtschaftliche Verbindungen zum Ausland.

Als Beweis für LOSOWSKIS Schuld wurde auch angeführt, daß er zweimal, 1914 und 1917, auf Drängen des Genossen Lenin wegen antiparteilicher Tätigkeit aus der Partei ausgeschlossen worden war und daß er 1918 und 1919 Organisator und Führer der Partei der sozialdemokratischen Internationalisten war.

Diese biographischen Angaben aller Angeklagten bestätigten sich vor Gericht und entsprachen der Realität, aber sie konnten für sich genommen nicht als Beweis ihrer Schuld dienen; der Verdacht einer antisowjetischen Tätigkeit während ihrer Arbeit im JAK von 1942 bis 1946 ließ sich objektiv nicht bestätigen.

Gleich in den ersten Prozeßtagen kamen beim Gerichtskollegium Zweifel auf hinsichtlich der Vollständigkeit und Objektivität bei der Untersuchung des Falles.

Vor Beginn der gerichtlichen Untersuchung reichte eine Reihe von Verurteilten Gesuche ein, Dokumente, die ihre Unschuld beweisen sollten, hinzuzuziehen, was bei der Untersuchung des Falles abgelehnt worden war.

Auf die erste Frage des Gerichts, ob sie sich schuldig bekennen, stritten 5 von 15 Angeklagten ihre Schuld vollständig ab und verwiesen darauf, daß ihre Aussagen bei der Untersuchung falsch und unter Zwang gegeben worden waren, unter physischer Einwirkung seitens der Untersuchungsrichter. Die übrigen Angeklagten gaben ihre Schuld entweder ganz oder teilweise zu.

Während alle Angeklagten Spuren von Nationalismus in ihren literarischen Arbeiten und in der Tätigkeit des JAK eingestanden, überführte der Angeklagte FEFER hartnäckig im Verlauf vieler Tage alle Angeklagten der antisowjetischen Tätigkeit, darunter auch LOSOWSKI als Organisator und Leiter dieser kriminellen Organisation. Aber im Kreuzverhör machte FEFER verworrene Aussagen, die kein Vertrauen weckten.

Nach langer und gründlicher Untersuchung der Prozeßmaterialien beschloß ich, um die objektive Wahrheit in Erfahrung zu bringen, einzelne geschlossene Verhöre der Angeklagten, Zeugen und Experten außerhalb der Mauern des MGB der UdSSR, in einem Zimmer des Militärkollegiums, zu organisieren. Das war auch deshalb notwendig, weil der ehemalige stellvertretende Minister des MGB der UdSSR Rjumin am Ausgang des Prozesses interessiert war und die objektive Untersuchung behinderte. Nach dem Verhalten einzelner Angeklagter konnte man vermuten, daß die Untersuchungsrichter in den Pausen auf sie einwirkten. Rjumin organisierte eine Anhörung der Richter in ihrem Sitzungszimmer; auf viele unserer Fragen an ihn haben er und seine Mitarbeiter eindeutig unwahr geantwortet. Bei einem geschlossenen Einzelverhör, einen Monat nach Prozeßbeginn, erklärte der Angeklagte FEFER dem Richter, daß er seit 1944 geheimer Mitarbeiter des MGB der UdSSR sei,[16] daß er nach der Verhaftung und der Androhung von Schlägen alle Verhörprotokolle, die die Untersuchungsrichter vorbereitet hatten, unterschrieben habe und daß er vor dem Gerichtsprozeß vom Untersuchungsrichter gewarnt worden sei, falls er seine Aussagen vor Gericht nicht bestätige. Dennoch gab er im Prozeßverlauf nur einzelne nationalistische Äußerungen zu...

Vor Gericht jedoch wurden keine Beweise für die Existenz eines illegalen nationalistisch-jüdischen Zentrums erbracht, da alle diese nationalistischen Bekundungen legal durchgeführt wurden und, wie ich glaube, mit Duldung der entsprechenden Organe ... Die Beschuldigung, die Angeklagten hätten Spionagetätigkeit für die USA betrieben, wurde vor Gericht ebenfalls nicht ausreichend bestätigt und in einzelnen Fällen widerlegt. Alle Angeklagten stritten diesen Punkt ab. Die dazu vor Gericht geladenen Experten änderten beim Verhör ihr früheres Urteil und wollten den Geheimcharakter der vom JAK nach England und Amerika geschickten Informationen nicht bestätigen...

Auf meine Forderungen an Rjumin und seinen Mitarbeiter Grischajew, uns Beweise dafür vorzulegen, daß die Amerikaner Goldberg und Nowik, die sich einige Zeit in Moskau aufhielten, amerikanische Aufklärer sind, wie das grundlos in der Anklageschrift behauptet wurde, wichen Rjumin und Grischajew aus.

Dabei wurden der Angeklagte LOSOWSKI und andere beschuldigt, diesen Amerikanern Spionageinformationen übermittelt zu haben; LOSOWSKI wurde konkret beschuldigt, dem Amerikaner Goldberg eine Aufzeichnung über die Kolonialpolitik Englands, die im Institut Nr. 205 beim ZK der KPdSU ausgearbeitet worden war und die angeblich Geheiminformationen enthielt, übergeben zu haben.

Ich habe mich persönlich in der Abteilung des ZK der KPdSU erkundigt und festgestellt, daß der Amerikaner Nowik zum Zeitpunkt des Prozeßes seit 1921 Mitglied der Kommunistischen Partei der USA und Redakteur einer kommunistischen Zeitung in den USA war, Goldberg ein fortschrittlicher Mann, der der UdSSR positiv gesinnt war. Der vor Gericht zitierte Zeuge Puchlow – Abteilungsmitarbeiter im ZK der KPdSU – sagte aus, daß die erwähnte Aufzeichnung von ihm erarbeitet worden war, keine Geheiminformationen enthielt und LOSOWSKI mit Wissen der ZK-Abteilung zur Weitergabe an Goldberg übergeben wurde.

Bei der Voruntersuchung behauptete FEFER, daß während der Reise, die er und Michoels 1943 in die USA unternommen hatten, im Auftrag LOSOWSKIS und des JAK Verbindungen zu amerikanischen Kapitalisten hergestellt wurden, mit denen sie materielle Hilfe wie auch die Durchführung nationalistischer Aktionen in der UdSSR verabredeten und denen sie Spionageinformationen übergaben. Vor Gericht stritt er das ab und erklärte, daß alle ihre Begegnungen mit Amerikanern von Mitarbeitern der Botschaft der UdSSR kontrolliert wurden; er nannte ihre Namen, aber bei der Untersuchung wurde keiner von ihnen verhört.

All das stellte sich gegen Ende des Prozesses heraus. Es war klar, daß bei einer so zweifelhaften Materiallage kein Urteil gefällt werden konnte. Im Verlauf der langen gerichtlichen Untersuchung bin ich in den Pausen oft zum ehemaligen Minister des MGB der UdSSR, Genossen Ignatjew, gegangen, den ich über den Prozeßverlauf informierte, weil ich ihm als Parteifunktionär glaubte, wie ich auch jetzt glaube, daß er ein ehrlicher Parteifunktionär war und ist. Ich sagte ihm, daß Rjumin und sein Untersuchungsrichter Fälschungen vorgenommen hätten und daß Rjumin ihn betrüge. Rjumin war über diese meine Aktivitäten zornig. Ich habe erst nach dem Tod des Genossen Stalin aus den Erklärungen von Genossen Ignatjew, die er zum Ärztefall dem ZK der KPdSU gab, erfahren, daß Rjumin das volle Vertrauen des Genossen Stalin genoß, der zu dieser Zeit Genossen Ignatjew nicht vertraute. Damit erkläre ich nur, daß Genosse Ignatjew mich damals im Falle des JAK nicht unterstützen konnte, vielleicht drückte sich darin auch seine Unerfahrenheit in der Arbeit des MGB aus.

Ich unterbrach den Prozeß Anfang Juli 1952 und wandte mich mit der Bitte an den Generalstaatsanwalt Genossen Safonow, mit mir gemeinsam ins ZK der KPdSU zu gehen und dieses über die Notwendigkeit zu informieren, den Fall zur Nachprüfung zurückzugeben. Er lehnte das ab und erklärte mir: ‹Du hast eine Anweisung des Politbüros des ZK, führe sie aus.› Auch der ehemalige Vorsitzende des Obersten Gerichts der UdSSR, Genosse Wolin, unterstützte mich nicht.

Da wandte ich mich telefonisch an den ehemaligen Vorsitzenden der PKK beim ZK der KPdSU Schkirjatow, der die Untersuchung im Fall LOSOWSKI und andere selbst führte, aber als er von mir hörte, daß ich die Rückgabe des Falls zur Nachuntersuchung vorschlagen möchte, erklärte er mir, daß er von der Schuld LOSOWSKIS und der anderen überzeugt sei, lehnte es ab, mich zu empfangen, und empfahl mir, mich an die ZK-Sekretäre zu wenden. Wie viele andere habe ich ihm als dem Gewissen unserer Partei geglaubt und konnte nicht annehmen, daß er zwei Gesichter hatte.

Danach informierte ich Genossen N. M. Schwernik, der damals Vorsitzender des Präsidiums des Obersten Sowjets der UdSSR war, und bekam von ihm den Rat, mich mit dieser Frage an den ZK-Sekretär Malenkow zu wenden. Ich rief Malenkow an und bat ihn, mich zu empfangen und anzuhören. Nachdem er von mir erfuhr, daß ich mit ihm über die Rückgabe des Falls LOSOWSKI zur Nachuntersuchung sprechen möchte, sagte er mir, daß er darüber nachdenken und mich eventuell zu sich rufen wolle...

Nach einigen Tagen wurde ich zu Malenkow gerufen, der außer mir auch noch Rjumin und Genossen Ignatjew zu sich gerufen hatte. Ich ging davon aus, daß Malenkow mich unterstützen und mit meinen Argumenten zur Rückgabe des Falls zwecks sorgfältiger Überprüfung aller Materialien der Anklage einverstanden sein werde. Aber das geschah nicht. Offenbar hatte er zu Hochstaplern wie Rjumin, die sich ins MGB der UdSSR eingeschlichen hatten, mehr Vertrauen... Malenkow stellte mir einige Fragen über die Tätigkeit des Militärkollegiums und erklärte dann folgendes: ‹Weshalb wollen Sie uns vor diesen Verbrechern auf die Knie zwingen? Schließlich wird das Urteil zu diesem Fall vom Volk gutgeheißen, das Politbüro des ZK hat sich mit dieser Angelegenheit dreimal befaßt, führen Sie den Beschluß des Politbüros aus.› Ich war damals durch diese Antwort entmutigt. Schließlich kannten wir Malenkow damals als engsten Mitarbeiter des Genossen Stalin, glaubten ihm und ließen keinen Gedanken zu, daß er ein unwürdiger Führer der Partei sei, als welcher er dann nach der Entlarvung seiner Fraktionstätigkeit gegen unsere Partei dastand.

Ich ging damals davon aus, daß er vor dem Gespräch mit mir den Genossen Stalin über diese Frage informiert hatte, wofür ich eine gewisse Bestätigung habe. Ich erklärte Malenkow, daß ich seine Anweisung den Richtern übermitteln werde, daß wir als Parteimitglieder unsere Pflicht getan hätten, indem wir das ZK über unsere Zweifel an diesem Fall informiert hätten, aber daß wir die Anweisung des Politbüros mit der Überzeugung ausführen werden, daß das Politbüro zu diesem Fall seine besonderen Überlegungen habe.

Nach dem Gespräch mit Malenkow holte mich Rjumin im Gebäude des ZK ein, beschimpfte mich mit Straßenausdrücken und drohte, mit mir abzurechnen. Wie von der Untersuchung im Fall Rjumin festgestellt wurde, begann er im August und September 1952 Material gegen mich vorzubereiten.

Ich führte die Anweisung Malenkows aus und verurteilte LOSOWSKI und die anderen zu dem Strafmaß, das uns angewiesen wurde, habe aber, entgegen dem Drängen Rjumins auf unverzügliche Urteilsvollstreckung, allen Angeklagten das Recht eingeräumt, Gnadengesuche einzureichen, um während der Behandlung dieser Gesuche, in denen alle Angeklagten ihre Schuld kategorisch abstritten, im Präsidium des Obersten Sowjets der UdSSR diese Frage nochmals zum Diskussionsgegenstand im Politbüro des ZK zu machen, da damals ein Reglement existierte, nach dem Entscheidungen des Präsidiums des Obersten Sowjets der UdSSR über Begnadigungen von zum Tode Verurteilten im Politbüro des ZK der KPdSU bestätigt wurden. Außerdem wurde von mir nach der Urteilsverkündung eine Erklärung LOSOWSKIS an den Genossen Stalin geschickt, in der er seine Schuld vollständig abstritt. Es trafen jedoch keine Anweisungen ein, und das Urteil wurde vollstreckt.

Ich bin der Meinung, daß ich alle von mir abhängenden Maßnahmen zur gesetzlichen Lösung dieser Angelegenheit eingeleitet habe, aber ich wurde in diesem Moment von absolut niemandem unterstützt, und wir, die Richter, waren damals als Parteimitglieder gezwungen, uns der kategorischen Anweisung des ehemaligen ZK-Sekretärs Malenkow zu fügen.

MITGLIED DER KPdSU SEIT 1927
Parteibuch Nr. 04521575
15.08.1957 A. TSCHEPZOW»

Die Hinrichtung der Mitglieder des Jüdischen Antifaschistischen Komitees fand am 12. August 1952 statt. Alle Angehörigen und entfernten Verwandten der Verurteilten wurden verhaftet oder verbannt. Sie wurden nicht einmal über den Prozeß selbst, geschweige denn über seine Ergebnisse informiert. Von einigen Ehefrauen nahm man Pakete für ihre verhafteten Männer entgegen, als diese bereits erschossen waren.

Die ganze Aufmerksamkeit war jetzt auf den «Ärzte-Fall» gerichtet. Die besten Mediziner des Landes saßen bereits im Gefängnis, darunter Michoels' Bruder, der angesehene Therapeut und General Professor Mejer Wowsi. Aber es saßen nicht nur Juden ein: die Professoren Wladimir Winogradow (der Leibarzt Stalins), Boris Jegorow, Nikolai Schereschewski und andere landesweit bekannte Mediziner waren nicht jüdischer Abstammung. Dennoch galten sie, unabhängig von ihrer Herkunft, als Agenten des internationalen Zionismus. Sie wurden bezichtigt, Shdanow und Stscherbakow getötet und terroristische Akte gegen Stalin und seine Mitstreiter vorbereitet zu haben.

Der Prozeß gegen Losowski und die anderen fand geheim statt, der gegen die Ärzte sollte öffentlich sein, das heißt er sollte die Funktion erfüllen, die ursprünglich dem Fall JAK zugedacht war. Nirgendwo wurde über die Verhaftung der Mitarbeiter des JAK und über die Urteile gegen sie informiert, die «Missetaten» der Ärzte jedoch wurden rechtzeitig veröffentlicht, und zwar am 13. Januar 1953, dem fünften Jahrestag der Ermordung von Michoels. Um die Aufmerksamkeit des Westens abzulenken, überreichte Stalin einige Tage später den (nach ihm benannten) Internationalen Friedenspreis an Ilja Ehrenburg.

Währenddessen überschlugen sich die Zeitungen mit Lobeshymnen zu Ehren der Mitarbeiterin des Kreml-Krankenhauses Lidija Timaschuk, die für ihre Hilfe «bei der Entlarvung der Mörderärzte» mit dem Lenin-Orden ausgezeichnet wurde. Zwei hysterische Journalistinnen, Jelena Kononenko und Olga Tschetschetkina, dichteten Oden an die frischgebackene Heldin und verewigten dadurch ihre Namen. Die Information einer gewöhnlichen Denunziantin, die behauptete, Shdanow sei von seinen behandelnden Ärzten umgebracht worden, erreichte Abakumow, der der Angelegenheit aber keine ernsthafte Bedeutung beimaß.[17] Wir werden kaum jemals erfahren, ob die Timaschuk eine übergeschnappte Einzelgängerin war, die auf eigene Faust vorging, oder ob sie einen Geheimauftrag ausgeführt hat. Wie es auch gewesen sein mag, ihre ungeheuerliche Aktion kam zur rechten Zeit.

Tausende Freiwillige teilten der Lubjanka nunmehr zusätzliche «Informationen» darüber mit, wie jüdische Ärzte ihre Patienten umbringen. Einen besonders leidenschaftlichen Brief schickte Marschall Iwan Konew aus dem Krankenhaus an Stalin. Konew war nicht eben robust, und als er nach den Behandlungen keine entscheidende Besserung verspürte, beeilte er sich, Stalin mitzuteilen, daß die jüdischen Ärzte ihn mit Medikamenten vergiften, damit der Genosse Stalin einen treuen Soldaten verliere. Zweifellos geht dieser Brief, neben all seinen militärischen Erfolgen während des Krieges, für immer in die Biographie des Marschalls ein.

Der «Prawda»-Artikel über die «Mörderärzte», der den Beginn einer neuen wütenden antisemitischen Kampagne einleitete, erschien erst, nachdem das Szenario vollständig ausgearbeitet und bestätigt war. Die kurze, aber massive Propagandakampagne sollte durch einen öffentlichen Prozeß ihren Abschluß finden. Natürlich waren für ausnahmslos alle Angeklagten die Todesurteile im voraus entschieden. Die Hinrichtung sollte auf dem Roten Platz stattfinden, wo Dutzende Galgen aufgerichtet werden sollten. Die erboste Menge würde die Unglückseligen den Händen der Ochrana entreißen und sie lynchen, obwohl die Soldaten «heldenhaft» den Ansturm der Menge abzuwehren versuchen würden. Unmittelbar danach würden überall Pogrome gegen die Juden ausbrechen.[18] Am darauffolgenden Tag sollten dann die «Prawda» und der Funk einen Aufruf von Persönlichkeiten jüdischer Nationalität verbreiten, in dem sie Stalin darum bitten, ihre Glaubensbrüder vor dem gerechten Volkszorn zu retten und in die menschenleeren Gebiete des Fernen Ostens zu bringen, wo sie ihre Schuld als Mörder und Verräter wiedergutmachen wollten. Stalin würde dann mit väterlichem Einverständnis dieser Bitte stattgeben.

Die Deportationsidee stammte von Dr. phil. Dmitri Tschesnokow, dem Chefredakteur der Zeitschrift «Voprosy filosofii» (Fragen der Philosophie), der im Oktober 1952, auf dem XIX. Parteitag, völlig unerwartet Mitglied des Präsidiums des ZK wurde (nach alter und älterer Terminologie Mitglied des Politbüros) und in den Sessel des Chefredakteurs der Zeitschrift «Kommunist» wechselte, was in der Parteihierarchie als bedeutend höherer Posten galt. Höchstwahrscheinlich hat er diesen großen Sprung in seiner Karriere eben dieser wahrhaft philosophischen Idee zu verdanken. Zu Beginn des Frühjahrs 1953, als die Deportationen beginnen sollten, hatte Tschesnokow bereits eine theoretische Arbeit vorbereitet, in der er aus marxistisch-leninistischer Sicht die historische Notwendigkeit und die Gerechtigkeit der von der Partei und dem Genossen Stalin persönlich ergriffenen Maßnahmen wissenschaftlich begründete.[19]

Der Prozeß war für März vorgesehen, aber schon im Februar wurden im Gebiet Birobidshan in aller Hast und Eile Tausende Baracken zusammengezimmert, die eigentlich nicht einmal als Stallungen zu benutzen waren (es gibt Hinweise, daß diese Behausungen sogar noch früher vorbereitet wurden). Auf den Rangiergleisen bei Moskau wurden Güterwagen ohne Pritschen bereitgestellt. Die Milizabteilungen der großen Städte stellten eilig Listen der zu deportierenden Bürger auf. Währenddessen saßen zwei andere, nicht weniger als Tschesnokow bekannte Wissenschaftler, der Historiker Isaak Minz und der Philosoph Mark Mitin, beide Akademiemitglieder, mit dem Journalisten Jakow Chawinson zusammen, der zeitweise Direktor von TASS war und unter dem Pseudonym «Marinin» schrieb, um den Text eben jenes Briefes vorzubereiten, auf den der große Stalin so edelmütig reagieren sollte. Nach einer im voraus aufgestellten Liste wurden die künftigen Autoren dieser Bittschrift in die Redaktion der «Prawda» bestellt, die Kommandozentrale der ganzen Operation. Fast alle erklärten sich einverstanden, den Brief zu unterschreiben, und ich denke, man darf keinem einzigen deshalb einen Vorwurf machen. Andere allerdings lehnten unter einem passenden Vorwand ab. So weigerten sich beispielsweise der General Jakow Kreiser, der Sänger Mark Reisen und der Schriftsteller Weniamin Kawerin. Vor allem widersetzte sich Ilja Ehrenburg. Aber nicht, daß er sich einfach weigerte: Noch am selben Tag schrieb Ehrenburg einen Brief an Stalin:

«Sehr geehrter Iossif Wissarionowitsch!
Angesichts der außerordentlichen Wichtigkeit des Problems, mit dem ich in Berührung gekommen bin und das ich selbst nicht lösen kann, erlaube ich mir, Sie zu behelligen.

Genosse Minz und Genosse Marinin machten mich heute mit dem Text des Briefes an die ‹Prawda› bekannt und boten mir an, ihn zu unterschreiben. Ich halte es für meine Pflicht, Ihnen meine Zweifel mitzuteilen und Sie um Rat zu bitten.

Ich bin der Auffassung, daß die einzige radikale Lösung des jüdischen Problems in unserem sozialistischen Staat die Assimilierung und die Verschmelzung von Menschen jüdischer Herkunft mit den Völkern, unter denen sie leben, ist. Ich befürchte, daß die kollektive Initiative, die von einer kleinen Zahl von Vertretern der russisch-sowjetischen Kultur ausgeht, die nichts anderes verbindet als ihre Herkunft, das Risiko in sich birgt, die nationalistischen Tendenzen zu verschärfen.

Der Schlag, der durch diesen ‹Brief an die Redaktion› unseren Anstrengungen zur Vertiefung und Erweiterung der weltweiten Friedensbewegung versetzt werden kann, beunruhigt mich sehr. Jedesmal, wenn ich in verschiedenen Kommissionen und auf Pressekonferenzen über das Verschwinden von Schulen und Zeitungen in jiddischer Sprache in der Sowjetunion gefragt wurde, habe ich stets geantwortet, daß der ‹Ansiedlungsstreifen› nach dem Krieg vollständig beseitigt wurde und die neuen Generationen sowjetischer Bürger jüdischer Herkunft nicht von den Völkern, unter denen sie leben, isoliert sein wollen. Die Veröffentlichung des Briefes, der von Wissenschaftlern und Komponisten jüdischer Herkunft unterzeichnet ist, birgt das Risiko in sich, die widerwärtige antisowjetische Kampagne neu zu beleben.

Für progressive Franzosen, Italiener und Engländer bezeichnet der Terminus ‹Jude› nicht Nationalität, sondern ausschließlich religiöse Zugehörigkeit, und Verleumder könnten diesen Brief an die Redaktion für ihre gemeinen Ziele ausnutzen.

Sie verstehen, sehr geehrter Iossif Wissarionowitsch, daß ich nicht selbst eine kategorische Entscheidung treffen kann und nur deshalb wage, Ihnen zu schreiben. Es geht um einen wichtigen politischen Schritt, und deshalb erlaube ich mir, Sie zu bitten, jemanden zu beauftragen, mich über Ihre Haltung zu meiner Weigerung, dieses Dokument zu unterschreiben, in Kenntnis zu setzen. Wenn mich die verantwortlichen Genossen darüber informieren, daß die Veröffentlichung des Briefes und meine Unterschrift der Heimat und der Friedensbewegung Nutzen bringen, dann werde ich den Brief an die Redaktion unterzeichnen.»[20]

Es gibt Beweise, daß die «verantwortlichen Genossen», die Stalin beauftragte, mit Ehrenburg zu sprechen, Malenkow und Kaganowitsch waren. Aber das ist nicht so wichtig. Weitaus wichtiger ist, daß die Aktion ins Stocken geriet, vielleicht sogar ganz abgeblasen wurde.

Vielleicht, denn wir wissen nicht genau, was geschehen wäre, wenn der Prozeß stattgefunden hätte. Er hat nicht stattgefunden, denn der verehrte Iossif Wissarionowitsch starb.

Alexander Jakowlew vertritt in einem Interview, das er der französischen Sowjetologin Lily Marcu gab, die Auffassung, daß Ehrenburgs Brief bei Stalins Entscheidung eine wichtige Rolle spielte.[21] Heißt das, der Ärzteprozeß hätte nicht stattgefunden? Nach dem Lärm, der bereits gemacht wurde, wäre das nicht möglich gewesen. Ihn hinter verschlossenen Türen zu führen war aus den gleichen Gründen ebenfalls unmöglich. Aber ein öffentlicher Prozeß mußte unweigerlich Schlußfolgerungen nach sich ziehen. Wie hätten sie ausgesehen?

Als erste, unmittelbar nach Stalins Beerdigung, kam Polina Shemtschushina frei. Berija übergab sie Molotow in seinem alten Arbeitszimmer – er war für «hundert Tage» an das Steuer der Lubjanka zurückgekehrt. Die neuerlich von dem «Neffen» Lasar Kaganowitschs, Stewart Kagan, verbreitete Version, die Shemtschushina habe sich lediglich unter Hausarrest befunden, ist eine pure Erfindung. Die Dokumente und Zeugenaussagen bestätigen, daß sie anfangs im Suchanow-Gefängnis war und dann ohne Gerichtsurteil, einfach auf höchstes Geheiß für fünf Jahre in das Gebiet Kustanai (Nordkasachstan) verbannt wurde. Im Januar 1953 wurde sie nach Moskau ins Innere Gefängnis überführt, um an dem bevorstehenden Prozeß gegen die «Mörderärzte» teilzunehmen. Als Angeklagte? Als Zeugin?

Am 4. April 1953 – seit dem Tod des Tyrannen war erst ein Monat vergangen – ging eine Nachricht um die ganze Welt: Die Ärzte sind völlig unschuldig, ihre «Geständnisse» wurden mit gesetzlich verbotenen Mitteln erzwungen. Genannt wurde auch der Name des Hauptschuldigen – Michail Rjumin. Zu dem Zeitpunkt arbeitete er schon nicht mehr im MGB. Stalin war schnell von seinem neuen Lieblingskind enttäuscht gewesen und hatte ihn im November 1952 als Oberstaatskontrolleur in das Ministerium für Staatskontrolle der UdSSR versetzt. Der Chef dieses Ministeriums war ein Mann Berijas, Wsewolod Merkulow. Es ist nicht ausgeschlossen, daß Berija diese Stellung ausgesucht hat, damit der neue Kontrolleur ständig unter Kontrolle blieb. Am 16. März war Rjumin von Oberst Chwat, dem Peiniger des großen Genetikers Nikolai Wawilow, verhaftet worden. Den Haftbefehl hatten die nächsten Leute Berijas, Bogdan Kobulow und

Pawel Meschik, ausgestellt, die dann zusammen mit Berija Ende desselben Jahres hingerichtet wurden.

Ein weiterer enger Mitarbeiter des «Mannes mit dem Kneifer», Lew Wlodsimirski – auch er wurde mit Berija zusammen hingerichtet –, leitete als Chef der Untersuchungsabteilung für besondere wichtige Fälle die Ermittlungen. Am 15. Mai 1953 erstattete er Berija Bericht: «Rjumin benimmt sich bei den Verhören provokant, bestreitet unbegründet seine Schuld... Er weist frech die gegen ihn vorgetragenen Fakten zurück, hat das für sich als Methode für sein Verhalten bei der Untersuchung gewählt... Wir halten es für notwendig, Rjumin eine Strafe zu erteilen und ihn in den Kerker des Gefängnisses Lefortowo einzuweisen.» Berija schrieb sein «Einverstanden» und unterstrich damit, daß in seiner Dienststelle keine Veränderungen vorgesehen waren.

Ich weiß nicht, ob der Kerker und die Foltern gewirkt haben oder ob sich sein Gewissen geregt hat, jedenfalls gestand Rjumin im Juli 1953, daß die Untersuchung im Falle des JAK «nicht objektiv geführt wurde... die Aussagen der Inhaftierten in einer Reihe von Fällen gefälscht wurden... Ich habe persönlich die Häftlinge Schimeliowitsch und Markisch verhört... Die Aussagen zu den wichtigsten Punkten und insbesondere zur Spionage sowie betreffs der Gründung der Jüdischen Republik auf der Krim wurden bei der Korrektur [sic] zu sehr verstärkt. Bei der Unterzeichnung des Protokolls verwahrte sich Schimeliowitsch gegen die unobjektiven Aufzeichnungen, aber ich konnte ihn überreden, und nur in einem Punkt, wo es um die Gründung der Jüdischen Republik auf der Krim ging, gestattete ich ihm, eigenhändige Korrekturen in den Text einzutragen.

Einige Zeit nach der Unterzeichnung dieses Protokolls schrieb Schimeliowitsch eine Erklärung, daß er alle seine Aussagen widerrufe... Von dem Widerruf der Aussagen wurde kein Verhörprotokoll angefertigt. Dabei wurden noch in der Zeit, als der Fall Schimeliowitsch sich im Aufgabenbereich eines anderen Untersuchungsrichters befand, gegenüber dem Inhaftierten harte Methoden physischer Einwirkung angewandt.

Ich muß zugeben, daß 1952, als ich bereits Stellvertreter des Ministers für Staatssicherheit war, viele Inhaftierte im Fall des JAK bei den Verhören den Versuch unternahmen, ihre Aussagen als erfunden zu widerrufen, ich jedoch verbot, die Inhaftierten nochmals zu verhören und ihren Widerruf zu protokollieren, wobei ich erklärte, daß die Untersuchungsrichter die von den Inhaftierten früher gegebenen Aussagen keiner Revision zu unterziehen hätten...

Als das Gericht versuchte, den Fall zur Nachuntersuchung zurückzugeben, bestand ich darauf, daß das Urteil entsprechend den in der Akte vorhandenen Materialien gesprochen wird... Ich habe ständig gefühlt und begriffen, daß die Mitarbeiter der Untersuchung und auch ich persönlich früher oder später für diese Verbrechen die Verantwortung werden tragen müssen» (Archiv der Obersten Militärstaatsanwaltschaft. Kontrollakte Nr. 44383-55, S. 26. Protokoll des Verhörs von Rjumin vom 24. Juli 1953).

Die Akte Rjumin, vom Umfang her relativ dünn und offensichtlich in aller Eile zusammengestellt, ist deshalb bemerkenswert, weil Aussagen, die durch ihre Offenheit schockieren, mit eintönigen Berichten der Untersuchungsrichter vermischt sind. Als Beispiel zitiere ich den Bericht des Untersuchungsrichters Kusjaikin: «Seit September 1953 verhält sich Rjumin unaufrichtig und versucht, die Untersuchungsrichter mit seinen angeblich engen Beziehungen zu den Führern des Sowjetstaates zu erpressen, er droht.» Hatte er vielleicht Wind davon bekommen, daß diejenigen, die ihn verhaftet, verhört und in den Karzer des Gefängnisses von Lefortowo gesperrt hatten, Berija, Kobulow, Meschik, Wlodsimirski und ihresgleichen, selbst bereits arretiert waren und sich wieder einmal jähe Wendungen abzeichneten und damit Hoffnung auf eine Veränderung des eigenen Schicksals?

Aber diese Hoffnung war unbegründet. Die neuen Günstlinge der Macht konnten einen Mann wie Rjumin nicht gebrauchen. Im Juli 1954 wurde er dem Gericht überstellt. Seine Richter waren Generalleutnant der Justiz Seidin und die Generalmajore der Justiz Stepanow und Sjuldin. Das Gericht stellte fest, daß Rjumin persönlich die inhaftierten Mitarbeiter des JAK und die im Ärzte-Fall inhaftierten Professoren Bussalow und Wassilenko gefoltert und dabei nicht nur Metallstöcke, sondern auch glühende Eisen verwendet hatte. Gegen das Todesurteil, das am 7. Juli 1954 ausgesprochen wurde, konnte Rjumin keine Beschwerde einlegen (das Gesetz läßt keine Beschwerden gegen Urteile zu, die vom Obersten Gericht der UdSSR verhängt werden), aber er reichte ein Gnadengesuch ein, das auf Beschluß des Generalstaatsanwalts der UdSSR, Roman Rudenko, abgelehnt wurde. Rjumin wurde erschossen.

Seine Opfer, soweit sie noch am Leben waren, kehrten nach Hause zurück. Die Allilujews kehrten zurück. Aus der Dshambuler Verbannung kam das Akademiemitglied Lina Stern nach Hause. Die verhafteten und verbannten Angehörigen der im JAK-Prozeß Hingerichteten wurden entlassen. Obwohl sie die Erlaubnis zur Rückkehr bekommen hatten, waren sie noch immer Erniedrigungen und Verfolgungen ausgesetzt. Lange Zeit teilte man ihnen nicht mit, was aus ihren Ehemännern, Vätern und Brüdern geworden war, dann verweigerte man ihnen die Moskauer Aufenthaltserlaubnis und verlangte von ihnen, die Hauptstadt zu verlassen. Innenminister Stachanow konnte sein Erstaunen schlecht verbergen, als er am 10. November 1954 dem Generalstaatsanwalt der UdSSR, Roman Rudenko, schrieb, daß der Vorsitzende des KGB, Iwan Serow, ohne gesetzliche Grundlage fordere, allen Verwandten der im JAK-Prozeß Verurteilten zu verbieten, «in genehmigungspflichtigen Gegenden der UdSSR zu wohnen», das heißt in Moskau, Leningrad, den Republikhauptstädten, weiteren Großstädten und Kurorten. Der Generalstaatsanwalt hielt es nicht für nötig, auf diesen Brief zu antworten. «Wie lange kann man noch völlig unschuldige Menschen verfolgen?» appellierte David Bergelsons Sohn, Lew Bergelson, künftiges korrespondierendes Mitglied der Akademie der Wissenschaften und hervorragender Biochemiker, an den Staatsanwalt, der sich auch hier taub stellte. Auf dem Brief findet sich statt dessen eine anonyme Randbemerkung: «Nicht beantworten. Das Vorgehen der Miliz ist richtig.» Dieser Verhöhnung der Opfer wurde erst mit der formalen Rehabilitierung ein Ende gesetzt.

Die Staatsanwaltschaft führte eine neue Überprüfung durch, obwohl die Absurdität der Beschuldigungen für jeden vorurteilsfreien Menschen auf der Hand lag. Man wartete auf Anweisungen von oben. Zu denen, die sich mehrfach an Chruschtschow, Molotow, Woroschilow und die anderen Führer mal mit Forderungen, mal mit flehentlichen Bitten oder Eingaben wandten und auf eine baldige Rehabilitierung der Verurteilten und eine Einstellung der Diskriminierung ihrer Familien drängten, zählten der Komponist Dmitri Schostakowitsch, das Akademiemitglied Iwan Nasarow, die Schriftsteller Alexander Fadejew, Justas Paleckis (stellvertretender Vorsitzender des Präsidiums des Obersten Sowjets der UdSSR), Kornej Tschukowski, Samuil Marschak und Lew Kassil. Erst am 22. November 1955 fand die

Sitzung des Militärkollegiums statt, die der Vorsitzende des Obersten Sowjets der UdSSR, A. A. Wolin, selbst leitete. Das Urteil des Jahres 1952 wurde aufgehoben, weil, wie es hieß, die Handlungen der Verurteilten kein Verbrechensdelikt darstellten.

Aber selbst dieser Akt elementarer menschlicher Gerechtigkeit trug den Vermerk «Streng geheim». Dieser Vermerk steht dort heute noch.

Anmerkungen

Einleitung

1 W. I. Lenin, Werke, Berlin 1974, Bd. 27, S. 16.

I Drei Opfer

1 Nicht zu verwechseln mit dem Haftbefehl. Letzterer war ein Prozeßdokument, das nach dem Gesetz dem Verhafteten gegen Unterschrift vorzulegen war. Die «Anweisung zur Verhaftung» dagegen war ein streng geheimes Dokument, das im NKWD auf der Basis von Denunziationen und ähnlichen Informationen angefertigt wurde. Sie bildete die Grundlage für die Entscheidung über das Schicksal des Opfers.

2 Der abwertend bezeichnete «Deutsche Busch» ist der berühmte Schauspieler, Sänger und Antifaschist Ernst Busch, dessen Namen damals jedes Schulkind in der Sowjetunion kannte.

3 Wie Jewgeni Gnedin, Leiter der Presseabteilung des Volkskommissariats für Auswärtige Angelegenheiten und ebenfalls potentieller Angeklagter des nicht stattgefundenen Prozesses, der die internen Beziehungen der Mitarbeiter dieses Volkskommissariats gut kannte, berichtet, konnten sich Litwinow und Tschitscherin nicht ausstehen. Alles Persönliche beiseite lassend, können wir aus historischem Abstand die beiden dennoch als Diplomaten einer Schule betrachten. Intelligenz, Bildung, Weitblick, flexibler wacher Verstand, Anständigkeit, internationales Renommee und Achtung – all das verband sie und unterschied sie kraß von den Neulingen, die in die Diplomatie geworfen wurden, nachdem das Volkskommissariat für Auswärtige Angelegenheiten von der Mannschaft Molotows, Dekanosows und Wyschinskis gesäubert worden war.

4 Der Name des Hauptmanns der Staatssicherheit (entspricht dem militärischen Rang eines Obersten) Israel Lwowitsch Pinsur kommt in vielen gefälschten politischen Fällen vor. Eine Zeitlang leitete er die Untersuchungsabteilung der Moskauer Verwaltung für Staatssicherheit, dann stieg er zum Mitarbeiter des Leiters der Untersuchungsabteilung der Hauptverwaltung für Staatssicherheit

des NKWD der UdSSR auf. Am 27. April 1940 wurde er mit der Tapferkeitsmedaille ausgezeichnet. Den Daten nach zu urteilen, für die erfolgreich durchgeführte Untersuchung im Falle Gnedin. Über Tapferkeit verfügte Pinsur natürlich ausreichend, aber, wie wir sehen, wurde sie zu der Zeit nicht mehr sehr hoch geschätzt. 1936–1938 bekam man für solche Heldentaten noch höhere Orden, und was für welche!

5 Auf dem achten außerordentlichen Kongreß der Sowjets (November 1936) nannte der «große Lump» Litwinow die Sowjetunion eine unbezwingbare Festung und fuhr fort: «Diese Überzeugung wird in uns noch erhärtet, weil wir wissen, daß das Kommando über diese Festung und ihre Schlüssel in den Händen eines solchen Kommandanten liegen, wie unser ruhmreicher, großer Führer Genosse Stalin es ist.» Der Kommandant, das muß man ihm schon lassen, kannte den Preis dieser Liebeserklärung, er schonte jedoch den Redner, weil er klar begriff, daß dieser ihm noch von Nutzen sein könnte.

6 W. Leonhard, Die Revolution entläßt ihre Kinder, Leipzig 1990, S. 189 ff.

7 Siehe auch mein Buch: Gnadenlos. Andrei Wyschinski, der Handlanger Stalins, Bergisch Gladbach 1991, S. 238–266.

8 «Russica». Literarische Anthologie, New York 1982, S. 324.

9 Unklar ist allerdings, wann Meyerhold das Stenogramm korrigiert haben soll. Er hat vormittags gesprochen und fuhr abends nach Leningrad, wo er verhaftet wurde.

10 Sinaida Raich – Meyerholds Frau und Spitzenschauspielerin seines Theaters. Zum Zeichen der Liebe verband er seinen und ihren Namen und hieß offiziell Meyerhold-Raich, während sie den Namen Raich-Meyerhold annahm. Vor der Begegnung mit Meyerhold war sie die Frau des großen russischen Dichters Sergej Jessenin. Ihre Kinder, Tatjana und Konstantin, wurden von Meyerhold adoptiert. Tatjana Sergejewna Jessenina lebt noch. Sie wohnt in Taschkent.

11 In diesem Dossier befindet sich ein bemerkenswertes Dokument: ein Brief des «Ehrentschekisten der Wtscheka – OGPU», des Leningraders Fjodor Fomin vom 18. März 1962. Fomin hatte vor, seine Erinnerungen zu schreiben, und erbat sich Informationen über den Prozeß gegen Below. Dabei teilte er folgendes Detail mit: «Mir ist bekannt, daß Below, der zu dieser Zeit den Bjelorussischen Militärbezirk kommandierte, nach Moskau gerufen wurde und dort im Hotel ‹Metropol› wohnte. Das war im November 1937. Einmal kamen zwei Tschekisten zu ihm und sagten, sie müßten ihn zu Stalin bringen. Als Below das Zimmer betrat, reagierte Stalin nicht auf die Begrüßung, schlug ihn zweimal ins Gesicht und sagte nur ein Wort: ‹Verräter!›»

12 Die Schicksalswendungen dieses begabten Schauspielers, der in Inszenierungen von Stanislawski und Michail Tschechow glänzte, sind ungeheuerlich. Der von den Henkern geschundene und geschlagene «Trotzkist», «Spion» und «Terrorist» wurde wegen einer plötzlichen Laune Stalins wieder auf freien Fuß gesetzt, kehrte nicht nur auf die Bühne (Maly Theater), sondern auch auf die Leinwand zurück, wo er landesweit berühmt wurde. Stalin selbst legte fest,

welche Hauptrollen er zu spielen habe, und zeichnete ihn fürstlich aus. Er verlieh ihm den Titel «Volkskünstler der UdSSR» und ehrte ihn fünfmal mit dem Stalin-Preis.

13 Semjon Kirsanow war ein enger Freund und Schüler Majakowskis, mit dem er kurz vor dessen Tod gebrochen hatte. – Konstantin Fedin wurde später Akademiemitglied und vom Regime großzügig umhegt. Unter Chruschtschow und Breschnew leitete er den Schriftstellerverband der UdSSR und beteiligte sich aktiv an der Hetze gegen Pasternak, Solschenizyn, Sinjawski und andere Nonkonformisten. – Ehrenburgs Tochter, Irina Iljinitschna Ehrenburg, lebt heute noch; sie ist die Witwe des Schriftstellers Boris Lapin, der 1941 an der Front fiel; sie publiziert unter dem Pseudonym I. Ehrburg. – Lilja Brik war für Stalin nicht Majakowskis Freundin, sondern seine Frau. Schon allein deshalb, weil er auf ihren an ihn gerichteten Brief seine berühmte Bemerkung schrieb: «Majakowski war und bleibt der beste, begabteste Dichter unserer sowjetischen Epoche...» Da die Untersuchungsrichter der Lubjanka keine Möglichkeit sahen, alle Launen Stalins zu verfolgen, trugen sie den Namen Lilja Brik in viele Protokolle ein, in denen «Spione» und «Diversanten» aufgezählt wurden. Stalin strich ihn hartnäckig wieder aus. «Lassen wir die Frau des Dichters in Ruhe», soll er zu Jeshow gesagt haben.

14 1930 veranstaltete die Zeitschrift «Nowy mir» («Neue Welt») eine Umfrage bei ausländischen Schriftstellern, welche Werke der sowjetischen Literatur sie hervorheben würden. Alle Beteiligten, u. a. alle deutschen, setzten Babels «Reiterarmee» auf den ersten Platz. Ich denke nicht, daß das der Aufmerksamkeit der Lubjanka entgangen war.

15 Zu den Leuten, gegen die man Aussagen aus ihm herausgeprügelt hatte, gehörten die damals bekannten Journalisten Tatjana Tess, Jewgeni Kriger und Jewgeni Bermont. Keiner von ihnen hat gelitten, was wiederum zeigt, wie wertlos alle Aussagen an sich waren. «Geholt» wurden die, die geholt werden sollten, und nicht unbedingt die, gegen die man «kompromittierendes Material» gesammelt hatte. Zu den von Babel «Entlarvten» gehörte auch Professor Leonid Tumerman, der zehn Jahre nicht angetastet wurde (über ihn vgl. S. 201).

II Die Verschwörung der Botschafter

1 Parvus – Parteiname des deutschen Sozialdemokraten Israel Lasarewitsch Helphand (1869–1924), der außerdem Mitglied der Partei der Menschewiki war. Helphands Menschewismus hinderte Lenin nicht daran, dunkle und ziemlich schmutzige «geschäftliche» Beziehungen zu ihm zu unterhalten, die freilich noch immer nicht restlos geklärt sind. Parvus war mitbeteiligt an der Organisation der Reise Lenins und anderer Bolschewiki von der Schweiz im plombierten Eisenbahnwagen durch Deutschland nach Rußland (März 1917). Er war auch der wichtigste Vermittler bei der Übergabe deutschen Geldes an die Bolsche-

wiki. Dieses Geld war für die Untergrundarbeit vorgesehen und sollte (und tat es auch!) dem vollständigen Zusammenbruch des feindlichen Rußlands dienen. Die Zeitungen deckten diese beispiellose politische Affäre auf. Lenin protestierte energisch und scheute nicht die kräftigsten und bis zur Unanständigkeit gehenden unflätigen Ausdrücke. Aber je wütender er die «widerlichen Erfindungen der bürgerlichen Presse» dementierte, um so offensichtlicher wurde, daß er sich selbst mit «Erfindungen» abgab. Parvus' Name war in jedem Falle kompromittiert, und seine letzten Lebensjahre verbrachte er fernab von jeder politischen Tätigkeit.

2 Radek – Parteiname von Karl Bernhardowitsch Sobelsohn (1885–1939). Bekannter Funktionär der Sozialdemokratie Polens und Deutschlands. Trat 1917 der Partei der Bolschewiki bei, blieb in Rußland, wurde Mitglied des ZK der Partei und Mitglied des Exekutivkomitees der Komintern. Er war der führende Publizist der Partei in den zwanziger und dreißiger Jahren. Dank seiner engen Beziehung zu Stalin war sein Einfluß in der Partei größer, als es den Posten entsprach, die er formal bekleidete. Beim zweiten Großen Moskauer Prozeß (der Fall Pjatakow, 1937) wurde er zu zehn Jahren Gefängnis verurteilt und später von gedungenen Kriminellen in der Gefängniszelle ermordet.

3 Zwischen dem 5. und 12. Juli 1941 wurden ungeheuer viele Urteile verkündet. In diesen Tagen wurde in aller Eile mit denen abgerechnet, zu deren Verurteilung man bis dahin nicht gekommen war.

4 Alexander Bogomolow (1900–1969) begann seine diplomatische Laufbahn 1939, nachdem fast alle professionellen Diplomaten der Ära Tschitscherin–Litwinow umgebracht oder abgesetzt worden waren. Er war Botschafter in Frankreich, in der Tschechoslowakei und in Italien. Er erfreute sich der besonderen Zuneigung Charles de Gaulles.

5 Alexandra Kollontai (1872–1952) entstammte einer Adelsfamilie, Tochter des Generals Michail Domontowitsch; seit 1915 Bolschewikin; erste Ministerin (als Volkskommissarin für soziale Sicherheit in der Regierung Lenins) und erste Botschafterin (in Norwegen, Mexiko, Schweden). Gehörte aktiv zumindest zwei Oppositionen an (1918 den «linken Kommunisten» und 1920–1922 der «Arbeiteropposition»), wurde jedoch von Stalin verschont, der ihre «Unschädlichkeit» wohl begriff. Wurde außerdem als Theoretikerin der «freien Liebe» berühmt und war Mitglied der Internationalen Liga für Sexualreformen.

6 Semjon Rostowski (1904–1990), eine legendäre Persönlichkeit, deren abenteuerliche Biographie noch erforscht werden muß. Seit der Kindheit lebte er mit seinem Vater, einem Emigranten, in Deutschland. 1920 wurde er unter dem Decknamen «Leonid» Geheimagent der Kommunistischen Jugendinternationale (KIM), die im Grunde eine Filiale der Tscheka-OGPU war, und trat der damals illegalen deutschen kommunistischen Partei bei, der er bis 1933 angehörte. Er beherrschte mehrere Fremdsprachen und erfüllte die riskantesten Aufträge der Lubjanka in verschiedenen Ländern, seine «besondere Aufmerksamkeit» aber galt stets Deutschland. In seinem Lebenslauf für die Kader-

akte der Partei schrieb er: «Ich lebte nach allen Regeln der Konspiration. Ich mußte mehrfach meine Wohnung wechseln, manchmal alle paar Tage. Mal wohnte ich bei Arbeitern in der Neuköllner Hermannstraße, mal bei Genossen in der Nähe der Stralauer Straße, mal bei bürgerlichen Verwandten im westlichen Stadtbezirk Charlottenburg. Eine Zeitlang wohnte ich an der Berliner Luxusmeile Kurfürstendamm. Ich mußte mich entsprechend dem Wohnort kleiden – mal schlichter, mal besser. Mein Paß machte mich vier Jahre älter, als ich tatsächlich war.» Nach dem Machtantritt der Nazis floh Rostowski nach England und wurde Mitarbeiter der sowjetischen Botschaft. In Absprache mit Moskau ernannte ihn Maiski bei Kriegsbeginn zum Chefredakteur der Propagandazeitung «Soviet war news» (später «Soviet war news weekly»). Mitte der dreißiger Jahre veröffentlichte Rostowski unter dem Pseudonym Ernst Henri, das er von da an beibehielt, in England zwei Bücher: «Hitler über Europa» und «Hitler gegen die UdSSR». In letzterem sagte er prophetisch die strategischen Hauptrichtungen von Hitlers Rußlandfeldzug voraus. Das Buch erschien auch in Moskau («Übersetzung aus dem Englischen»), erlebte zwei Auflagen und wurde im August 1939 verboten. E. Henri blieb bis 1949 in London, kehrte dann nach Moskau zurück und wurde am 5. März 1953 als «englischer und deutscher Spion» verhaftet. 1957 wurde er freigelassen und rehabilitiert. Bis zuletzt arbeitete er aktiv als Parteipublizist progressiver Ausrichtung. Als unter Breschnew die ersten Anzeichen einer Wiedergeburt des Stalinismus auftauchten, schrieb er einen leidenschaftlichen Brief an das ZK und sammelte Unterschriften bekannter sowjetischer Künstler gegen eine Wiederbelebung des «Personenkultes». Weder in seinen Memoiren noch in seinen Hunderten von Artikeln noch in Gesprächen hat er auch nur ein einziges Geheimnis seiner Abenteuer als Spion preisgegeben.

7 Der Leser wundere sich nicht über die merkwürdige Anordnung des Materials der Archivgerichtsakte, in der es keinerlei chronologische Abfolge gibt. Zahlreiche Dokumente wurden anfangs nicht zu den Akten gegeben. Insbesondere wurde all das, was die Verhandlungen mit Berija anbelangt, in dessen Safe aufbewahrt und wanderte dann in die Akte Berijas, bis es schließlich ein Jahr später als Kopie in Maiskis Akte auftauchte.

8 Roman Rudenko (1907–1981) – zu jener Zeit Generalstaatsanwalt der UdSSR. Hauptankläger der UdSSR beim Nürnberger Prozeß.

9 Ich hatte mehrfach die Ehre, das gastfreundliche Haus des «Athenaeum»-Clubs zu besuchen, und ich wäre nie auf die Idee gekommen, mich in einem Spionagenest zu befinden.

1 Den vierten Stern erhielt Shukow später, 1956, als Dank für die Rettung Chruschtschows (und natürlich des ganzen Landes) vor Molotow, Kaganowitsch, Malenkow und Woroschilow, die Chruschtschow stürzen und den Stalinismus restaurieren wollten. Ein weiteres Jahr später fällt Shukow erneut und nun endgültig in Ungnade, denn nicht nur Stalin fürchtete die starke Persönlichkeit und den Einfluß des berühmten Marschalls, sondern auch seine Nachfolger.

2 Die Rede ist von der Operation nahe der ukrainischen Stadt Korssun, die bald darauf Korssun-Schewtschenkowski genannt wurde. Während der Schlacht um die westlich des Dnepr gelegenen Gebiete der Ukraine (Januar–Februar 1944) wurden die Truppen, die die Armeegeneräle Nikolai Watutin und Iwan Konew kommandierten, von zehn deutschen Divisionen der Heeresgruppe Süd, unter Generalfeldmarschall Erich von Manstein eingekesselt. Shukow kommandierte die Truppen der Nachbarfront und sicherte schließlich den Erfolg der Operation.

3 Nikolai Bulganin (1895–1975) – Bolschewik seit 1917, Parteifunktionär, bekleidete viele Jahre Leitungs- und Verwaltungsposten. Wurde 1944 von Stalin als Politkommissar an die Front geschickt und erhielt den Rang eines Generalobersten. Er zeichnete sich durch große Beschränktheit und Mittelmäßigkeit aus, seine imposante Erscheinung gab ihm jedoch etwas Solides. 1947 wurde er plötzlich Marschall und Kriegsminister. Stalin hatte Angst, einen verdienten Frontkämpfer auf diesen Posten zu berufen. Unter Chruschtschow leitete Bulganin die Regierung, beteiligte sich aber an der gegen Chruschtschow gerichteten Verschwörung Molotows, Kaganowitschs und Malenkows, wurde daraufhin abgesetzt und verlor seinen Marschallsrang. Er hatte eine große Schwäche für das weibliche Geschlecht und bedrängte ständig gutaussehende und begabte Schauspielerinnen. Darüber wird ausführlich in Galina Wischnewskajas Memoiren «Galina» berichtet.

4 Roy Medwedew (und sein nach London emigrierter Bruder Shores) war im Westen als Autor verbotener Bücher bekannt («Vor das Gericht der Geschichte» und «Stalin»). Er wurde aus der Partei ausgeschlossen, aber war keinen Repressalien ausgesetzt. Seine kleine Moskauer Wohnung, die von sowjetischen und ausländischen Gästen gern besucht wurde, stand unter Beobachtung des KGB. Dutzende Menschen wurden wegen ihrer Verbindungen zu Roy Medwedew verfolgt, er selbst mußte aber nicht leiden. Keiner hinderte ihn daran, von den Honoraren seiner im Westen erschienenen Bücher zu leben. Während der Perestroika war er Abgeordneter des Unionsparlaments und verteidigte gekonnt und leidenschaftlich die imperiale Politik des ZK der KPdSU. Er wurde auch selbst ZK-Mitglied. Zum gegenwärtigen Zeitpunkt steht er an der Spitze der von ihm gegründeten Sozialistischen Partei der Werktätigen, einer reformierten kommunistischen Partei.

5 Es ist sehr auffallend, daß die Verhöre von Krjukow und Ruslanowa zwar von

verschiedenen Untersuchungsrichtern geführt wurden, diese aber dieselben Fragen stellten, noch dazu in absolut identischen Formulierungen. Das allein beweist, daß sie eine gemeinsame leitende «Quelle» hatten.

IV Schrecklich in der Liebe wie im Zorn

1 Tatsächlich wurden im Juni und Juli 1937 Listen von NKWD-Mitarbeitern unterschiedlichen Ranges veröffentlicht, die hohe staatliche Auszeichnungen erhalten hatten. Die meisten waren Peiniger und Mörder, ein Teil von ihnen wurde später erschossen. Die umfangreichste Liste wurde am 19. Dezember 1937 veröffentlicht: Allein 238 Lubjanka-Mörder erhielten den Orden des Roten Sterns und weitere 154 das «Ehrenzeichen». Porezkis eigene «Verdienste» bestanden in subversiver und Spionagetätigkeit, hauptsächlich in Wien und Berlin.

2 Michail Spiegelglas – stellvertretender Chef der Auslandsabteilung des NKWD. Nachdem sein Vorgesetzter Abram Sluzki mit Zyankali vergiftet worden war, leitete er eine Zeitlang die Abteilung. Er war Führer von Terrorgruppen, die eigens für die Ermordung von Überläufern und anderen im Ausland befindlichen Personen, die der Lubjanka gefährlich werden konnten, gebildet wurden. Auch er teilte bald das Schicksal derer, die er verfolgt hatte.

3 Die Schweizer Historiker Peter Huber und Daniel Kunzi haben auf Grund von Archivuntersuchungen festgestellt, daß der Mord an Porezki «im Grunde genommen die Generalprobe für die Ermordung Trotzkis war... Anfang 1937... verbrachten Abiat und sein Komplize Martiná zwei Monate in Mexiko. Vor ihrer Abreise erhielten sie auf ihr Bankkonto eine Überweisung von 100000 Franken von einer unbekannten Person.» Nach Auffassung der Schweizer Historiker waren Abiat und Martiná an der Vorbereitung der Ermordung Trotzkis beteiligt. Eine indirekte Bestätigung dafür mag sein, daß der Mörder in beiden Fällen die Zuneigung einer Frau erwirkte, mit deren Hilfe er sein Ziel verwirklichte.

4 Die russische Schriftstellerin Nina Berberowa, die heute in den USA lebt, erzählt in ihrem Erinnerungsbuch «Ich komme aus St. Petersburg», daß im Herbst 1937 in der russischen Kirche in der rue Daru in Paris kein Mensch der Zwetajewa die Hand reichte: «Sie stand allein da, in Tränen. Alle liefen vorbei.»

5 In der Zeitschriftenfassung seiner Memoiren «Menschen, Jahre, Leben» schrieb Ilja Ehrenburg, Efron sei ein «weicher, bescheidener, nachdenklicher» Mann gewesen. Auf diese Veröffentlichung reagierte Ariadna mit einem Brief vom 3. Mai 1961, in dem sie Ehrenburg anflehte, «diese Gestalt und dieses Schicksal zurechtzurücken». Sie fährt fort: «Er war ein Mann von tadelloser Ehrlichkeit und Anständigkeit, standhaft und mutig. Seine weißgardistische Jugendsünde hat er mit ungeheurer, langjähriger, schweigender, unbekannter,

gefährlicher Tätigkeit für die UdSSR und für Spanien wiedergutgemacht, für die er, nach Hause zurückgekehrt, den Lenin-Orden verdient hätte.»

6 Kirill Chenkin – Journalist, Sohn russischer Emigranten und Neffe des zur Stalinzeit populären sowjetischen Schauspielers und Satirikers Wladimir Chenkin. Wurde durch S. Efron als Agent des NKWD angeworben. Führte Spezialaufträge Moskaus während des Bürgerkriegs in Spanien aus, arbeitete mit einem der erfolgreichsten sowjetischen Spione, Rudolf Abel, zusammen. Kehrte in die Sowjetunion zurück, entging den Repressalien und emigrierte ein zweites Mal. Arbeitet bei Radio «Swoboda» in München.

7 Es gibt eine indirekte Bestätigung dafür, daß Ariadna über Gurewitschs Funktion informiert war. In dem zitierten Brief schreibt sie, daß er «über die Partei» an Moskau gebunden ist. Ariadna wußte sehr gut, daß Gurewitsch keine Parteiarbeit leistete und nicht einmal Mitglied der Partei war. «Über die Partei» ist eine offensichtliche Umschreibung für die Dienststelle, die ihr Schicksal in der Hand hatte.

8 Moissej (Michail) Saweljewitsch Gorb leitete unter Jagoda eine der sogenannten «Sonderabteilungen» des NKWD. Er wurde am 29. April 1937 verhaftet und am 21. August desselben Jahres erschossen. – Lew Giljarowitsch Elbert (Majakowski und die Briks nannten ihn den «Snob») arbeitete in der Auslandsabteilung des NKWD, spezialisierte sich auf Auslandsaufklärung. Er entging dem Terror. Nach dem Krieg befaßte er sich damit, in den von den sowjetischen Truppen besetzten Gebieten Deutschlands Agenten anzuwerben; starb dort 1946 nach einem Herzanfall. Ende der dreißiger Jahre hatte er gemeinsam mit Ossip Brik das Drehbuch für den Dokumentarfilm «Wladimir Majakowski» geschrieben. – Sachár Iljitsch Wolowitsch war an vielen schmutzigen Verbrechen des NKWD beteiligt, die auch heute noch von großen Geheimnissen umwoben sind. Seit 1928 arbeitete er als Attaché der sowjetischen Botschaft in Paris. Er nannte sich damals Wladimir Borissowitsch Janowitsch. In Paris freundete er sich mit Majakowski an. Die tatsächliche Rolle dieses «Diplomaten» war in Paris für niemanden ein Geheimnis. Die französischen Zeitungen bezeichneten ihn direkt als «Leiter der Pariser GPU». Wolowitsch-Janowitsch (auch Wiljanski) war beteiligt an der Entführung und Ermordung des zaristischen Generals Kutjopow, der den «Russischen allgemeinen Wehrbund» leitete. Nach seiner Rückkehr nach Moskau wurde er stellvertretender Leiter der operativen Abteilung des NKWD. Er war persönlich an der Verhaftung Grigori Sinowjews beteiligt. Zusammen mit dem Abteilungsleiter, dem bestialischen Karl Pauker, realisierte er Stalins Schutz und wich ihm nicht einen Schritt vom Leibe. Am 27. März 1937 wurde er verhaftet und beschuldigt, einen Terrorakt gegen Stalin vorbereitet und Spionage für Hitlerdeutschland betrieben zu haben. Seinem Vorgesetzten Pauker – auch er jüdischer Herkunft – wurde dasselbe vorgeworfen. Wolowitsch wurde am 14. August 1937 erschossen.

9 Robert Conquests «Inside Stalin's Secret Police. NKVD politics 1936–1939»

enthält eine Liste der führenden Mitarbeiter des NKWD in der zweiten Hälfte der dreißiger Jahre. Die Liste besteht aus 281 Personen, davon sind mindestens 65 (d. h. etwa ein Viertel) Juden. Es ist aberwitzig, solche Rechnungen aufzumachen, aber in einem Land, wo die nationale Frage so scharf gestellt wird, kommt man nicht darum herum.

10 Als dieses Kapitel bereits geschrieben war, setzten die «Nationalpatrioten» noch ein weiteres Opfer auf die Liste der von «jüdischen Freimaurern» Ermordeten. Es wird behauptet, daß der große russische Dichter Alexander Block 1921 nicht an Hunger und Nervenzerrüttung gestorben, sondern von einem anonymen Mörder getötet worden sei, weil er sich nicht sehr schmeichelhaft über bolschewistische Führer und Tschekisten jüdischer Herkunft geäußert habe. Sicher, Block haßte Trotzki. Aber nicht minder wurde Trotzki, dieser «Schwarze Dämon» der Revolution, von Tausenden von Juden und Vertretern anderer Nationalitäten gehaßt. Übrigens hatte Block eine keineswegs freundlichere Haltung zu dem «russischen Adligen» Uljanow-Lenin. Die um siebzig Jahre zu spät gekommenen Ankläger behaupten, die bekannte russische Revolutionärin, die Schriftstellerin und Journalistin Larissa Reisner (Pasternak hat ihr ein Gedicht gewidmet), habe Block ermordet, indem sie «Gift in den Kaffee oder Wein schüttete». Und kein Mensch kommt auf die Idee zu fragen, weshalb, mit welchem Ziel. Schließlich hat Block durchaus loyal für die Sowjetmacht gearbeitet, was die Machthaber genau wußten. Er war aber hoffnungslos krank.

11 Ihre Biographie erzählt das Buch «Die eiserne Frau» der in den USA lebenden Seniorin der russischen Literatur Nina Berberowa. Der Titel des Buches erfaßt genau die Gestalt der Hauptheldin: Die Geliebte des englischen Spions und Rußland-Spezialisten Robert Lockart (Sir Robert), die illegitime Ehefrau Gorkis und später Herbert Wells' hat schon allein deshalb Eingang in die Literaturgeschichte gefunden, weil Gorki ihr sein unvollendetes Epos «Das Leben des Klim Samgin» gewidmet hat. Auf Bitten Gorkis nahm sie vor dessen endgültiger Rückkehr aus Italien in die Heimat (1933) eine Truhe mit Manuskripten und Korrespondenzen zur Aufbewahrung an sich, den Teil des Archivs, den Gorki auf keinen Fall nach Moskau bringen wollte. Sie hat jedoch, nach zahlreichen Aussagen und indirekten Beweisen zu urteilen, aus Angst vor der Rache der Lubjanka diese Truhe bald darauf an die entsprechenden sowjetischen Dienste ausgehändigt, mit denen sie seit 1918 in Kontakt stand. Sie war eine gute Freundin von Vera Tryle, von der in der ersten Hälfte dieses Kapitels die Rede ist. Sie dienten beide einem Herrn. Und sie reisten 1960 beide, getarnt als Journalistinnen, zu dem todkranken Pasternak, um ihm Geheimnisse zu entlocken, die die Lubjanka interessierten.

12 Warum gerade er und nicht andere Koryphäen der sowjetischen Medizin, die Gorki behandelt hatten, als «Mörder» auserkoren wurde, darüber kann man heute nur rätseln. Genau wie Lewin, der Lenin behandelt hatte, weigerte sich auch Pletnjow, ein fiktives Gutachten zu unterzeichnen, das den Tod Nadeshda

Allilujewas infolge einer Blinddarmentzündung bescheinigte. Stalin wollte diese Fälschung gar nicht, denn ihm war bewußt, daß die Wahrheit ohnehin ans Tageslicht kommt. Das war dem Übereifer seiner Lakaien geschuldet. Dennoch hat er Lewins und Pletnjows Weigerung nie vergessen. Sie wußten, daß eine Fälschung vorbereitet worden war, und das allein verdammte sie zu ihrem traurigen Ende.

13 Nadeshda Krupskaja kam drei Tage vor ihrem Tod mit akuten Magenschmerzen ins Kremlkrankenhaus (das natürlich vollständig unter der Kontrolle des NKWD stand). Trotz einer Diagnose, die eine Operation unbedingt erforderlich machte (Darmverschluß), ließ man sie liegen. Sie starb unter fürchterlichen Qualen. Genau eine Woche später wurden ihre «behandelnden» Ärzte, die Professoren Alexej Otschkin und Sergej Spassokukozki, ohne jeglichen Anlaß für «ärztliche Hilfe gegenüber den Patienten im I. Krankenhaus» (Kremlkrankenhaus) mit dem Lenin-Orden ausgezeichnet. Staatsanwalt Wyschinski schickte den Ausgezeichneten ein Glückwunschtelegramm, das bei einer Vollversammlung des Krankenhauspersonals verlesen wurde. In der apologetischen Biographie Spassokukozkis, die 1960 herausgegeben wurde, werden alle seine Auszeichnungen aufgezählt, nur nicht der Lenin-Orden von 1939. Ich möchte hinzufügen, daß es Otschkin war, der Michail Frunse 1925 die Narkose verabreicht hat, nach der er nicht mehr vom Operationstisch aufstand.

V Die rechte Hand des Großinquisitors

1 Über die beinahe aberwitzige Absurdität einer dieser Aufgaben berichtete ein halbes Jahrhundert später in einem an die «Literaturnaja gazeta» gerichteten Brief (im Zusammenhang mit der Veröffentlichung der Artikel von Wladimir Abarinow über die Tragödie von Katyn) der ehemalige Militärstaatsanwalt Boris Bespalow. Es ist nicht ausgeschlossen, daß ihn das Gedächtnis in einigen Details trügt, die Hauptsache aber bleibt: Im Jahre 1939, das heißt genau zu jener Zeit, als gegen Scheinin Material gesammelt wurde, um ihn als Trotzkisten und Verschwörer zu verhaften, beauftragte ihn die Lubjanka «auf Anweisung des Politbüros», einen Geheimbericht über das politische Profil und die persönlichen Eigenschaften von Wyschinski zu verfassen. Zu welchem Zweck diese Aussagen gesammelt wurden, wußte Scheinin nicht, aber er konnte es sich wahrscheinlich denken. Bei einem «freundschaftlichen Gespräch» am Strand von Sotschi holte der künftige General des MGB Leonid Raichman Scheinins Meinung ein. Nicht nur, daß Scheinin Wyschinski vergötterte, er wußte auch, daß dieser ihm gegenüber nicht gleichgültig war. Der Bericht fiel also für Wyschinski mehr als positiv aus. Das gegen Scheinin zusammengetragene Dossier aber blieb in den Archiven der Lubjanka und harrte seiner Stunde.

1 Solomon Abramowitsch Dridso (Losowski) – ein bereits in den zwanziger Jahren bekannter Funktionär der internationalen Gewerkschaftsbewegung, Generalsekretär der Gewerkschaftsinternationale (Profintern). In der Zeit, von der hier die Rede ist, war er stellvertretender Volkskommissar für Auswärtige Angelegenheiten der UdSSR und stellvertretender Leiter des Sowinformbüros.

2 Vor einigen Jahren wurden in Israel die Memoiren von Esther Markisch «Die so lange Rückkehr...» veröffentlicht. Markisch berichtet, daß Molotow und Kaganowitsch Ende 1947 eine Gruppe von JAK-Leitern zu sich luden und ihnen rieten, dem Politbüro einen Vorschlag zur Gründung einer Jüdischen Autonomen Republik auf der Krim zu unterbreiten. Archivdokumente belegen jedoch, daß dieser Vorschlag schon einige Jahre früher eingereicht wurde. Ende 1947 bestand keine Notwendigkeit und war wohl auch keine Zeit für eine umständliche Provokation mit Hilfe eines Briefs an das Politbüro. P. Markisch hatte übrigens einen eigenen Vorschlag. Er fand es «historisch gerechter», die jüdische Autonomie nicht auf der Krim, sondern auf dem Territorium der ehemaligen Republik der Wolgadeutschen zu gründen.

3 Der Plan stieß nicht nur auf Widerstand in Kreisen der Partei. Er erschreckte auch Vertreter der jüdischen Intelligenz, die nüchtern genug waren, die realen Folgen dieser unvernünftigen Aktion absehen zu können. Es gibt authentische Berichte darüber, daß Ilja Ehrenburg und Maxim Litwinow dem «Krim-Projekt» entschieden widersprachen, aber ihre Stimme wurde nicht gehört. Beide waren als Verfechter der jüdischen Assimilation bekannt.

4 Ich bedanke mich bei dem ehemaligen Mitarbeiter des zentralen Parteiarchivs Gennadi Kostyrtschenko, der mir die Möglichkeit gab, dieses erstaunliche Dokument kennenzulernen.

5 Im Parteiarchiv der Jahre 1942–1944 gibt es zahlreiche Dokumente, in denen Dutzende von sowjetischen Künstlern und Intellektuellen jüdischer Herkunft aufgezählt werden, die «unbedingt durch Personen russischer Nationalität ersetzt werden müssen», etwa der berühmte Filmregisseur Sergej Jutkewitsch oder der Freund Lew Tolstois und hervorragende Pianist Alexander Goldenweiser, der damals das Moskauer Konservatorium leitete.

6 Dieser Name kommt in den Überprüfungen, die von 1953 an stattfanden, häufig vor. Jakow Browerman galt als der einzige wirklich Gebildete der Lubjanka. Er nahm selbst weder an Verhören noch an körperlicher Züchtigung teil, sondern machte aus dem dummen Geschreibsel der Knochenbrecher und Fälscher eine konsumierbare Lektüre. Später wurde er verhaftet und im Dezember 1954 gemeinsam mit Abakumow, Leonow, Lichatschow und Komarow dem Gericht übergeben. Beim Prozeß beschuldigte er voller Begeisterung die anderen Angeklagten, um sich selbst zu retten. Er wurde zu 25 Jahren Lagerhaft verurteilt, kam jedoch lange vor Ablauf der Frist frei. Danach verloren sich seine Spuren.

7 Obwohl der Ingenieur N. Molotschnikow verhaftet wurde, schloß J. A. Allilujewa aus den Verhören bei ihrer Untersuchung, daß er Agent des MGB war und die «Organe» viele Jahre lang mit Informationen über das Leben des von Stalin gehaßten Clans der Allilujews versorgte. Nach ihrer Rehabilitierung und Freilassung trennte sie sich von ihm.

8 Stalins Antisemitismus ist ein gesondertes Thema, das speziell untersucht werden müßte. Noch vor der Revolution, in seiner ersten großen Arbeit «Der Marxismus und die nationale Frage», hatte Stalin zu beweisen versucht, daß es überhaupt keine jüdische Nation gäbe, daß die Juden, die in Rußland leben, Russen sind, die in Deutschland Deutsche, die in Frankreich Franzosen. Später erwähnte er das nicht mehr. – Alexander Jakowlew, Gorbatschows engster Mitarbeiter, schließt nicht aus, daß Stalin *bewußt* Juden zu Leitern von elf der zwölf großen Lager des GULAG machte, um den Antisemitismus zu galvanisieren und den Volkszorn später in die nötige Richtung zu lenken. – Konstantin Simonow vertritt in seinen postum veröffentlichten Erinnerungen die Meinung, daß die Wurzeln des Stalinschen Antisemitismus in der Biographie zu suchen sind. Er unterstreicht Stalins Doppelzüngigkeit: Erklärungen über die Unzulässigkeit des Antisemitismus neben offener antisemitischer Politik. – In seiner Grußadresse zum 50. Jahrestag der Tragödie von Babi Jar (September 1991) gab Gorbatschow zum ersten Mal, leider mit ungeheurer, unverzeihlicher Verspätung, das Vorhandensein eines staatlichen Antisemitismus in der UdSSR zu: «Die Stalinsche Bürokratie, die sich öffentlich vom Antisemitismus distanzierte, benutzte ihn in der Praxis, um das Land von der Außenwelt zu isolieren, und rechnete damit, sich auf den Chauvinismus stützend, die eigene Herrschaft zu festigen.»

9 Ende 1991, als alle mögliche Schundliteratur den «freien» sowjetischen Markt überschwemmte, tauchte das Buch eines gewissen Stewart Kagan auf, der sich als amerikanischer Journalist und Neffe von Lasar Kaganowitsch ausgibt. Das Buch hat den Titel «Der Kremlwolf». Kagan behauptet, Polina Shemtschushina sei eine «ziemlich enge Freundin» Golda Meirs gewesen; in deren Erinnerungen ist jedoch nur von einer einzigen Begegnung mit P. Shemtschushina in Moskau die Rede.

10 Diese Episode muß präzisiert werden. Sekretär von P. Shemtschushina, die zu dieser Zeit Leiterin der Hauptabteilung für Textil- und Galanterieproduktion des Ministeriums für Leichtindustrie der UdSSR war, war nicht ein Mann, sondern eine Frau (Melnik-Sokolinskaja). Sie wurde mit ihrer Chefin zusammen verhaftet. Beide wiesen den Vorwurf, Spionage betrieben zu haben, kategorisch zurück, obwohl sie an der Tatsache, daß Geheimdokumente verschwunden waren, nicht vorbeikamen. Es gibt keinen Zweifel, daß diese Dokumente von Abakumows Mitarbeitern gestohlen worden waren. Aber für Stalin war es nicht wichtig, Shemtschushina mangelnde Wachsamkeit vorzuwerfen, sondern, daß sie sich an die Zionisten verkauft habe. Ein Schlag nicht nur gegen sie, sondern auch gegen seinen nächsten Mitstreiter. Um ihren Willen zu bre-

chen, prügelten die Abakumow-Leute bei zwei verhafteten Mitarbeitern das «Geständnis» heraus, sie hätten sich an «Gruppensex» mit der alten Bolschewikin beteiligt. Kränkungen dieser Art lähmten ihren Willen zum Widerstand. Bei der Beurteilung der persönlichen Angelegenheit der Kommunistin Shemtschushina wird wohl kaum der «Ehebruch» diskutiert worden sein.

11 A. S. Allilujewa wurde am 30. Januar 1948 verhaftet und am 29. Mai desselben Jahres vom Sonderkonzil verurteilt, am selben Tag wie ihre Schwester J. S. Allilujewa. Einen Monat vor Ablauf der ihr auferlegten Frist, am 27. Dezember 1952, verdoppelte dasselbe Sonderkonzil auf Anweisung von oben und ohne jede Begründung Anna Sergejewnas Strafe auf zehn Jahre «wegen Verbreitung verleumderischer Erfindungen über das sowjetische Regierungsoberhaupt». Die Worte «sowjetisches Regierungsoberhaupt» in einem «gerichtlichen Dokument» sprechen für sich. Was Jewgenija Sergejewnas Tochter Kira anbelangt, so wurde sie am selben Tag für fünf Jahre in die Verbannung geschickt, die sie im Gebiet Iwanowo absaß. Ihr wurde vorgeworfen «Übermittlung von Informationen über das Privatleben der Familie an Personen, die in der amerikanischen Botschaft arbeiten». Alle Allilujews wurden 1954 mit einer erstaunlichen Formulierung rehabilitiert: «Auf Anweisung der Regierungsinstanz».

12 In den Ermittlungsmaterialien wird vermerkt, daß an diesem Tag auch die damals bekannten Schauspieler Mark Reisen, Solomon Chromtschenko, Leonid Utjossow sowie «Akademiemitglieder und Generäle» zu den Besuchern der Synagoge gehörten.

13 Nachdem Erich Raeder als Gefangener der Roten Armee von Moskau nach Nürnberg gebracht und dem Internationalen Militärgerichtshof überstellt worden war, verhörten ihn die Vertreter der englischen Anklage. Bei diesem Verhör erklärte Raeder, die Russen hätten ihn anwerben wollen; auch «habe er bei ihnen Aussagen unter Druck gemacht». Verhört hatte ihn das Lubjanka-Monster Pawel Grischajew. Genauso verhörte der künftige Professor auch die eigenen Leute. Über die Erklärung Raeders äußerte sich einer der nächsten Helfershelfer Berijas, Bogdan Kobulow, am 16. November 1945 voller Empörung auf der Sitzung der geheimen «Regierungskommission zur Leitung des Nürnberger Prozesses», von der im vorangegangenen Kapitel die Rede war.

14 Jakow Fjodorowitsch Kapustin war zweiter Sekretär des Leningrader Stadtparteikomitees. Mit seiner Verhaftung begann der ganze «Fall». Abakumow meldete Stalin, daß Kapustin ein englischer Spion sei. In den dreißiger Jahren war er als junger Ingenieur zu seinem Studienaufenthalt in England gewesen und nach seiner Rückkehr bereits der Spionage bezichtigt worden. – Alexej Alexandrowitsch Kusnezow, Sekretär des ZK der KPdSU, während der Blockade Leningrads einer der Organisatoren der Verteidigung der Stadt. Hartnäckige Gerüchte besagten, Stalin habe ihn als seinen «Erben» für den Parteiposten vorgesehen. – Pjotr Sergejewitsch Popkow, erster Sekretär des Leningrader Ge-

biets- und Stadtkomitees der Partei, Mitglied des Präsidiums des Obersten Sowjets der UdSSR, war ebenfalls einer der Organisatoren der Verteidigung Leningrads. – Nikolai Wassiljewitsch Solowjow, zum Zeitpunkt seiner Verhaftung erster Sekretär des Parteigebietskomitees der Krim, 1938–1946 Vorsitzender des Leningrader Gebietsexekutivkomitees, war Leiter der gesamten Versorgung im blockierten Leningrad. – Nikolai Alexejewitsch Wosnessenski, Mitglied des Politbüros des ZK, erster Stellvertreter des Vorsitzenden des Ministerrats der UdSSR und Vorsitzender der Staatlichen Plankommission der UdSSR sowie Akademiemitglied, sollte Gerüchten zufolge Stalins Nachfolger als Regierungschef werden.

15 Fast unbemerkt blieb die von Rjumin veranlaßte Verhaftung des bekannten Pathologie- und Anatomieprofessors Boris Sbarski, die ausgesprochen symptomatisch ist. Sbarski gebührt das wesentliche Verdienst bei der Mumifizierung der Leiche Lenins. Da das Mausoleum in den Bereich der Staatssicherheit gehörte, war der Wissenschaftler automatisch ziviler Mitarbeiter der Lubjanka. Obwohl er nur mit Leichen zu tun hatte, hinderte das die Behörden nicht, ihm Spionage und die Vorbereitung terroristischer Aktionen anzulasten. Der eigentliche Grund für seine Verhaftung steht jedoch außer Zweifel. Sbarski, der sein Fach ausgezeichnet verstand, hatte sich tagelang mit dem Kopf und dem verunstalteten Gesicht von Michoels abgeplagt, bevor man die Bürger an seinem Leichnam vorbeidefilieren ließ. Besser als jeder andere wußte er genau, welche Spuren von Gewalt der Leichnam aufwies, der anschließend verbrannt wurde. Am 30. Dezember 1953, fast zehn Monate nach dem Ableben des Tyrannen, kehrte Sbarski nach Hause zurück.

16 Auf Initiative von A. A. Tschepzow führte das Militärkollegium eine Überprüfung durch und stellte fest, daß diese Erklärung den Tatsachen entsprach. I. Fefer («Sorin») erfüllte nicht nur vor, sondern auch während des Prozesses die Aufgaben seiner Vorgesetzten. Zu spät verstand er, daß er betrogen wurde und ihn das gleiche Schicksal erwartete wie diejenigen, die er «verpfiffen» hatte. Fefer rang sich schließlich zu einer aufrichtigen Darlegung vor den Richtern durch, aber sein Los war bereits entschieden. – A. W.

17 Dies wurde Abakumow später vorgeworfen, ebenso einem der Vertrauten Stalins, dem Chef der Leibwache, Generalleutnant der Staatssicherheit Nikolai Wlassik. Laut Anklage wußte er bereits im August 1948 von der Meldung L. Timaschuks, Shdanow sei von den Ärzten vergiftet worden. Er habe diese Meldung aber geheimgehalten. Wlassik wurde im Dezember 1952 verhaftet, ein halbes Jahr vorher hatte Stalin ihn von seinem Posten abgelöst, aus der Partei ausgeschlossen und hinter den Ural geschickt, in die Stadt Asbest, als stellvertretender Leiter des dortigen Konzentrationslagers. Formaler Anlaß war seine Beteiligung an Saufgelagen auf Staatskosten, maßloser Genuß von Kognak, Kaviar und Fischdelikatessen. In Wirklichkeit war Stalin der Meinung, Wlassik habe sich wie Poskrjobyschew «an die Juden verkauft». Eine der üblichen «Informationen», aus der hervorging, daß Wlassik die Meldung von Lidija Tima-

schuk nicht weitergegeben hatte, überzeugte Stalin davon, daß sein Verdacht begründet war.

18 Es gibt ein sicheres Zeugnis für die Authentizität dieser ohnehin außer Zweifel stehenden Version. Der noch lebende Leibwächter Stalins, Major der Staatssicherheit Alexej Rybin – er macht keinen Hehl aus seiner bis heute ungebrochenen Treue gegenüber dem Vater der Völker –, war bei zwei geheimen operativen Sitzungen anwesend, wo Details dieser Operation besprochen wurden. Er erinnert sich, daß er in die Paßabteilung der Moskauer Miliz geschickt wurde, um sich persönlich von der Genauigkeit und Vollständigkeit der Listen von Ärzten «nichtarischer» Herkunft mit Angabe ihrer Privatadresse zu überzeugen. Diese Adressen sollten den Anstiftern des Pogroms übergeben werden.

19 Der Philosoph blieb nicht lange auf dem Olymp der Partei. Schon am 6. März 1953, einen Tag nach dem Tod des Führers, wurde er von dort verjagt. Aber seine Karriere ging weiter. Er wurde Erster Sekretär des Gebietskomitees von Gorki, anschließend Vorsitzender des Staatlichen Komitees für Rundfunk und Fernsehen und hatte später noch andere hohe Posten inne. Bis zu seinem Tode im Jahre 1973 erwähnte er kein einziges Mal seine glänzendste philosophische Konzeption.

20 Sicher wußte Ilja Ehrenburg, daß viele der «professionellen Friedenskämpfer» und «progressiven Politiker» des Westens auch diese Aktion des Kreml unterstützt hätten, wie sie früher schon andere unterstützt hatten. In seinem heißgeliebten Frankreich, das er so gut kannte, stimmten namhafte Linke wie Georges Cogniot, Pièrre Hèrvé, Maxim Rodinson, Francise Crémieux und Annie Besse (die jetzt als Annie Kriegel gut bekannt ist) in den Chor der sowjetischen Presse ein und verfluchten die «Mörderärzte und Agenten des internationalen Zionismus». Aber auch wenn Ehrenburg all das wußte, traf sein Brief genau den Punkt, denn er benutzte die Argumente, die seinem Adressaten geläufig waren.

21 Man kann in diesem Zusammenhang eine schändliche Episode, die fast zehn Jahre später stattfand, nicht mit Schweigen übergehen. Bei dem Treffen Nikita Chruschtschows mit Künstlern und Intellektuellen am 17. Dezember 1962 stürzte sich die aus dem GULAG heimgekehrte Schriftstellerin Galina Serebrjakowa, die nach 17 Jahren Lager und trotz der Ermordung zweier Ehemänner durch den NKWD eine glühende Kommunistin geblieben war, auf Ehrenburg und warf ihm vor, bei der Zerschlagung des JAK, der Ermordung der jüdischen Schriftsteller und der geplanten Abrechnung mit den Ärzten ein Helfershelfer Stalins gewesen zu sein. Sie berief sich dabei auf ein Zeugnis von Stalins Sekretär Alexander Poskrjobyschew, das nirgendwo veröffentlicht wurde und niemandem außer Serebrjakowa selbst bekannt wurde. Der treue Lakai Chruschtschows Leonid Iljitschow, damals ZK-Sekretär für Ideologie und später stellvertretender Außenminister, unterstützte die Sprecherin mit Vergnügen, während Dmitri Schostakowitsch sofort öffentlich für Ehrenburg eintrat. Es

gibt keinen Zweifel, daß das eine absichtlich vorbereitete Provokation war. Sie verfolgte nicht nur das Ziel, die Wirkung der damals publizierten Memoiren Ehrenburgs «Menschen, Jahre, Leben» abzuschwächen, sondern auch seine Rolle beim Nichtzustandekommen der blutigen Stalinschen Aktion zur Lösung der «Judenfrage» zu verwischen.

aktuell ESSAY

Peter–Jürgen Boock
Schwarzes Loch im Hochsicherheitstrakt
(aktuell 12505)
«Mein Bericht über die Hochsicherheitshaft ist parteiisch und soll es auch sein. Hochsicherheitshaft zerstört Menschen, ihre Psyche wie ihre Physis, dazu kann es keine "neutrale" Position geben.
Jürgen–Peter Boock

István Eörsi
Erinnerung an die schönen alten Zeiten
(aktuell 12990)
1956, nach dem ungarischen Volksaufstand, wurde István Eörsi, Anhänger von Imre Nagy und Schüler des später verfolgten Georg Lukács, verhaftet. Dreißig Jahre danach erinnert er sich ...

Alain Finkielkraut
Die Niederlage des Denkens
(aktuell 12413)

Antonia Grunenberg
Antifaschismus – ein deutscher Mythos
(aktuell 13179)

Robert Havemann
Die Stimme des Gewissens *Texte eines deutschen Antistalinisten*
(aktuell 12813)
Vom Volksgerichtshof unter Freisler zum Tode verurteilt, als Leiter des Kaiser-Wilhelm-Instituts in Berlin-Dahlem fristlos entlassen, in der DDR seiner Ämter enthoben und aus der Partei ausgeschlossen - Robert Havemann war ein unbequemer Zeitgenosse für das SED-Regime.

rororo aktuell

Hans-Jürgen Heinrichs
Inmitten der Fremde *Von In- und Ausländern*
(aktuell 13219)

Gunter Hofmann
Willy Brandt – *Porträt eines Aufklärers aus Deutschland*
(aktuell 12503)

Karl Otto Hondrich
Lehrmeister Krieg *Essay*
(aktuell 13073)

Joachim Kahl
Das Elend des Christentums
Erweiterte Neuausgabe
(aktuell 13278)

Claus Leggewie
Alhambra - der Islam im Westen
(aktuell 13274)
Der Autor zeigt, daß die allenthalben spürbare Angst vor dem Islam weitaus gefährlicher ist als dieser selbst. Europas Moslems wollen keinen Gottesstaat, sondern einen reformierten Islam, der die Kluft zwischen Orient und Okzident einebnet.